# 厦门与海

# 依港而兴

梁宏彦 陈文滨 李晖 陈亚元 编著

2025年·厦门

**顾　问**：林仁川　刘登翰
**主　任**：叶细致
**副主任**：黄天福
**主　编**：陈　耕
**副主编**：陈亚元
**编　委**：陈　耕　陈亚元　蔡心瑀　梁宏彦　李向群
　　　　　胡明宜　蔡秀草　胡　捷　陈文滨　李　晖
　　　　　许子贤　扈美丽　李向宏　王玲玲

**本册编著者**：梁宏彦　陈文滨　李　晖　陈亚元

# 目 录

前言 / 1

## 第一章　台厦一体 / 1

第一节　驻兵屯守台湾 / 1

第二节　唐山过台湾 / 16

第三节　唇齿相依 / 28

## 第二章　建构海峡经济区 / 41

第一节　厦台经济一体 / 42

第二节　郊商郊行 / 53

## 第三章　东南大港 / 62

第一节　厦门港的起起落落 / 62

第二节　海洋经济链的构建 / 74

## 第四章　海洋港口城市文化的形成 / 93

第一节　厦门话与城市文化心理 / 95

第二节　同安梭船 / 103

第三节　引领时尚 / 113

第四节　厦门的"教示" / 150

## 结语 / 164

# 前言

从古到今，厦门与台湾你中有我，我中有你，唇齿相依，是"一衣带水"的关系。古代以"更"为单位来计算。"台湾至澎湖五更，澎湖至厦门七更"，厦门到台湾只要一天时间。到了近代，"轮船不需一昼夜可达"。

自古以来，两地的地方志都记载了相互间在地理上的关系。早期的《鹭江志》记载："鹭岛距同邑七十里，四面环海，为漳泉之咽喉，台澎之门户，诚海疆要地也。"《台湾府志》也写明，"（台湾）与泉州府同安县之厦门，东南斜对"，"台湾附近闽南，俨如屏障"。

所以人们形容祖国东南屏障：台湾有如厚实的门扇，海峡是顶门棍，而厦门则是抵住门棍的门堵，三者不可或缺。闽台一体，台厦一体，方有东南的平安。

从1683年施琅统兵统一台湾到1840年鸦片战争前夕的一个半世纪中，厦门在收复台湾、保卫台湾、开发台湾、建构台湾海峡经济区和走向海洋的历程中成就了自己，成为东南屏障、通洋大港，建构了独具特色的海洋经济链条，形成了厦门海洋港口城市文化的基本形态和独特性格。

依港而兴

"查厦门四面环海与金门对岸为台湾咽喉最要地也"

# 第一章
# 台厦一体

## 第一节 驻兵屯守台湾

1681年，郑经去世，诸子争位，郑氏内部矛盾激化。同年，清政府平定了"三藩之乱"，能够腾出手来考虑平台的问题。康熙二十一年（1682）十月，已经是62岁高龄的施琅在李光地等大臣的力荐下，复任福建水师提督，领命东征。

施琅

人物介绍：施琅

施琅（1621—1696），字尊侯，号琢公，福建晋江衙口镇人。早年是明总兵郑芝龙的部将，顺治三年（1646）随郑芝龙降清。不久又加入郑成功的抗清义旅，成为郑军的重要将领，积极参与海上起兵反清。后因与郑成功在战略方针、筹措军饷等问题上意见分歧，发生矛盾，最终父、弟被郑成功所诛杀，使施琅再次降清，与郑成功分道扬镳。其后历任清军副将、总兵、福建水师提督，授靖海将军，封靖海侯。辛后追赠太子少傅，赐谥襄壮。施琅最主要的功绩是率兵攻灭台湾郑氏政权并力主驻兵屯守台湾。

1683年，施琅挑选两万精兵，率大小战船300余艘，于铜山（今东山岛）挥师进发澎湖。郑军主帅刘国轩将郑军主力悉数摆在澎湖，

还在要冲地点加筑炮城14座,沿海筑造高墙深沟20余里,安设铳炮,准备与清军决战。施琅采取灵活的作战方针,将清军分为三路,以左右两翼牵制敌人,主力居中直捣敌阵船队。经过7个多小时的激战,郑军水师几乎全军覆没。

施琅一战定澎湖,歼灭了郑军精锐部队,岛内人心大震。施琅并不急于进攻,而是建议朝廷"颁赦招抚"郑氏,以争取和平统一台湾,使台湾百姓免去刀兵之灾。郑克塽终于归顺清朝。

### 延伸阅读:澎湖阵亡将士祠碑

澎湖阵亡将士祠碑位于厦门园林植物园中岩。

清康熙二十二年(1683)六月十四日,福建水师提督施琅率清军攻台,在澎湖与郑克塽军刘国轩部展开激战,取得了具有决定性意义的澎湖大捷,迫使台湾郑氏政权主动求和,清政府统一台湾。康熙五十三年(1714),曾参加过澎湖之役,时任福建陆路提督的蓝理在厦门中岩建亭立碑,用于祭祀在澎湖战役中阵亡的329名清军将士。原将士亭今已毁,现仅存灵位碑一方。碑坐东朝西,花岗岩质,高2.12米,宽0.84米,碑上镌行楷书"澎湖阵亡将士之灵"。碑前有石供台。碑右侧2米处摩崖上有清雍正十一年(1733)清溪(今安溪)司铎李铨摩崖诗刻《癸丑仲夏谒将士祠有感》一首。1982年,该灵位碑被公布为市级文物保护单位;2001年,被列为厦门市第一批涉台文物古迹。

澎湖阵亡将士祠碑

施琅与郑氏有杀父之仇,但他入台后,不仅不杀郑氏一男,也妥善安置了郑氏家眷。施琅还亲自撰写碑文,前往郑成功庙拜祭,建议康熙封爵郑克塽。

康熙封施琅为靖海侯,令其永镇福建水师。

1 位于厦门同安的施琅故居
2 泉州晋江靖海侯府

凭依康熙的信任,施琅复台后做了五件影响深远的大事。

其一,留住台湾。台湾虽然收复,但是,在朝中势力强大的"禁海派"影响下,康熙认为台湾"弹丸之地,得之无所有,不得无所损",准备放弃台湾。施琅闻之,心急如焚,立即呈上《恭陈台湾弃留疏》,大声疾呼"台湾一地,虽属外岛,实关四省之要害","乃江、浙、闽、粤四省之左护","弃之必酿成大祸,留之诚永固边围"。更重要的是,荷兰"红毛""无时不在涎贪,亦必乘隙以图"。

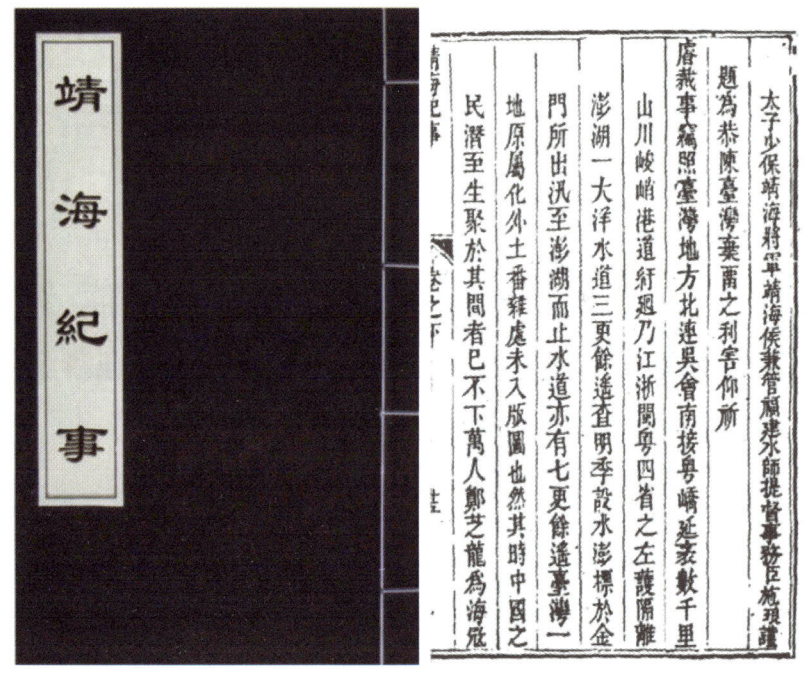

《靖海纪事》所记载的《恭陈台湾弃留疏》

他向康熙皇帝报告,凭借台湾肥沃的土地和一年三熟的稻米等农产品,台湾很容易就可以自给自足,并可借以解决福建闽南人多、地少、粮食缺乏的问题。

施琅成功地让康熙皇帝改变了放弃台湾的念头,台湾终于归入大清的版图。但施琅深知,东南屏障不能只有门扇,还要有顶门棍,而顶门棍还要有支撑的坚实门堵——水师基地厦门港。

**延伸阅读：重兴鼓浪屿三和宫记摩崖石刻**

　　此摩崖石刻为福建水师提督王得禄于清嘉庆十八年（1813）作、王圭章书。王得禄曾在清嘉庆八年（1803）间于鼓浪屿内厝澳一带休整战船，并在岛上的三和宫祈愿。在嘉庆年间，王得禄参加征剿台湾林爽文起义，以及蔡牵、朱渍的海上反清武装。后因战功屡受封赏，遂倡议捐修三和宫，并勒石记事。

重兴鼓浪屿三和宫记摩崖石刻

其二，将厦门建为管理、监护台湾的中心。

施琅把福建水师提督衙门设于厦门。水师提督统辖福建全省（当时台湾是福建省台湾府）的水师事务，节制金门、海坛、南澳三镇，兼台湾、澎湖。领水师提标中、左、右、前、后五营，一年巡金门、铜山、南澳等处，一年巡海坛、闽安、三沙、烽火门等处，隔两年巡阅台湾一次。

清代设在厦门的福建水师提督衙门（一）

这样，台海有事，厦门先知；台海用兵，从厦门筹划出发。海防事务、对台事务皆决于厦门。清治200多年，厦门成了东南沿海、海峡两岸最大的军港和海防中心；厦门就有了一任又一任的福建水师提督；厦门跟海、跟海峡、跟海的那一边，就有了深厚的缘分。

清代设在厦门的福建水师提督衙门（二）

厦门市公安局办公大楼（原福建水师提督衙门）

水师提督们对大海的情感，对大海的了解，总是远远超过清廷其他的官僚们。没有他们，就没有清治的前200年闽台互补一体的海峡两岸经济区，没有厦门港在康雍乾嘉100多年的兴起。他们也在厦门留下了许许多多的遗迹、遗产、传说、掌故，并转化为厦门文史、厦门民间文学的宝贵内容，如一品石狮、金华阁石碑、清真寺、将军祠、陈化成墓等。

  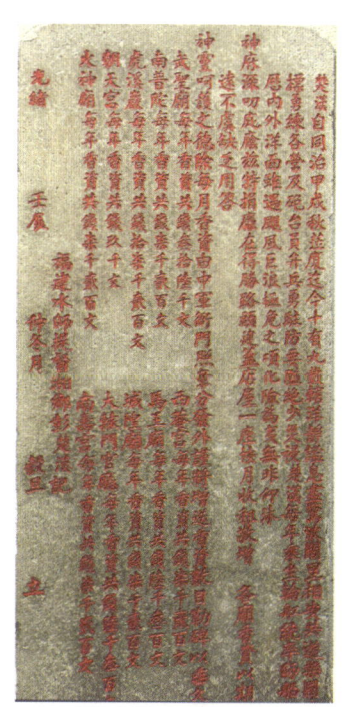

福建水师提督衙门石狮一对（左公右母）　　福建水师提督彭楚汉捐香碑刻

依港而兴

将军祠旧景

**延伸阅读：将军祠**

厦门将军祠一带历史底蕴深厚，其来历与明清时期数位战功卓著的将领有关。此地原有多座明清时代的石碑坊，有纪念清福建水师提督施琅、"威略将军"吴英、施琅之子施世骠的碑坊及将军庙。这里承载着一段段过程。例如1683年，施琅率水师在澎湖海战获胜，助力清政府收复台湾，民众为纪念他就修建了碑坊。

不但水师各部，各级地方官署也纷纷建衙厦门。

康熙二十五年（1686），泉州海防同知移驻厦门，在今碧山路附近建立了清代厦防同知署衙门。到了民国初年，此地改为思明县政府驻地。乾隆三十年（1765），同知署内建有牢房14间，民国时期这里被用作监狱。1930年，这里爆发了轰动全国的破狱斗争。现今，海防同知府和思明县政府已经不见踪迹，而当时的监狱留存了下来，成为纪念破狱斗争的文物保护单位。

康熙二十三年（1684）四月，清朝廷设立台厦兵备道，负责督查台湾、厦门事务。台厦兵备道在厦门、台湾都设有公馆，官员采取一年驻厦门、一年驻台湾的办公方式。台厦兵备道在厦门的公馆设在厦门港，时称台湾公馆，其所在地亦称公馆巷。

四十三年后，即清雍正五年（1727），台厦兵备道撤销，改在台湾设台湾道。此后，台湾公馆转变为负责为过往台湾的船只配送军需民用物料的场所，公馆之前被用于停靠船只的码头，被称作料船头。该码头位置就在现今的料船头路。公馆改称为配料馆，其路名也相应地改为配料馆巷。

厦港街道配料馆巷（组图）

同年，清廷在厦门的柳树河建造兴泉道署，后来又加上永春州，即兴泉永海防兵备道，就在今天中山公园南门边厦门少儿图书馆综合楼，原来的市政府所在地。

《重建兴泉永道署碑记》（组图）

修复《重建兴泉永道署碑记》记事（1991）　　　　　清代石鼓

巡检司也迁入厦门，留有厦门港巡司顶路名为忆念。

其三，将厦门定为两岸交通唯一的正口。

台湾归大清版图后，为福建省台湾府，府城设于台南。施琅颁发渡台三令，规定两岸往来只能从厦门到台南，还要经厦兵备道稽查，依海防同知审验批准。而兵备道、海防同知都在厦门，在今厦门港。故厦门口岸被称为"正口"，厦门话"正港"由此而来。

其四，争取户部将闽海关设于厦门。这就为厦门港近海远洋的商贸夺得名正言顺的有利地位。后来漳泉、龙岩，乃至台湾的商品出口，必须由厦门验关纳税。此为厦门在有清一代发展成为中国东南大港的重要条件。

其五，争取妈祖从天妃升格为天后。

妈祖是北宋宋太祖建隆年间莆田湄洲的渔女林默娘，雍熙年间升天。由于她生前为湄洲一带的渔民做了好事，又有观测海象、天象的本领，故被此后当地的百姓奉为神灵。

北宋末年，兴化出了个著名的太师蔡京。他就是《水浒传》里智取生辰纲中的重要人物。蔡京才华横溢，精通书画，更精于奉迎，因此深得宋徽宗的青睐。蔡京向宋徽宗打报告，于是徽宗就给这位爱卿故乡的神灵赐了匾额"顺济"。这是妈祖获得的第一块皇家匾额。但是宋代妈祖主要是渔民和莆田很小一个区域所崇奉。宋代海上交通的主流在泉州，泉州的海船出海，官方要祈风祷告，现今还留有遗迹。泉州南安九日山上的摩崖石刻证明，当时祈风所崇奉的是风神和"通远王"，妈祖并没有排上号。这种情况到元代开始改变，在一次莆田人为皇家运送货物的过程中，据说妈祖保佑了皇家的船队，这样妈祖第二次获得皇家的恩宠，封为"天妃"。台湾现在最早的妈祖庙是宋元时期修建的澎湖马公妈祖宫。

延伸阅读：马公妈祖庙

马公妈祖庙是全台湾历史最悠久的妈祖庙。有关澎湖的记载，最早见于宋代《诸番志》，称其"编户甚繁"，当时的澎湖属于晋江县。清代《福建通志》录有元代洪希文《题湄洲屿圣敦妃宫》一诗，诗中说："平湖远屿天所划，古庙不独夸黄湾"。"平湖屿"即今澎湖群岛，由此可知澎湖天后宫由来已久，是台湾最早的妈祖庙。明嘉靖年间，俞大猷剿日本倭寇得胜，重修此庙，万历二十年（1592）再次修建，改称"妈娘宫"。

马公妈祖庙

依港而兴

到了明代，明太祖在燕子矶打败了陈友谅，据说是手持龟蛇的玄天上帝帮助了他，所以明代以玄天上帝为水神。妈祖没有排上官祀的位置。但是，明代的海禁使得很多闽南的海商或是变成了海盗，或是流落他乡，而这些海商所雇用的海员有许多来自渔民。海禁断了海上丝绸之路，许多海员又回归渔民出海打鱼。于是妈祖信俗在明代随着渔民的增加，随着渔民更多地到澎湖、台湾等新的渔场捕捞，传播到了更多的海岛、更多的地方。

厦门岛最早的妈祖庙也是明代修建的东澳妈祖庙，就是今天的何厝顺济宫。据说厦门岛的妈祖庙都是从这个庙分出的。早年，每年的农历三月二十三，厦门各妈祖庙都要到何厝来进香。

厦门何厝顺济宫妈祖雕塑

但是这时官方所奉祀的水神还是玄天上帝。明末郑成功控制了闽台一带，据说他认为自己就是玄天上帝的化身。所以明郑时台南最多的是玄天上帝庙和关帝庙。

施琅收复台湾前，在莆田驻军，为了鼓舞军心，他制造了妈祖保佑他的军队的神话。

收复台湾后施琅专门打报告给康熙，称胜利正是有妈祖的保佑，妈祖战胜了玄天上帝。于是康熙在十九年（1680）和二十三年（1684）连续两次赐封妈祖，把妈祖从"天妃"升为"天后"，后来更封为"天上圣母"，从此妈祖进入官祀之列。

《妈祖圣迹图》中《涌泉给师》里施琅（坐椅者）的形象（阿姆斯特丹国家博物馆藏）

施琅打下台湾后回到厦门，立即下令修建厦门的"大天后宫"，就是现在思北小学，早年称为"上宫"，是清代官祀妈祖最高规格的妈祖庙，由水师提督亲任主祭。

道光《厦门志》朝天宫绘图

依港而兴

台南也有个"大天后宫",原为明宁靖王府,康熙二十二年(1683),施琅入台后改建为大天后宫,成为台湾本岛最早的官祀妈祖庙。

台南大天后宫

泉州的"温陵妈祖庙"、同安的"银同妈祖庙"也是施琅复台后扩建、重建的。

**延伸阅读:同安妈祖庙**

同安妈祖庙,位于厦门市同安大同镇南门街,始建年代不详,重建于康熙二十九年(1690)至四十五年(1706),内祀黑面妈祖天后。庙内保存清代纪年石柱一对。该庙为台湾地区及东南亚"银同妈祖"发祥地。

同安妈祖庙

雍正六年（1728）赐御匾"神昭海表"，高悬厦门大天后宫，还复制分送台南、湄洲、温陵的天后宫。

当然，台湾妈祖信俗广泛传播绝非仅施琅一己之力，更主要的是台湾民众的力量。

当时闽南人、客家人过台湾无论循规还是偷渡，只有搭

雍正六年（1728）御赐厦门天后宫匾：神昭海表

乘帆船。帆船渡台必要经过澎湖台湾间的黑水洋，波涛汹涌，险象环生。此时全船人莫不祷告妈祖保佑！民间称渡台是"十去六死三留一回头"，即十个人渡台只有四个人能平安到达，只有一个人能够再回到家乡，活着到达台湾的无不认为船上所供奉的妈祖保佑了自己。因此，妈祖在台湾人人崇奉。

妈祖信俗在施琅的大力推动下，随着闽南移民的足迹在台湾得到广泛的传播。到清末全台主祀妈祖的宫庙有200多座。香火分自湄洲的称"湄洲妈"，分自同安的称"银同妈"，分自晋江的称"温陵妈"，风行两岸并远播海外。这也给厦门和台湾，奠定了一个香火传承、民心相通的文化交流平台。

施琅这五大举措使台湾和祖国千丝万缕紧密相连，影响极其深远；也使厦门成为东南海防的关键，两岸往来的枢纽，海洋商贸的大港，海峡经济区的中枢。

台湾本港妈祖的祭拜盛况

依港而兴

## 第二节　唐山过台湾

闽南百姓把迁移至台湾称为"唐山过台湾"。从宋元时期的零星分散地渡台,到颜思齐有组织地开台、郑芝龙招募数万灾民围垦台湾,再到郑成功大规模开发台湾,至施琅统一台湾,岛上已有十五至二十万军民。但施琅将数万郑氏文武官员丁卒及大量居民遣送回大陆,减少"近有其半"。一时台湾人口锐减。

施琅又颁布了渡台三禁令:"一、欲渡船台湾者,先给原籍地方照单,经分巡台厦兵备道稽查,依台湾海防同知审验批准,潜渡者严处。二、渡台者不准携带家眷,业经渡台者,亦不得招致。三、粤地屡为海盗渊薮,以积习未脱,禁其民渡台。"

由于渡台禁令第一条就是规定大陆渡台只能从厦门出发,直到100年后才又开了泉州的蚶江和福州的虎门。因此,中华文化在这一时期的对台传播,首先和主要的正是从厦门港出发渡移台湾的人与物。厦门是唐山过台湾最重要的枢纽。

**延伸阅读:接官亭**

厦门和台南对渡,是两岸交通的"正口"。厦门和台湾台南渡口各连一接官亭。接官亭一是"接圣旨"之所,二是往来文武官员迎送酬应之所,旁边就有招待所之类的"公馆"设施。清代官员横渡台湾海峡时,在这里出境。他们从玉沙坡登船前,先往朝宗宫、风神庙拈香谒拜,祈求妈祖、风神爷庇佑一帆风顺抵达台湾。官员们由台返厦时,也有相应的礼仪。民初玉沙坡建厦港电厂,后移建厦门港朝宗宫,仿台南接官亭造石牌坊,横额"盛世梯航""天南都会",楹联"百年间两岸唯一渡口,千里外群黎共沐恩波"。此为异地重修。

台南接官亭石坊

台南接官亭石坊位于今台南市西区民权路三段143巷7号，被列为三级古迹。1738年，在风神庙前建立了接官亭，用于接文武百官。如今的接官亭呈现为三间四柱二楼歇山重檐式花岗石构造，造型精美。

沙坡尾仿台南接官亭造的石牌坊

台南接官亭

依港而兴

这一严禁偷渡和禁止携眷入台政策，虽也有些调整，但禁而又驰，驰而又禁，直至清末光绪元年（1875）才正式宣布废止。这对于大陆人民移垦台湾、开发台湾不得不产生相当大的影响。

不过，清政府不断的禁令也说明：人民私自渡海峡赴台始终不停。清廷有关规定的重申以及地方官员的奏请增多之时，往往就是私自渡台现象特

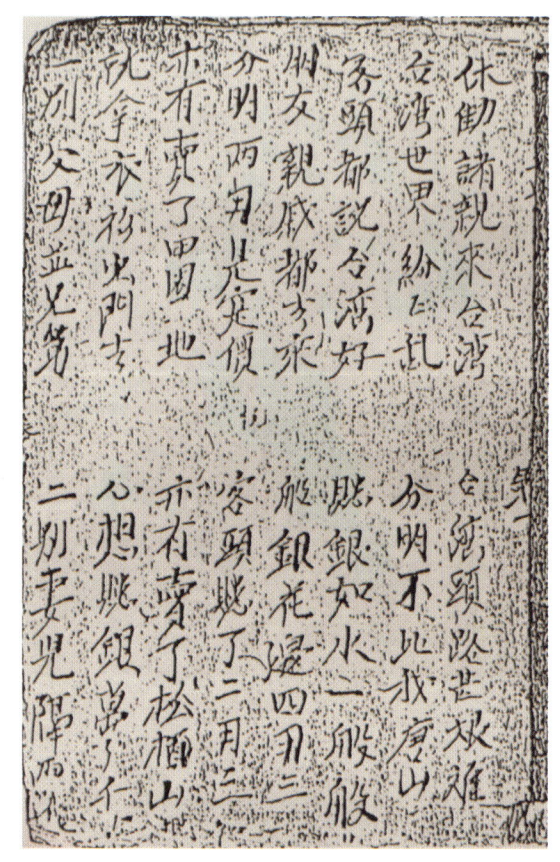

《台湾番薯哥歌》

别严重之期。由于闽南、粤东沿海，"田少山多，人稠地狭"，而台湾地广人稀，土地肥沃，"一岁所获，数倍中土"，因而这些地方"无产业家室者，俱冒险而来"，"流者归之如市"。

同时，封建制度传入台湾的时间很短，当地地主阶级尚在发育形成之中，清政权机构也不像大陆严密齐备，又同以郑氏残余势力为代表的当地地主阶级有尖锐矛盾，因而剥削较轻，管束较少。偷渡入台之民，在经济上和政治上都较之大陆有更好的处境。这样，无论什么严刑峻法、稽查缉捕，以及偷渡中的危险都挡不住渡台的洪流。在移民高潮的猛烈冲击下，清政府的禁令不过一纸空文。

这一时期的移民，与明郑时期有组织大规模迁徙不同，也区别

于早期那种零星分散，甚至是不得已才前往台湾的情况。它是大规模自发的渡台行动，而且持续200年未曾停止。这一场迁徙，使台湾人口从康熙二十三年（1684）的数万人增加到1893年的近300万人。移民的高潮在1782年至1811年间，近30年里，台湾人口增加近99万。

从康熙年间至雍正年间，不过四五十年，台湾地区广阔且肥沃的北部平原和南部下淡水溪流域大部分已得到开发；到乾隆年间，开发区域逐渐拓展至丘陵地带或肥力较差、交通不便的土地；嘉庆以后，主要开拓的地区为东部噶玛兰平原、花莲港流域和中部埔里社盆地等地区；而至同治、光绪年间，则已着手"开山抚蕃"，深入高山族聚居区域。除少数深山、海岛，台湾全岛已皆为"良田美宅"，"大小村落星罗棋布"。中华文化也因此播传至台湾的每一个角落，成为占绝对优势的主导文化。

**熟番图**

移民高潮为台湾土地的开发、封建经济的发展提供了必要的条件和前提，同时也推动了中华文化在台湾传播的新高潮。在经济发展的基础上，清政府不断加强对台湾的统治。清初，台湾设一府三县；雍正元年（1723），增彰化县；光绪元年（1875），增设台北府，改台湾府为台南府，并增恒春、宜兰、淡水、新竹四县，共二府八县。光绪十三年（1887）台湾建省，下设三府一直隶州十二县二厅，这一行政区划格局奠定了今日台湾行政区划的基础。同时，清政府于

各府、县设儒学，至清末，设有府儒学3所、县儒学10所，并开科取士，使得台湾文风渐盛。清治台湾200多年间，台湾总计有举人251人，进士29名（此数据不包括武举人和武进士）。

西定坊书院［清代台湾第一所书院，施琅于清康熙二十二年（1683）在台南创建］

乡间坊里的社学、义学及民学，络绎兴办，遍及各地。尤其是康熙六十年（1721），平定朱一贵起义之后，清政府认为台湾的问题，不在民之贫困，而在民之教化，故决定："兴学校、重师儒，自郡邑以至乡村，多设义学，延有品行者为师。""自是之后，台湾除澎湖，及噶玛兰地区外，多设义塾；且多兼县书院……故乾、嘉之际，一时文教颇盛。"

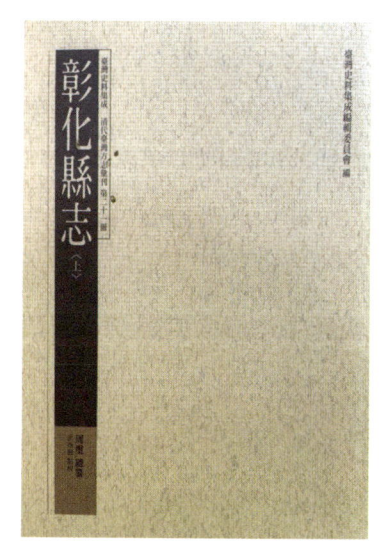

《彰化县志》

### 延伸阅读：台湾科举

清代台湾考试制度依照福建，台湾学生经过岁考、科考后，成绩优秀者，会被送到福州参加乡试。据记载，乾隆时，每三年到福州参加乡试的台湾考生有200—500人之多。其中成绩优异者，还可参加贡生的选拔。经科举入仕的台湾学子，有不少到福建各地担任教职的，其中就有到同安、厦门任职的，如台湾县学的岁贡生张缵绪在1711年到同安县学担任教谕。最早的台籍进士，就是原籍同安、出生于台湾的陈梦球（陈永华之子）。

### 人物介绍：郑用锡

郑用锡（1788—1858），台湾淡水人，祖籍福建泉州府同安县（今金门县）。道光三年（1823）开台第一进士，官至礼部仪制司员外郎。1837年，郑用锡返回台湾，主讲于明志书院，致力于地方建设。1939年自募乡勇，郑用锡抗击英军侵犯。其著作有《北廓园集》《周礼解疑》等。

郑用锡位于新竹市的进士第

社学也称官塾，或由官办，或官民义捐，或个人私设，但学生入学一概免费。民学则同大陆的书塾，培养自己的子弟。除这些初级教育机构之外，有清一代，设书院23所。《台湾史》评其"实为湾教育之中心"。

清政府还在台湾居民村社设立番学堂、土番社学。

所有这些教育措施，不但使台湾地区有了一批又一批土生土长的知识分子，更通过教育确立和巩固了儒家思想文化的统治地位，并且使汉族与台湾少数民族进一步融合。这样，中华文化不但在台湾扎下了根，而且在台湾这块土地上生机勃勃地发展起来。

各种民间信俗也在这一时期得到了极大的发展。一方面是许许多多的移民从大陆携带香火、神像至台湾，在村落甚至家庭里安放祖宗的牌位和神仙的龛橱。既有全国性的神明，如关公、观世音、玉皇大帝；也有闽粤两地原乡故土的乡土神，如开漳圣王、保生大帝、清水祖师、三山国王；还有各类行业之神，如郊商祀水仙、药师祀药王、戏班祀西秦王爷或田都元帅、武馆祀达摩或张三丰。

台南开台银同祖庙

台南学甲慈济宫

  另一方面,随着大陆信俗文化在台湾的发展,台湾人民在这一时期创建了许多新的神祇。这体现出大陆信俗在台湾不但已扎下了根,而且结出了新的果。

  台湾新造的神祇大致可分为三类,一类是将造福台湾的先人贤士神化,如郑成功、吴凤等;一类是遍布各地的大众爷、义民爷,所谓大众爷、义民爷,即无主孤魂。台湾在清朝统治时期有"三年一小反、五年一大反"的说法,枉死之人甚众;加上清朝初期严禁渡台以及限制携眷渡台,使得更多客死他乡之人无人祭祀,因而各地皆可见大众爷、义民爷的孤魂祠。还有一类是像石头公、大树公这类没有明确神源的祠祀。这一方面是早期移民在艰苦环境中的一种精神寄托,另一方面,也可能是在与台湾居民的融合中,为他们的自然信俗感染而致。

依港而兴

明郑时期,台湾的寺庙不过一二十座,经过清朝管理这200多年,据1919年的统计,台湾已有寺庙3312座、斋堂172座、小祠7787处,还有宗祠祖厅120座,总计达11391座(处)。

台南祭祀典武庙(始建于明郑时期)

台湾民间信俗中,与厦门关系最密切的是保生大帝信俗。保生大帝,本名吴本,又称大道公、吴真人,是北宋名医,原是同安人。吴本生

保生大帝吴本上山采药救人无数

前为济世良医,受其恩惠者无数,去世后乡民建庙奉祀,尊其为医神,后被朝廷追封为大道真人、保生大帝。

明末清初,随着闽南移民渡台,吴真人信俗传入台湾。如今,台湾数以百计的慈济宫均奉青礁慈济宫及白礁慈济宫为祖宫。

青礁慈济宫（慈济东宫）

台湾保生大帝信俗源自大陆，源自福建白礁慈济宫的台南学甲慈济宫是台湾保生大帝的开基祖庙。台南学甲慈济宫奉祀一尊已有800余年历史的开基神像。相传这座神像系1661年郑成功收复台湾时，民众迎请随军而来。台湾200余座奉祀保生大帝的宫庙，大多是从白礁和青礁的祖庙分香兴建的。因为郑成功登台的日子是农历三月十一，直到现在，每逢农历三月十一，学甲慈济宫都要举行盛大的谒祖祭典，向西遥拜故土的白礁乡祖庙，并恭送保生大帝返乡晋谒祖庙。保生大帝在台湾是仅次于妈祖的第二大民间信俗，信众有400多万人。

台南学甲慈济宫

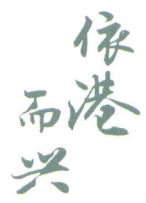

2007年海峡两岸保生慈济文化节两岸双主祭

田都元帅（两岸共同祭拜的戏神）

大陆的民俗风情、文学艺术，在这200余年间，更在台湾蓬勃发展。所有岁时节俗、衣着饮食、生冠婚葬，乃至社交行商，无不完全照搬大陆汉族习俗。乱弹戏、梨园戏、高甲戏、京剧、福州戏（闽剧）、皮影戏、布袋戏皆在台湾随处可见。乱弹戏又称北管戏，甚至在台湾的乡间扎下根，成立所谓的"子弟班"，即民间自娱的戏班。文人学士的文学作品，也形成了台湾独特的风格，出现了一批著名的爱国诗人和许多描写台湾风情、歌颂祖国统一、反抗列强侵略的优秀文学作品。

台湾宜兰老歌仔戏演出形式

1885年台湾建省，汉族与平埔族已基本同化融合。光绪初年的《苑里志》记载："今番人归化已久，习惯、衣冠、器用以及婚丧、贺吊，一如汉人；通番语者，百无一、二。"

台湾高山族汉化婚礼

这时，中华文化已经在台湾形成了完整的体系，播展到台湾的每一个角落，扎下了根，并开花结果。台湾文化在吸足了母文化的乳汁之后已完全融入了中华文化大系统之中，成为中华文化重要的、不可分割的组成部分。

## 第三节　唇齿相依

台湾的全面开拓，中华文化在台湾全面传播、落地生根，使得台湾成为民力民心基础雄厚的边海防，成为外来侵略者难以占领殖民的中国领土。

施琅虽然以高瞻远瞩的目光，从抵御外敌角度说服了康熙皇帝驻兵屯守台湾，但是那些弃台派所提出的台湾有可能成为叛乱者的根据地、变成难以剿灭的祸乱的观点，他也不能不回应。因此，施琅提出了"渡台三禁令"。这看似万全的谋划，给台湾的安定造成了巨大深远的影响。

其一，规定只能福建省居民过去，但到最后，变成大都是闽南人过去台湾。根据日本占领台湾时期的统计，祖籍闽南的台湾人占83%。开拓一个地方，若移民都来自同一个族群，那未来的治理有无穷的问题。闽南人受郑成功反清复明深刻的影响，同时对清朝政府禁锢海洋发财之路，有一种根深蒂固的叛逆，成为清治台湾不安定的思潮。

其二，不准携眷过台。本意是将你家人扣为人质，让你不敢造反。不料这造成了台湾严重的男女失衡，产生了大量的单身汉罗汉脚，无所牵挂，勇于冒险，于是台湾就有了"三年一小反，五年一大反"。故平乱安定台湾，就成了厦门水师提督时时挂念在心的大事。

其三，广东人不能去台湾。郑成功手下客家、潮汕的兵将很多，都知道台湾土地富饶、地广人稀。虽然限定只能从厦门到台南，但依然可以偷渡过台湾；虽然迟到了，沿海的嘉南平原被闽南人占满了，那就到半山、到桃竹苗。结果，反而是客家人占据了闽南人嘉南平原稻田的水源。于是各种纷争开始，各种不同的械斗发生了，其中闽客矛盾、闽客械斗最为突出。闽南人人多势众，自然占了上风，由此在客家人心里埋下了积怨。闽南人造反，清兵来镇压，客家人自然站到了官兵一方。于是，清朝自然认为闽南人危险，客家人可靠。闽南人只好自叹自己不能"出头天"，永远得不到官方的信任。这种心理深刻地影响了台湾后来的政治走向。

闽客矛盾绵延清治台湾200余年。造反也好，械斗也好，最终都要靠厦门的水师来平定。台湾的安定就和厦门紧紧地捆绑在一起。唇齿相依，唇亡齿寒。

台湾历史上最有名的起义就是朱一贵和林爽文。

朱一贵（1690—1722），原名朱祖，福建漳州府长泰县（今漳州市长泰区）人，于康熙五十二年（1713）移居台湾，成为天地会成员。朱一贵侠义好客，乐于助人。他在台湾以养鸭为生，饱受台湾官府压迫，甚至被抓入监牢。康熙六十年（1721）四月，朱一贵以"反清复明"为号召，领导了台湾第一次大规模农民起义，并成功夺取全台湾，定国号为"大明"，年号"永和"。世人俗称之为鸭母王、鸭母皇帝。

位于漳州长泰朱一贵故居

依港而兴

施琅的儿子施世骠时任福建水师提督，与南澳总兵蓝廷珍率大军于1721年6月登陆台湾，很快打败起义军，生擒朱一贵。但起义军分散游击，直到两年后雍正元年（1723），这场轰轰烈烈的反清农民起义才最终被平息下去。

然而，这时清廷又有人开始提出要将台湾所有的民众迁回到大陆，将岛上主要的军事机构迁移到澎湖岛，在澎湖建立新的前线。这一措施，无疑等同于放弃台湾。四十年前施琅和朝廷争论弃留台湾的问题又重新被提起了。

此时，总兵蓝廷珍手下的高参蓝鼎元挺身而出。

蓝鼎元（1680—1733），字玉霖，号鹿洲，福建漳浦人，蓝廷珍之族弟。蓝鼎元幼年父亲就过世了，家境贫穷，但他学习刻苦，年轻时就已成为饱学之士。他专注于改善国计民生的实学。那时蓝氏家族杰出的军事人才辈出，蓝鼎元无疑也具有军事专长，但他无意从军，也没有做官的兴趣。他在17岁的时候，开始专注于海洋的研究，前往厦门观察周围的海洋环境，随船出海航行，不仅从书本而且从实践中学习，二三十年专心致志，

> **延伸阅读：雍正御赐砚台**
>
> 蓝廷珍平台后，雍正帝为嘉奖其功，于雍正元年（1723）特赐砚台一方。此砚后由蓝廷珍孙蓝元枚收藏，被视为家族荣耀的象征。现藏厦门市博物馆。

雍正帝赐蓝廷珍的砚台

持之以恒。到了康熙六十年（1721），他刚40出头，就已经成为公认的台湾和南洋事务的专家。这一年，台湾朱一贵起义，席卷了整个台湾。蓝廷珍率兵入台平定朱一贵的起义。蓝鼎元被聘为秘书和顾问。

蓝鼎元以他对台湾和海上事务的丰富知识和深刻了解，重申了施琅之前提出的警告，认为台湾如果被抛弃，必将对国家的海防造成重大危险。他以翔实的资料，描述了清朝统治不到40年的时间里，台湾农业和商

蓝鼎元

业快速增长的蓬勃景象。他认为，台湾的蔗糖和大米的生产对国家经济会产生重要的补益作用，通过和所有沿海省份的紧密商业联系，台湾必将成为国家经济网络的一个不可或缺的部分。因此他建议朝廷不但不能放弃台湾，而且应该立刻加强对岛上的治理。他支持《诸罗县志》编纂者陈梦林（也是漳浦人）提出的建议，认为在诸罗（今嘉义）的北部，应建立一个新的行政区，以鼓励更多的开拓和定居。雍正皇帝执政以后，接受了这个建议，设立了彰化县和淡水厅。

他更大胆地提出，官府不应对来往于厦门和鹿耳门之间的商船额外征税，并建议应该允许商船携带一定的武器。他认为，只要通

依港而兴

过武装商船,沿海久拖未决的海盗问题就可以迎刃而解。他强调说,所有商船都是民众的私有财产,他们绝不愿意以身家性命冒险卷入非法活动。特别是他们在出发前已经签押担保,官府应该相信那些信用良好的保人。

蓝鼎元的《平台纪略》后来被列入《治台必考录》,成为后世治理台湾的重要参考。

蓝鼎元著作《平台纪略》《鹿洲公案》

台湾规模最大、范围最广的农民起义是乾隆年间的林爽文起义。

林爽文(1756—1788),清代漳州府平和县坂仔人,后随父移居台湾省彰化县大里代庄(今台中县大里市),以耕田、赶车为生。乾隆三十九年(1774),林爽文加入反清组织天地会,成为台湾天地会的北路领袖;乾隆五十一年至五十三年(1786—1788),领导台湾规模浩大的农民起义。乾隆皇帝派福康安亲率大军从厦门入台,几经周折才把林爽文起义镇压下去。

大埔林战役

解嘉义之围

斗六门战役

大里弋战役

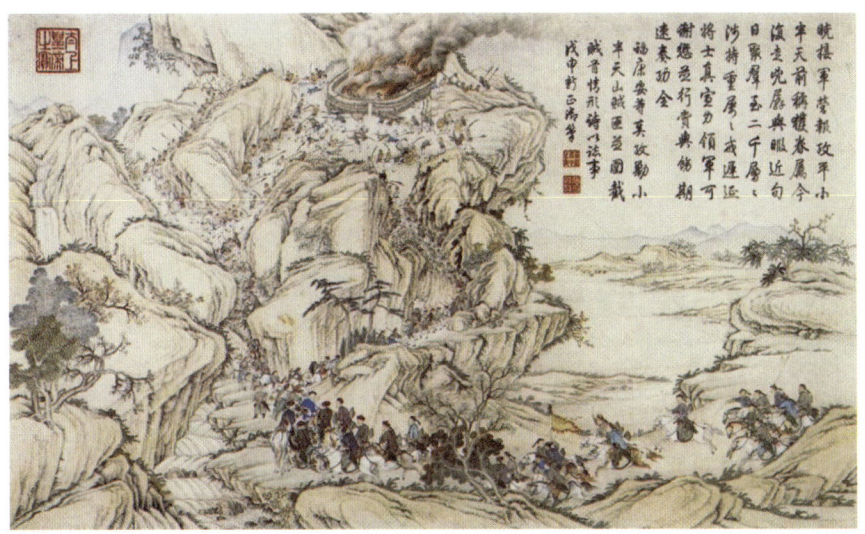

小半天山战役

枋寮战役

林爽文被捕

集集埔战役

第一章　台厦一体

大武垄战役

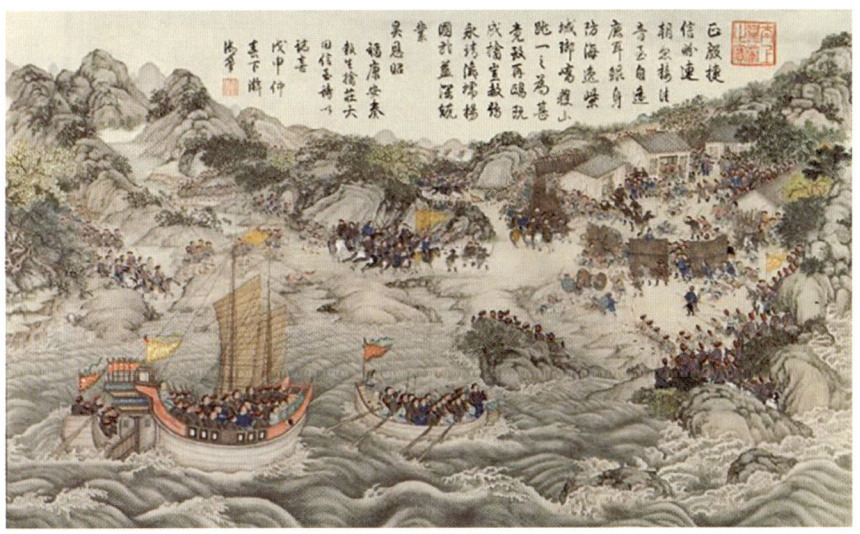

庄大田被捕

37

为彰显此次平乱林爽文的功绩,乾隆亲自撰文立碑,分别立于北京、热河和厦门南普陀三处。

**延伸阅读:南普陀山门内的乾隆御制碑**

1788年,乾隆皇帝颁旨建碑,御制记文,共四篇文,镌刻成四座碑。每座石碑座高3米,宽1.28米,厚0.12米。满、汉文字对照的花岗岩石碑共8方。每碑皆作平首,碑额篆文"御制"两字,周边浮雕九龙纹饰。碑文皆为乾隆皇帝所撰,作直行楷书。四座石碑共含有《御制剿灭台湾逆贼生擒林爽文纪事语》《御制平定台湾告诫热河文庙碑文》《御制平定台湾二十功臣像赞序》《御制福康安奏报生擒庄大田纪事语》等。

《厦门志》南普陀御碑亭

南普陀山门内的乾隆御制碑

依港而兴

　　清廷维持台湾安定的大军无不是以厦门作为筹划、准备、出发的重要基地。厦门不仅提供了大量船只用于军队运输,更是承担起关键的后勤保障任务。这一系列举措,突显出厦门在保卫台湾、构筑东南屏障中发挥重大作用。

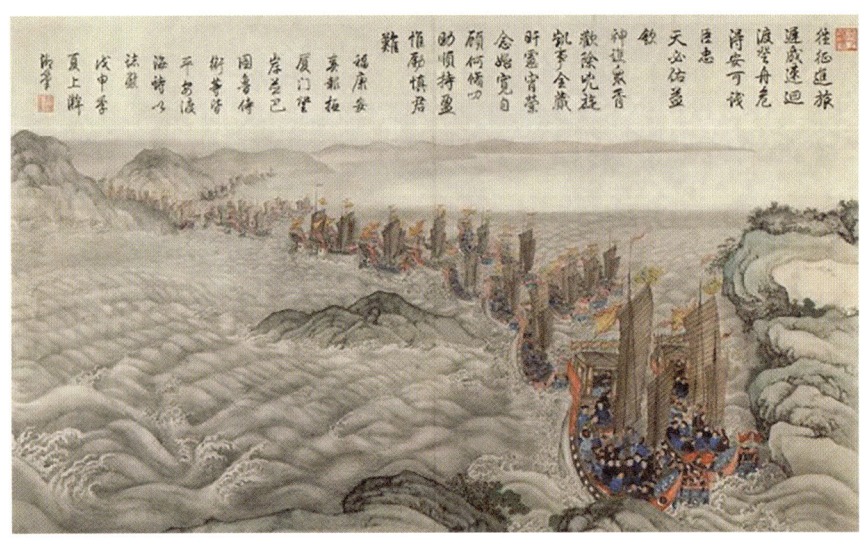

登岸厦门

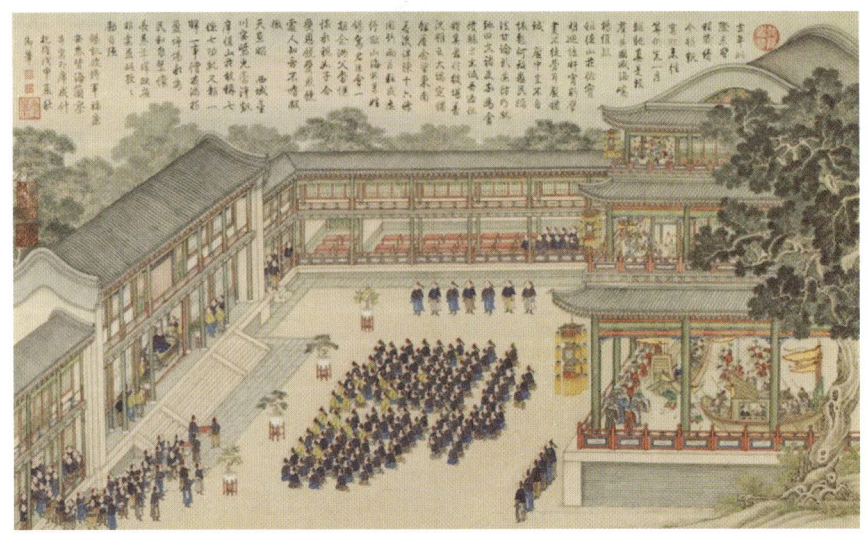

清音阁宴将士

# 第二章
# 建构海峡经济区

厦门和台南作为大陆与台湾之间往来通行的唯一港口整整100年，而后才在1784年和1792年先后开放鹿港和泉州蚶江、八里坌和福州虎门。厦门港则很快又和鹿港、八里坌通航通商。台湾主要生产和输出的米、茶和糖，都从厦门入口再转运；而台湾的日用消费品又主要经由厦门运到台湾，台湾与厦门形成了互补性的经济联系。密切的经济联结催生了海峡两岸的"郊商"与"郊行"，形成了清朝200余年以厦门为中心的海峡经济区。

清初闽海关口衙署

## 第一节　厦台经济一体

### 一、厦台对渡

清政府注意到厦门与台湾的历史渊源，收复台湾后的前100年里（1684—1784），厦门作为大陆唯一港口，与台湾之间保持交往。厦门和台湾鹿耳门是两岸仅有的一对对渡口岸。在100年时间里，不仅两岸的贸易，而且两岸所有的联系与往来，包括政治、经济、军事、文化、人员等，都是通过厦门这一口岸实现的。

清政府规定："商船自厦来台，由泉防厅给发印单，开载舵工水手年貌，并所载货物，于厦之大嶝门，会同武汛，照单验放；其自台回厦，由台防厅查明舵水年貌及货物数目，换给印单，于台之鹿耳门，会同武汛，照单出口。"大陆与台湾的贸易是通过厦门实现的。厦门被定为唯一的闽台通行口岸，这个规定整整执行了100年。

与厦门港对渡的台湾鹿耳门港口

第二章 建构海峡经济区

立请约人葛瑞涧今因合家男妇老幼共九人要往臺灣路途不屈前来请到亲戚亚亮亲带至臺灣當日三面言定大船銀並小船饯滋補伸花柴追觅拾壹員正其眼至大船中一足付完安路途食用並答小船盤費係涧自己之事此係二家甘愿不得加减口悉無混立请約付始

批明九人內幼手三人

代笔兄瑞清
嘉庆九年正月二十五日立

清嘉庆年渡台带路切结书

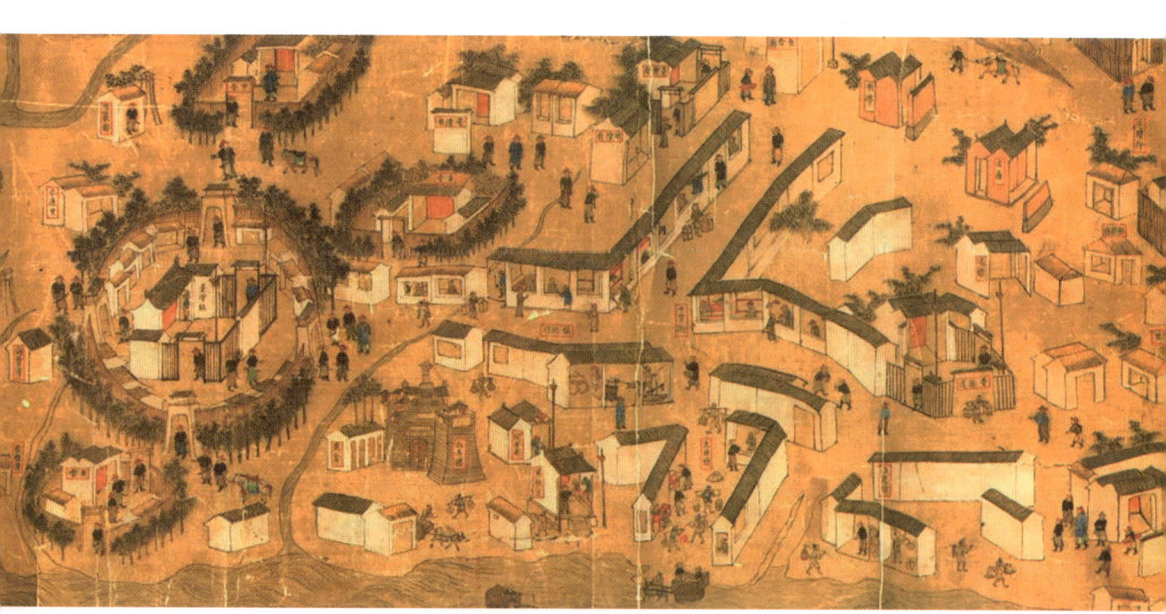

设有台厦道的台湾府城图

## 依港而兴

1784年后，陆续增开口岸。19世纪60年代开港前，台湾开放了五个合法口岸对渡大陆相应的口岸。当时与厦门对渡的港口有鹿耳门、鹿港、海丰港，集中在台湾的中南部。

**延伸阅读：重修洪本部渡头碑**

嵌于厦门洪本部街33号民居墙面，清乾隆四十年（1775）立。正文共140字，记载渡头之由来及水师提标营官员、近津商户捐修渡头之善举，部分文字已风化。洪本部渡头、五通渡头都是当年"唐山过台湾"的启航地。

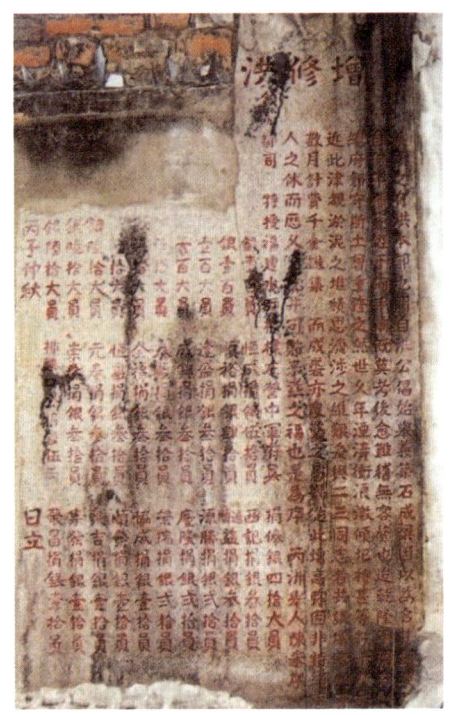

重修洪本部渡头碑

昔日厦门港的标志"打石字"

第二章 建构海峡经济区

厦门古港

清泉州蚶江、东石港码头遗址

## 二、经济互补

明时郑氏集团在台湾经营20余年时间，虽对开发台湾作出了重大贡献，但其开发范围主要还在南部的台湾县周围，就全台来说开垦十无二三。到了清康熙年间，官府重视垦荒，对垦辟采取奖劝政策。清政府重视、奖助垦殖的政策促进了台湾农业社会的发展。

清初，台湾人口近20万，随着大量大陆东南沿海移民的涌入，到嘉庆十六年（1811），已经增加到2003000多人。（连横：《台湾通史》卷七，《户役志》）大陆移民进入台湾以后，以台南地区为中心，分别向北、向南流动，移垦的形式由点到面，逐步扩展。

延伸阅读：清代台湾土地开发的三种主要形式

一是地主出钱，移民出力的开垦集团。出力的移民即佃户承租地主土地，再租给"现耕田人"，后者交给地主和佃户各一份租，俗称"大小租"。二是移民们自愿互助形成的开垦集团，"结首"称为自耕农或小地主，不收租。三是政府直接召民领垦，只许自耕，不许包占，向政府交税外，还需向土地原主的番社交租。以上三种土地开发形式，形成了清代台湾与祖国大陆一致的阶级关系和社会经济模式。

开台先民使用过的木制牛车轮
（台南安平古堡展示厅）

大陆移民的足迹遍及台湾全岛，或开垦土地，或经营手工业，或从事商业活动，对开发台湾起了很大的作用。各种农作物品种随之传入台湾，丰富了台湾的植物种类，如唐山稻、番薯、西瓜、白菜、桃等，还带来了多种家禽动物。农业生产中，粮食产业发展最快，至18世纪20年代，台湾已成为中国东南地区重要产量区，其所产粮食，每年源源不断地输往大陆。

随着农业的发展,手工业也日益兴盛,其中制糖业发展最快。早在荷兰人占领台湾时期,台湾人就已开始种蔗制糖,但技术较为落后。到郑氏时代,陈永华将大陆的制糖技术引进台湾,到了清代,甘蔗种植面积扩大,台湾的制糖手工业不仅在技术上有很大的改进,而且在生产规模上有了较大发展,出现了具有手工工场性质的制糖工场——糖廊。廊中分工精细,设有糖师二人、火工二人(煮蔗汁者)、车工二人(将蔗入石车)、牛婆二人(鞭牛,硤蔗)、剥蔗七人、采蔗尾一人(采以饲牛)、看守各牛一人,工价逐月六七十金。从其分工和生产组织形式来看,已经具备资本主义萌芽的特征。

台湾牛拉蔗车榨蔗汁与一对石碾

近代台湾牛车运甘蔗

依港而兴

台湾的茶叶及制茶技术也由大陆移民传入。"嘉庆时，有柯朝者归自福建，始以武夷之茶……收成亦丰，遂互相传植，盖以台北之地多雨，一年可收四季……"樟脑为台湾特产，其加工技术于明郑时期传自大陆，但产量不多。到嘉庆后，私煎樟脑的规模越来越大，获利甚巨。

可见，随着清朝大陆移民的大量迁入，大陆的较先进的生产技术传入台湾，大力推动了台湾经济的发展，使台湾成为物产丰富的地区。而这些剩余农产品不能直接出口，必须由轮船先运到厦门，再以厦门港为中心发往其他地区或国家。雍正年间，大陆移民持续大量地涌入台湾，台湾社会经济进入了飞跃发展阶段，对大陆的各种商品物资提出了更多需求。在厦台对渡的百年时间里，厦门口岸的商船频繁往来于台湾与大陆之间，岁殆以数千计。

清咸丰年间台北大稻埕商港、淡水港

台南天后宫的市场情景

当年厦门有一要政——台运。福建山多地少,有"八山一水一分田"之说,且土地贫瘠,粮食长期无法自给,需要外援。遇到粮食歉收之年,更会引起社会动荡不安,严重影响正常社会秩序。清代福建官员最为头疼之事,莫过于筹集粮食。乾隆时任福建巡抚的周学健感叹:"闽省第一要务,无如筹划民食仓储一事。"

### 延伸阅读:台运

"台运"在清代的文书中意义较为广泛,这里所指的"台运"是特指,主要指赴台贸易的商船配载一定数量的米谷到福建,即通称的"兵米兵谷"和"眷米眷谷"。清代福建内地(台湾、澎湖除外)约十万水陆官兵驻军,军粮严重不足。当时厦门一直承担着粮食入口和分销的任务,"台运"是厦门一要政,除了要组织米谷的配运外,对运来的台湾米谷,还要储存保管、组织转运。从台湾发运的米谷由台湾海防同知稽查配运;到厦门后,由厦防同知稽查收仓和转运福建各地。

由于特殊的社会历史条件,台湾始终没有形成大陆绝大部分地区所存在的典型的自给自足经济,即平常所说的"男耕女织"。它与大陆那种小农业与家庭手工业相结合的自给自足的自然经济大不一样,台湾农业的商品化水平很高。因为每个劳力绝大部分得开垦耕作五十亩左右的土地,形成一种以粮食生产为主、经济作物为辅的

形式。手工业除了甘蔗和花生的加工外,其余的很少。

台湾社会经济中,粮食与糖的生产自给有余,而且大部分稻米与蔗糖的种植,是为了外销获利,特别是蔗糖的生产,随着与福建贸易往来的发展,在国内外开拓了更为广阔的市场,并且蔗糖加工行业中最早出现了专业化分工和雇佣劳动关系。纺织品、日用消费品等手工业品严重不足,需依赖大陆,故用自给有余的农产品,换取海峡对岸的日常生活用品,"百货皆取自资于内地"。所以台湾的小商品经济显得尤为活跃,从而形成半开放型的经济形态。

台湾成为当时中国东南的粮仓,不仅能满足自需,而且有了剩余农产品可以向外输出。福建缺粮,需要台湾救济;台湾的蔗糖、花生油、黄豆、苎麻等土特产也大量输往厦门。台湾作为一个典型的农业区域,与传统的自给自足的自然经济有所不同,产品已实现了商品化,主要生产和输出米和糖,而其他商品则必须依赖大陆供给。各类纺织品、日用杂货、建筑材料和各种土产等,全都由厦门的商人到各地采购,再由厦门船运至台湾。可见台湾与厦门的经济紧密联系在一起,形成了互补性的经济协作区。

总之,台湾稻米、蔗糖、茶等农产品的商品生产、加工、销售,在很大程度上都与厦门达成了经济一体化,海峡西岸经济区以厦门为枢纽逐渐形成,福建与台湾构成海峡西岸经济区的基本形态。

台湾的稻米主要流向了福建、广东等地,向宁波、苏州、上海、天津、锦州,以及日本等地区和国家输出蔗糖。厦门口岸,"商贾云集,群视贩海为利薮",从厦门港发舶而来的"南北客艘"航行于两岸,交换两岸的多种商品,通过港口集散,从而形成了庞大的海上经济网络。而厦门与台湾构筑起的海峡经济区属于这个大的经济网络中的一部分,厦门海洋经济文化就是在此环境中孕育形成的。

### 延伸阅读：海不扬波

位于厦门碧山岩旧殿宇后，系清雍正丙午年（1726）厦门海防同知李暲的楷书题字，反映了当时厦门作为"台运"的口岸与台湾来往频繁的事实。字幅高0.6米，宽1.8米。右直题"丙午嘉平"，嘉平即阴历十二月。左直款"三晋李暲"。当时厦门作为"台运"的口岸与台湾来往频繁，李暲题此以抒发感慨。李暲，字静乐，山西人。清雍正八年（1730）前后任海防同知。

岩题"海不扬波"

### 延伸阅读：《厦门志·台运》

《厦门志》第六卷专门记述厦门与台湾之间的军粮运输——台运略。从雍正年间开始台运，每年都有，如雍正九年（1731）为16.65万石，乾隆初年达到18.2万石，之后不断增加，有100万石左右。清朝曾一度派出4000多只军粮船在厦台之间运粮，乾隆中后期台米输出达到高峰。福建特别是厦门与台湾早已处在同一个经济命运体当中，形成紧密的经济联结。1875年至1895年，厦门从国内各地进口大米，每年平均245400海关担，主要来自台湾，少量来自江浙等地。《厦门志》的"台运"篇详细记载了当时台运的盛况。

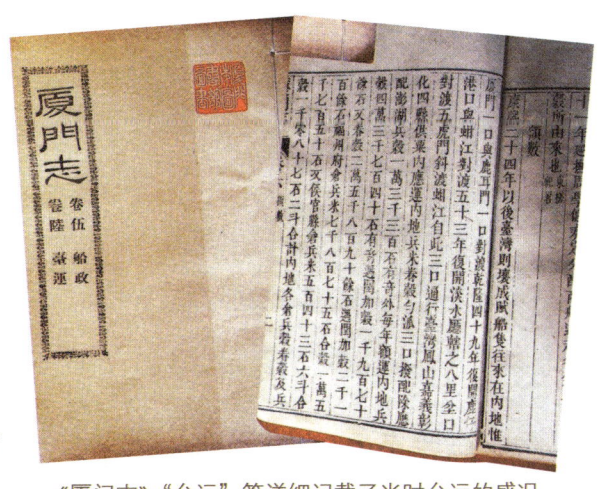

《厦门志》"台运"篇详细记载了当时台运的盛况

　　台湾作为一个农业区,与大陆沿海形成社会分工格局,促进了台湾商品经济的发展和资本主义萌芽的出现,并加强了台湾与大陆的交往与联系,繁荣了海峡两岸的经济。毫无疑问,这种经济形式在清初的中国是较为进步的。

## 第二节　郊商郊行

从康熙中叶起，台湾与大陆的通商贸易逐步发展，行业竞争加剧，商行进一步发展为以行业或地区命名的郊行（或称行郊）。其性质与中国古代的行会相似。

为了仓储与运输的便利，郊行一般设在城市之郊与港埠之滨。

大约在雍正年间，在厦门的引领下，台湾出现了经营两岸贸易的郊行。鹿耳门最早与厦门对渡，因而台南地区最早出现形成郊行，其中最著名的是成立于雍正三年（1725）的"台南三郊"——北郊、南郊和糖郊。其中，南郊专营厦门等闽南金三角地区、汕头、香港地区，以及南洋各地的业务；另，"赴福州江浙者曰'北郊'"。南郊有三十余家商行，共推金用顺为郊首；北郊有二十余家商行，群推苏万利为首领。南北两郊，垄断了台湾与大陆的贸易业务。北郊和糖郊经营范围虽不在厦门，但来往货物都需经过厦门口岸转运至北方各地。

随着两岸贸易的发展，台中与台北地区的郊行也相继创立。乾隆中期，鹿港设有泉郊、厦郊、染郊、布郊等，台北淡水设有厦郊、米郊，澎湖设有台厦郊，而厦门、漳泉一带设有布郊、米郊、油郊。郊行的相继成立，更促进了两岸商贸更大的发展。乾隆末年到嘉庆初年，台湾郊商受械斗影响很大。

清代鹿港——泉厦二郊商船贸易要地

台厦郊实业会馆（组图）

## 八郊商号

| 郊名 | 名称 | 参加的商号 | 规模 |
| --- | --- | --- | --- |
| 泉郊 | 金长顺 | 林日茂、万合号、林盛隆、泉合利、黄金源、蔡永茂、苏源顺、施长发、施谦利、许谦和（许志湖）、蔡隆兴、施益源、欧阳泉胜 | 二百多家 |
| 厦郊 | 金振顺 | 陈庆昌、海盛号、陈恒吉、施合和、施瑞盛、庄谦胜 | 一百多家 |
| 南郊 | 金进益 | 施自顺、林源和、林永泰 | 七八十家 |
| 油郊 | 金洪福 | 黄五味、春盛号、施滋发堂 | 七八十家 |
| 布郊 | 金振万 | 益兴号、复丰号（玉珍斋）长裕号、德裕号 | 七八十家 |
| 染郊 | 金合顺 | 藏锦号、锦兴号、胜兴号、振茂号、益源号、益泰号、泉茂号、谦诚号、林概昌、棉兴号、金和兴、兴胜喜、义发号、陵胜号、宝隆号、新源瑞号、协成号、顺记号、源胜号、金益号，合利号、顺安号、兴美号、施源记、利胜号、施源隆号、施泉胜号、源发号、利兴号、元昌号 | 三四十家 |
| 糖郊 | 金永兴 | — | 十八家 |
| 簏郊 | 金长益 | 长源号、谦和号、荣泰号、源合号、连兴号、成利号 | 近百家 |

清代后期台北十三行旧址

清代台湾的郊商大多来自大陆,台湾府城(鹿耳门)的郊商,更与厦门息息相关,所谓的"郡城郊商生理多在厦门","台、鹿两处郊商,大半家于厦港",其中"台"指台南,"鹿"指"鹿港"。1803年,厦门已有经营台南贸易的台郊和经营鹿港贸易的鹿郊。

这一时期,厦门与台湾也出现了洋郊。洋郊指的是专做外国洋商生意的商行。与近代史上由外国人经营的洋行不同,它是由中国商人经营的对外贸易的中介团体。

清代鹿港元昌行旧址

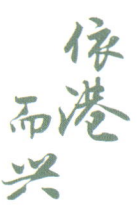
依港而兴

台湾鹿港郊公会的铁钟

糖郊的石秤砣

以经营行业划分的郊行，有米郊、糖郊、药郊、茶郊等。米郊和糖郊，厦门很早就有，而且影响很大。清代福建的染料在全国占有相当的地位，种植比明代更普遍，闽海关抽税最多的便是靛青。

郊行对经济、文化有着不可低估的影响。清代，台湾重修鹿港天后宫碑，碑文捐款者中记载着许多郊行，说明郊行的影响力深入经济、文化等多个方面。

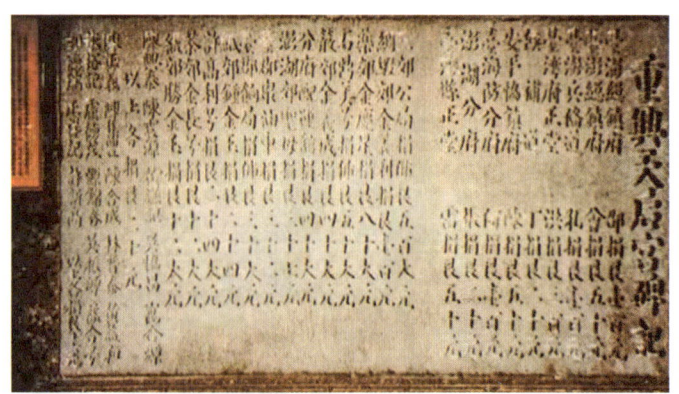

重修鹿港天后宫碑文

清代台湾郊商的遗迹不少已隐没于历史的尘烟中，但仍有一些散珠可以寻觅到。如福建漳浦人林兴于康熙六十一年（1722）赴台，其子林三因从事大陆与台湾间的米谷生意而致富。福建同安人梁比美,光绪年间赴台,以挑担兜售杂货商品为生,之后开设"泉益记"商号,经营闽台米与布的生意。福建同安人杨咸曲,于乾隆年间赴台,在台中清水镇从事开垦,其子孙仕宦和从商者众多。福建同安的李春生(1838—1924),清同治四年(1865)到台湾,先在英商洋行内当买办,后改任和记洋行总经理,同时经营茶叶外贸生意,逐渐发展成近代台湾巨富商人,被称为"台湾茶叶之父"。位于台北市甘州街44号的建筑大楼,即李春生的豪宅。豪宅原为三层混凝土的中西风格建筑,外敷浅色瓷砖,并有圆弧屋顶,是当年台湾巨富豪宅的代表作。此为改造后的样貌,依然可见当年之风采。

台中大甲镇瑞莲堂梁宅

龙井山脚的林兴宅院

清水社杨宅厅堂

李春生大宅

依港而兴

历史上闻名遐迩的"三郊总长"叫林佑藻,厦门同安人,为开发大稻埕的关键人物。他召集各商户,组成厦郊,名为"金同顺",后与艋舺泉郊"金晋顺"、北郊"金万利"合并成"金泉顺",即是"台北三郊",林佑藻并被推举为"三郊总长"。

三郊总长林佑藻

### 延伸阅读:板桥林家

板桥林家曾为清代台湾开台首富家族,其祖林应寅是龙溪县(今属龙海区角美镇)。其后代林平侯数次协助台湾官员平定械斗,捐银以助军需,维护地方局势稳定;在台北地区拓垦土地,发展农业;在三貂岭修建道路,加强淡水与噶玛兰两地交通;积极投身社会公益事业,包括捐修淡水厅文庙、捐学租,"捐修贡院,新筑淡水城,重修凤山城、郡月城、考棚、海东书院,立桥梁,设义渡",为台湾的发展作出了重大贡献。

板桥林家在林维源、林维让这一代达到了巅峰时期,年收租稻谷40万石以上。光绪十九年(1893)建成的古式庭院的林家花园,为清代台湾规模最大的建筑,现为台湾地区二级古迹。后代迁居鼓浪屿,林维源之子林尔嘉于1913年在厦门设计并修建了著名的菽庄花园,并为厦门的建设和经济发展作出了重大贡献。板桥林家的奠基人林平侯在台湾发家后,回家乡龙溪县建造了林家义庄,赈济家乡贫困乡亲。

板桥林家林维源与内迁亲朋在菽庄花园合影

林尔嘉建成菽庄花园后题记

依港而兴

台北板桥林家花园

第二章 建构海峡经济区

林氏义庄

# 第三章
# 东南大港

　　康熙二十三年（1684），厦门开港，设闽海关。但清政府的开海与禁海反反复复，多名福建水师提督和先贤接续推动开海，为厦门港走向海洋作出了不朽贡献。

　　闽海关的设立，催生了一系列腹地港，拓展了以厦门港为枢纽的海洋交通贸易，促使海上贸易重要工具的同安梭船不断创新。厦门港口贸易引领海峡两岸农耕经济向海洋商贸经济发展，重新构建起闽南海洋经济链，重新焕发出闽南文化的海洋风采，为厦门文化的形成奠定了基础。

## 第一节　厦门港的起起落落

### 一、禁海与开海

　　作为闽南海洋传人，施琅对于明清的海禁给闽南百姓带来的痛苦，以及隆庆开海给闽南人带来的富裕深有体会。此时距清政府迁界已经20多年，沿海村镇荒无人烟。

**延伸阅读：迁界**

　　清顺治十八年（1661）八月，清朝实行"迁界"，强令上自辽东，下至广东，距海三十里以内，以及所有岛屿的居民迁往内地，立界碑，拨兵戍守，出界者死，百姓失业流离死亡者难以计数。

施琅在推动闽海关的设立中发挥了重要作用。1684年，闽海关正式设立于厦门，关署位于养元宫边上的户部衙（今江夏堂），直属户部管理，下设四小关。一在厦门港的玉沙坡，专门稽查金门、烈屿、安海、浯屿、岛美等渡口货物；一在鼓浪屿后，稽查漳州、石码、海澄及漳州所属各渡口货物；一在东渡牛家村，稽查同安、内安、澳头、鼎美等渡口的货物；一在石码街，稽查龙溪、漳浦等处往泉州的货物。

厦门海关关税收入占全省首位，有时每年可达10万两以上，闽海关的设立是厦门港发展的重要标志。

当时厦门港的海商主要有三部分：一是对台，称台郊；一是对大陆沿海北方和南方，称为北郊、南郊；还有对外国的贸易，称为洋郊或洋行。

施琅非常清楚朝廷保守派强大的势力，他们延续着明朝坐井观天、妄自尊大的理念，随时都企图对海上外贸进行限制。因此他先发制人，向朝廷提出了一系列管理海洋事务和对外贸易的建议，如发放商船许可证、控制非法向外国移民、建立沿海贸易和南洋贸易的规则。对于南洋贸易，他建议应该限制洋船的数量，仅允许有经济能力的民户建造较大尺寸的船只，邀请行商投资，或者从多处发展托运业务。控制的目的在于增加每艘商船的资本，以便海外贸易可以集中于资本雄厚的大船，并降低大量出海的非商人比例。他的建议被朝廷批准实行，避免了被保守派抓住把柄，以此为借口禁海。

1696年，施琅过世。此后没过几年，有人上奏朝廷说，"近几年五谷丰登，但米价依旧长贵不跌，都是海外商人到此抢购的缘故"。康熙五十六年（1717）再次海禁，关闭厦门对南洋的贸易。

这时首先是年迈的广东右翼副都统陈昂站了出来。陈昂，字英士，世居同安高浦（今杏林高浦），自幼习武，武功高强，尤精剑术。清初，陈昂一家迁到灌口，父亲和兄长相继去世后，为侍奉寡母维持生计，陈昂只好辍学，在海上经商。他频繁冒着惊涛骇浪，乘着木机船往来于南洋，对于沿途各地的地理状况、风潮规律、民俗民情，他都了如指掌。渐渐的，陈昂成为一名航海和南洋事务的专家。

康熙二十二年（1683），施琅准备东征台湾，张榜闽南一带征招熟识海道者，陈昂成为施琅幕僚。当时多数人都认为海战须乘北风，唯独陈昂以其多年海上的经验提出异议，认为"北风飘劲，人力难以驾驭，船行不便。不如等风向转变，南风一到，可按队而进"。施琅赞同他的观点，并了解到他丰富的海洋经验，从此将他作为最重要的参谋幕僚，参与商讨军机大事。

统一台湾后，因为对于南洋事务非常熟悉，陈昂被施琅派到东洋和南洋五年，主要目的是搜寻郑氏余部，但这也使他对海外有更深入的了解。这一任务完成后，他就转任水师的官员，不断升迁，一直到总兵，后来又成为广东右翼副都统。

对于真实情况不为朝廷所知，陈昂深感失望。这时他已得了重病，病中给朝廷写下了一份奏折。他说，他年轻时曾去过南洋各国，那里的人民也熟悉耕种，并不依赖从中国进口的谷物。如果国内某年不幸遭遇灾荒，我们反而得依靠海商从南洋购买粮食以解本国之急。如今我朝闭关，南洋贸易一概断绝，各地土产堆积难销，沿海一些以此为生的百姓将无法维持生计。

奏折还没有呈上，陈昂就已病逝，享年68岁。

陈昂的儿子陈伦炯（1683—1747），字次安，号资斋，从小听父亲讲海上的经历，跟着父亲走南闯北，对海洋、海防、海商、海盗和航海了如指掌。父亲在浙江供职时，他去了趟日本，这一次旅行更新了他对晚明海盗问题的认识。在康熙朝的最后几年，他担任皇上的贴身侍卫。有一次，康熙皇帝突然问起一些南洋的情况，他对答如流，和地图所标示的完全吻合。皇帝对他的军事和海洋专业知识印象深刻。康熙六十年（1721），他在台南首次就任参将，两年后升为副将，而后升为总兵，转任于澎湖、台湾和广东。

在广东期间，陈伦炯每天都能遇到从外国来的商人，并研究他们的海关、书籍和地图。有了这些信息再加上原来的海洋知识，雍正八年（1730），他完成了《海国闻见录》的编撰。这本书记录了台湾及附近岛屿和东海、南海的自然人文地理状况，收录了《大西洋记》《小西洋记》《东洋记》《东南洋记》《南洋记》《南澳记》《昆仑记》及《天下沿海形势录》，提供了丰富的海洋事务、物产和贸易的知识，是一部有较高史料价值的

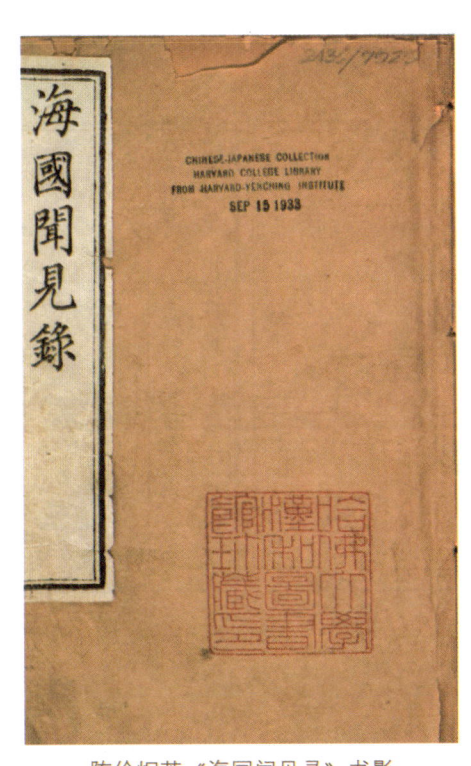

陈伦炯著《海国闻见录》书影
（哈佛大学汉和图书馆藏）

著作，广传于世，被后人不断引用，成为当时和后来海商、海防官员重要的参考书；对我们今天了解当时的海洋文化非常宝贵，具有很大的参考价值。

乾隆七年（1742），陈伦炯升任浙江提督，五年后解职还乡，不久后过世，享年64岁。

陈昂和陈伦炯父子都非常关注厦门港的开放，关心海商的利益。他们在任职期间致力于改善海洋贸易的环境，为闽南海洋历史文化的发展做出了出色的贡献。

依港而兴

康熙海禁第三年,台湾爆发了朱一贵起义。蓝廷珍属于平定朱一贵起义的功臣之一。在平定朱一贵起义立了大功后,总兵蓝廷珍于雍正三年(1725)来到厦门接任福建水师提督,在手下高参蓝鼎元的协助下,他努力推动在其任内让厦门重新开关。

《鹿洲初集》中的蓝鼎元像　　　蓝鼎元《鹿洲初集》卷八中姚堂的事迹

蓝鼎元不仅对驻兵屯守台湾、台湾治理的问题有着深刻的认识,而且对闽南通洋富国裕民的理念有充分且深刻的理解。他在18世纪20年代初刊印的《论南洋事宜书》,比后来"睁眼看世界"的洋务派先驱早了100多年,堪称中国人最早放眼海洋、了解海洋的智者。

蓝鼎元共提出以下几点。

第一,中国海洋海防安全未来的威胁,在于日本和西方海洋力量,这里的西方包括荷兰、英国、西班牙和法国。他们的野心在南洋的掠夺殖民活动中昭然若揭,必须高度警惕,严加防范。相反的,南洋国家国力衰弱,无力制造麻烦。既然西方人被允许在广州和澳门传教和贸易,与日本的贸易也未被禁止,那么为什么中国与南洋人民的贸易要被禁止呢?

第二，海禁的其中一个理由是担心中国的木材和大米会走私到南洋，并担心去南洋的洋船会诱发更多的海盗问题。这是建立在对实际情况完全不了解的主观臆想上。南洋国家有更优质的木材，制造的船舶质量更好，尤其是大米大量过剩，从来就没有从中国走私木材和大米去南洋的情况，只有南洋的优质木材和大米进口中国。

至于洋船增加了海盗出现的概率，同样也是对实际情况完全不了解的主观臆想。中国的海盗只在近海活动，他们的目标是沿海的商船，而不是去南洋的船。

第三，从消极方面来看，海禁剥夺了沿海百姓的生计。因为失业，他们中很多人跑到台湾成为盗匪，台湾的起义就是海禁和对海上贸易的苛捐杂税所致。从积极方面来看，如果允许人民自由贸易，可"以海外之有余补内地之不足"，再以中国的土产，其中很多在中国是廉价或生产过剩的产品如粗瓷，以珍稀品卖到海外。所有本地的手工业品可由商人收购后销往海外市场。这不但解决了沿海民众的生计，也可以给国家带来税收和财富。

这种眼光，这种胸怀，如果被当时的统治者所充分认识和接受，或许中国近代史都得改写。

蓝鼎元在文章中尖锐地批评那么多支持海禁的官员们，称他们的观点为"以井观天之见"，指责他们不了解实际情况，也缺乏实际的经验，不学无术，不思进取。他指出福建本地有许多没有官衔的学者们，他们真正了解海洋，了解海洋事务，但他们的意见无人得知，无法被采纳。

中国不是没有了解海洋文化的人，但他们大多集中在东南沿海地区，处于国家统治的边缘。天高皇帝远，人微言轻，他们对海洋的认识总是难以被统治者认真倾听和对待，这是中国历史的遗憾。

依港而兴

所幸雍正二年（1724），蓝鼎元被推荐为翰林院编修，第二年参加《大清一统志》的编撰。雍正皇帝召见了他，听取了他的意见。

雍正五年（1727），朝廷接受了闽浙总督高其倬呈请的重开南洋贸易的奏折。厦门港也得以在这一年重新正式开始对南洋的贸易。

对比蓝鼎元的文章和高其倬呈请的重开南洋贸易的奏折，可以清楚地发现，总督的论述和信息几乎都是基于蓝鼎元的建议。蓝鼎元对于解除海禁的贡献，后世应该记住，厦门更应该记住。

厦门开禁后两年，许良彬接任水师提督。

雍正八年（1730）许良彬关于台湾番民改土设流的奏折

许良彬（1670—1733）是漳州海澄人，自幼苦读圣贤书。但他的家乡到处都是走向海洋的人，又是战乱不断，因此他很快就对军事和海洋产生了浓厚的兴趣，并不时随同家乡的父老兄弟出海远航。

在一次去南洋的旅途中，他仔细调查了外国的情况，并学到了丰富的航海知识。于是，他在广州开始了自己的生意。凭借与南洋诸国头领的良好关系，他迅速成为一名成功的商人。当然如同闽南所有成功的商人一样，他和官员，特别是海上水师的官员们，关系都非常密切。而他对外国和海洋事务的了解，也使得保护他的官员们对他极为欣赏。因此，接任施世骠为水师提督的漳浦人姚堂一上任就把他网罗到了门下。这时正是康熙末年的海禁时期，他的生意当然也得到了姚堂的许多保护。

四年以后，蓝廷珍接任姚堂的水师提督，对许良彬更加欣赏，向雍正皇帝举荐了许良彬，称赞他长于海洋事务，了解外洋的情况，并请求皇帝将他任命为福建水师的官员。而被后世称为"两代帝师"的漳浦人蔡新的父亲蔡世远这时正在朝廷供职，也帮忙说了好话。雍正帝于是召见了许良彬，并对他十分满意，立刻任命他为水师参将，很快又将他提任为总兵，并于雍正七年（1729）接任蓝廷珍，成为福建水师提督。

许良彬作为一位南洋贸易专家、卓有声誉的商人，而不是一位职业的军人，来担任福建水师提督，这与他任职期间和之后厦门的沿海贸易迅速增长、南洋的贸易迅速恢复并快速增长，当然是有密切关联的。这是一位对厦门港口的开放和清代闽南海洋历史文化的推进充满正能量的重要人物。

开禁第二年，厦门就成为福建官方指定的中心港口（总口），所有从福建出发驶往海外港口的帆船，都必须以厦门作为出发港和返回港。这进一步巩固了厦门港作为福建海外贸易中心的地位，厦门作为东南第一大港也更加名副其实。

可惜清朝政府始终就没有对开放的意义有客观清醒的认识，在开海与禁海中左右摇摆。

依港而兴

1740年，印度尼西亚发生红溪惨案，荷兰殖民者在巴达维亚对华侨进行惨无人道的大屠杀，这也引起了清廷关于是否要重新海禁的激烈争论。这时漳浦人蔡世远的儿子蔡新（1707—1799）中进士后被任为翰林院编修，他的学问让饱读诗书的乾隆皇帝印象深刻。内阁学士方苞知道蔡新来自闽南的海滨，对海洋、海商十分了解，于是专门咨询了30岁的蔡新。

蔡新提出了翔实的数据来反对海禁。他说，如果海禁，将使闽南海商所拥有的至少110艘、价值500万到600万两白银的专营南洋的洋船完全报废，还有他们收购堆积在厦门和广州的价值几百万两白银的货物也将蒙受损失，会有1000户以上以海为生的人家将无法维持生计。更严重的是，几年之内海禁将彻底摧毁福建、广东、浙江沿海，甚至危及内陆更多省份的国民经济和人民生活。因此，绝对不宜海禁。

清蔡新书经筵御论（台北故宫博物院藏）

乾隆七年（1742），朝廷终于宣布海外贸易照常进行。

上述几位，除了陈伦炯父子是同安人，施琅则是泉州晋江人，其他几位则是漳州人，他们都为厦门港走向海洋做出了不朽的贡献。还有主撰《厦门志》的兴泉永道周凯是浙江富阳人，许多水师提督也是外地人，他们对厦门港的开放和发展都有不可磨灭的贡献。厦门港不仅仅属于厦门，也不仅仅属于闽南。

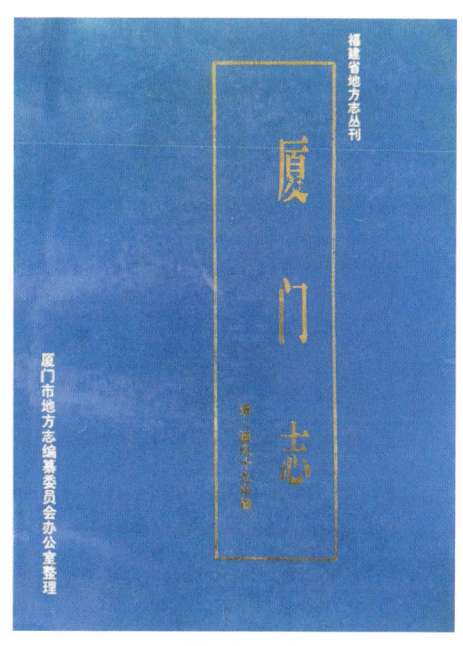

《厦门志》封面

## 二、混乱腐败的管理

清代中国出口最大宗、盈利最多的商品是茶叶。茶是从厦门开始出口外国的，厦门港离产地又最近，清代前期厦门港是有可能发展成为中国最大对外贸易口岸的。但很可惜，首先清政府闭关锁国的思想，认为开放主要是国内海上交通贸易，对于通洋对外的贸易始终茫然无知，畏畏缩缩，反反复复，不思进取。其次在管理上朝令夕改，混乱不堪，腐败横行。以小农经济社会的官僚来管理海洋港口商贸，此历史深刻教训，宜深汲取！

闽海关的税收，雍正三年（1725）达186549两，其中厦口收税100050两。可见厦门口岸的税收，在闽海关中占有绝对重要的地位。

但在实际管理过程中，税收费率方面发生了很多问题。所有到达厦门的船只，首先必须缴付进口货物的关税。这当中包含了未销

售再载回的,而所有购买的货物,也都必须缴纳出口税,这样的纳税方式,显然是比较苛刻的。

其次是船舶税问题。清早期的船税是按尺征税,又称梁头税或丈量税。设立了海关之后,全国确立了统一标准为:西洋一等船征银3500两,二等船征银3000两,三等船征银2500两。至康熙三十七年(1698),对西洋船的征收标准改照东洋船的征收标准,即一等船仅征1400两,二等船仅征1100两,三等船仅征600两。可是,闽海关官员并没有这样做,而是照原先的标准征收。

船舶长度衡量的问题,也出现了歧义。闽海关按照一尺合11.75英寸计算,粤海关按照一尺合14.10英寸计算。显然闽海关的税负比粤海关的多。

厦门海关旧影

除法定的税赋之外，海关人员还向前来贸易的中外商人加征各项杂费，即规礼银，又称陋规银。其名目之繁多，令人眼花缭乱。厦门海关就有火耗、添平、担钱、平罚和平头诸项，其数目各不相同。陋规银原为清朝所不允许，但屡禁不止，禁令形同虚设。不仅海关官员，自康熙五十一年（1712）、五十二年（1713）以后，文武大员督、抚、提、镇衙门必各索取，而以下各文武官员又层层勒索。乾隆二十九年（1764）福建水师提督黄仕简揭露："厦门商船云集，相沿索取陋规，每船花边银一千五百圆至数千圆不等，督、抚、将军、提督及道、府、县、中军等官，各有收受。"

陋规银的征收，使得中外商人深受其害，苦不堪言。加上关税征收计量方式的混乱，在衡量计税的方式不一和征收标准上的随意性，导致洋船商户不满而移往粤海关贸易。有好几年，洋船一条都不敢来。

回望历史，真是眼睁睁看着厦门港已经上了高速公路，却龟速慢行，停停走走，乱踩刹车，甚至违规掉头。真是令人痛心疾首。

厦门港就是在这样艰难的环境下磕磕碰碰，跌跌撞撞，起起落落。

## 第二节　海洋经济链的构建

1683年，台湾海峡终于风浪平息，经历了明末清初半个世纪的战争和清王朝迁界政策的闽南，却是百业荒芜，百废待兴。虽说经郑成功的开拓使厦门海洋港口城市的雏形已现，但经历而后20多年清郑的反复争夺，山海五路的海洋经济网络已荡然无存。

**延伸阅读：闽南海洋经济链**

闽南海洋经济链是：出口商品的生产→运输集中到附近腹地港二级批发商→运输到中心港大批发商（郊商、洋商）→商船（造船、码头仓库与搬运、接驳大商船的小船帮、海员、船东）→市场（以厦门港为中心的南路、北路、台湾、海外各路市场）。

郊商郊行正是在这经济链中自然产生的。

拿什么商品来建构新的海洋经济链条成为严峻的问题。

### 一、商品

作为中国瓷器最大需求方的欧洲，在万历年间窃取景德镇瓷器制作技艺后，历经近百年的模仿，已成功烧制欧洲第一代瓷器，并开始将其商品化。此时他们看得上的只有景德镇官窑精美的瓷器，这基本断绝了闽南人通过输出瓷器赚取西方外汇的传统渠道。而江浙的湖丝，此时已能够直接出口，无须再借道于闽南。

极富商业嗅觉的闽南人，充分发挥厦门港的腹地经济的作用，成功开发出茶叶、糖、龙眼干，还有台湾的樟脑等新商品，既解决外销商品匮乏的窘境，又通过劳动密集型产业的开发养活更多的百姓。

欧洲没有糖，只有蜜。彼时中国的糖在欧洲是奢侈品。闽南在宋代就开始种植甘蔗榨糖，并在明代创造发明了白糖的制作方法。

郑芝龙时期，蔗糖已经成为闽南重要的海丝商品。这时重返故地的闽南人开始重新在狭窄的土地上大做茶、糖、果的文章。

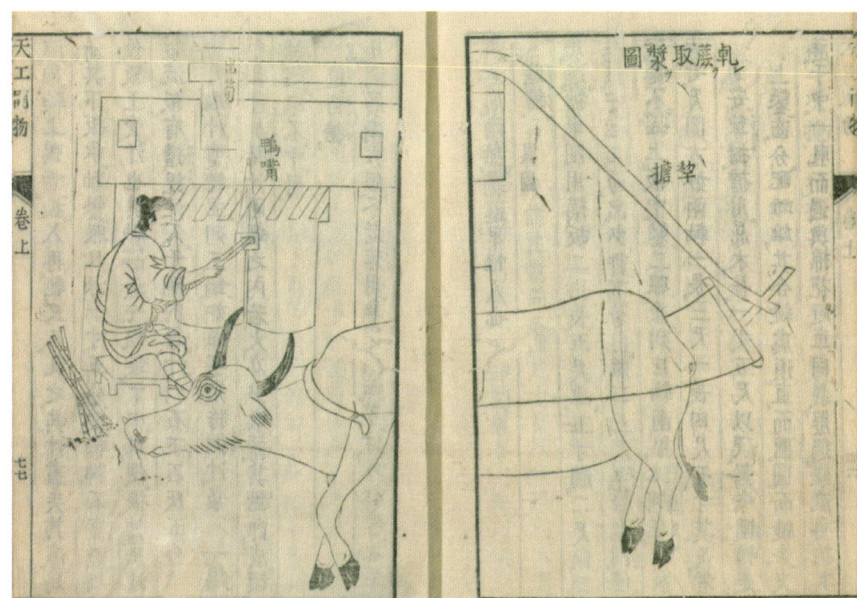

《天工开物》中关于蔗糖的制作工艺记载（组图）

依港而兴

台湾地区的糖廊影像（组图）

第三章 东南大港

依港而兴

我国内陆传统农耕文化的最大特点就是自给自足,生产产品的主要目的是自己消费,而不是用来交换。而闽南的农耕文化在海洋、海商的引领下,具有强烈的商品化性质和倾向。比如清代的同安农民,其农田主要不是用来种植自己吃的稻米,而是用来种植甘蔗的,因为一亩地种甘蔗的所得是种水稻的数倍。

历史上,同安的每一个村庄至少都会有一个榨蔗制糖的糖廊。这里收购农民的甘蔗制成黑白糖,然后用同安梭船将糖载往东南亚,用以换取那里的暹罗米、仰光米、安南米。据说有商人用一斤糖在那里换到十斤大米。

福建八山一水一分田,人多地窄,极度缺乏粮食。为了安定民心,清政府不但鼓励人们从台湾运大米到福建,而且对东南亚的进口大米减免税收。而厦门正是福建唯一,也是最大的大米进口口岸。

不仅仅糖,闽南的茶叶更在这一时期逐渐成为中国出口的主要商品。闽南的山地此时遍山种植茶树,以安溪的最为著名。许多安溪茶农甚至到武夷山包下山头,精心栽培、制作出口的茶叶。

由英国人威廉斯编写的《中国商务指南》一书中记载:"1610年,荷兰商人在爪哇万丹首次购到由厦门商人运去的茶叶。"

曾担任厦门海关通译的英国人包罗在他所著的《厦门》一书中写道:"厦

包罗的报纸剪影

门乃是昔日中国第一输出茶的港口……毫无疑问,是荷兰人从厦门得到茶叶以后,首先将茶介绍到欧洲去。"郑成功控制海上贸易后,茶叶贸易的地位得到进一步的提升。

清施琅领兵统一台湾后,台湾引种茶叶,茶叶外贸再兴起。厦门毗邻安溪,凭着得天独厚的地理环境,逐渐成为福建乌龙茶出口的主要集散地。因为海关总口在厦门,台湾的茶叶也必须先运到厦门港,才能出口。到清乾隆年间,茶叶逐渐代替瓷器,成为海上丝绸之路的主要商品。

乾隆二十二年(1757),广州成为全国海路唯一对西洋的外贸口岸,中西贸易只许在广州十三行进行。于是闽南的茶商纷纷跑到广州,甚至成为广州十三行的首席行商,领导十三行的对外贸易。

清乾隆时期绘制的广州十三行场景(大英图书馆藏)

依港而兴

清代十三行的四大行首有三位祖籍闽南：泉州安海的伍家怡和行、同安白礁的潘家同文行、漳州绍安的叶家义成行。其中最著名的是伍家和潘家。

乾隆二十五年（1760），潘振承联合九家行商在城外建立洋行，成为专营中西贸易的垄断贸易机构。这是十三行历史的一大转折，潘振承正是在这一转折中成为十三行商的早期首领。

人物介绍：潘振承

潘振承（1714—1788），字逊贤，号文岩，又名启，外国人称之为潘启官。原籍福建漳州龙溪乡，后迁泉州同安明盛乡栖栅社（今漳州龙海白礁村），自潘振承起寄籍广州番禺。潘振承早年家贫，后习商贾，壮年自闽入粤，从事海外贸易。曾往吕宋三次，贩卖丝茶发财。后来在广东为十三行陈姓行商司事，深受信任，被委以全权。陈姓行商获利归乡，潘振承就在乾隆九年（1744）开设同文行，承充行商。据说，潘振承开设的同文行"同"字取原籍"同安"之义，"文"字取家乡"白礁文圃山"之义，以示不忘本。他居住的地段定名为龙溪乡，今广州河南同福西路与南华西路之间，仍保留着龙溪首约、龙溪新街、栖栅街等地名。

潘振承像（歌德堡市立博物馆藏）

当时行商最主要的交易对手是英国东印度公司。英国公司主要根据承销毛织品的比例来确定茶叶贸易额，多销英国呢绒、羽纱者，英国公司就多买他的茶。由于毛织品盈利很少，甚至亏本，一般行商都不敢多承销。潘振承则长期承销1/4到一半以上的毛织品，以便在茶叶贸易方面大量成交，获取大利。为了维护自己的高信用，潘振承对英公司每年从伦敦退回的废茶都如数赔偿。乾隆四十八年（1783），同文行退赔的废茶达到1402箱，价值超过1万元。

另一位著名的十三行行首是怡和行的伍家。伍家原籍泉州晋江安海，康熙初年入籍广东南海县。伍国莹曾受雇于潘振承的同文行，后自己开办元顺商行，但起起落落，相当坎坷。乾隆五十三年（1788），他侥幸渡过破产的难关，把行务交二儿子伍秉钧。秉钧于第二年开创著名的怡和行，并在短短的11年里，将位居行商第六位的怡和行跃升至嘉庆五年（1800）的第三位。可惜天不假人愿，1801年伍秉钧病逝，行务转由最著名的

1830年伍秉鉴画像
（英国画家乔治·钱纳利绘）

十三行行首、三弟伍秉鉴承接。伍秉鉴只用了九年，就使怡和行跃居首位。嘉庆十八年（1813），伍秉鉴成为十三行行首，一直到鸦片战争。美国人称他是当时世界首富。

所以虽然从乾隆二十二年（1757）到鸦片战争的这80多年间，厦门港的对外贸易十分艰难，但是福建武夷、闽南的茶叶出口始终没有停止，而且越做越大。福建的茶叶种植和生产技艺技术水平，自然也不断在提升。

依港而兴

第三章 东南大港

采茶、种茶、制茶、贸易组图（外销画，约绘制于18世纪）

83

依港而兴

龙眼干也是厦门港重要的出口商品,主要销北路的上海、青岛、营口,有的还转出口韩国。当时同安的山坡地、房前屋后,种满了龙眼树。家家户户都有"撸龙眼"的专用簸箕。许多人家都专门砌建烘焙龙眼干的龙眼干灶。还有些人,如同安顶溪头浯榕陈氏二房干脆跑到厦门开设"德丰"商号,专营龙眼干生意。他们在同安各地收购各家各户撸好的

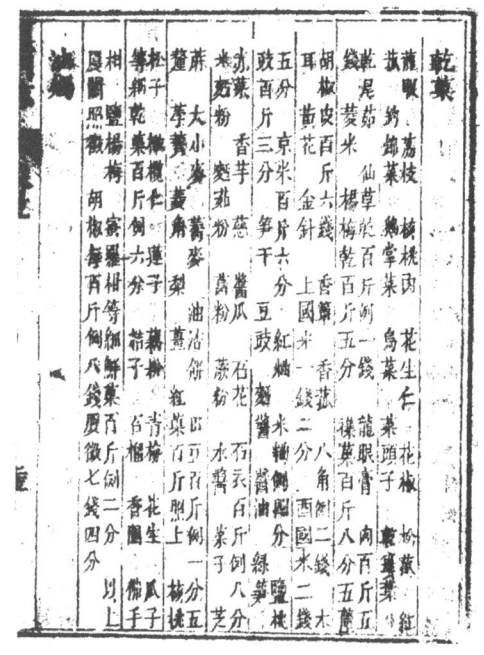

《厦门志·卷七·关赋略》书影中关于龙眼干的记载

撸龙眼

龙眼，从刘五店等港口用船运到厦门，用店中的龙眼干灶将龙眼烘焙成龙眼干，然后全体伙计、全家老少，有时也雇请临时工，用手工将龙眼干去壳去核，再涂上一层花生油，原本没有光泽的龙眼干变成了一瓣瓣心形的油光发亮的龙眼肉干；再摞成一摞摞，精心包装好，交北郊由厦门港上船，运北路各港销售。

同安地区制作龙眼干的龙眼灶（组图）

在厦门港海商的引领下，同安平洋地种甘蔗，制糖出口；山坡地种龙眼树，制成龙眼干出口；山地种茶树，制成茶叶出口。这是闽南海商引领闽南农产品商品化、市场化，构建海洋经济链的典型案例。

并非仅仅同安，厦门港同时也对漳、泉以及福建内陆的农产品具有商品化引领的作用。漳州的烟叶和水果、泉州的蓝靛和茶叶、闽西的纸，都在厦门港海商的引领下极大地提高了商品化的水平。

依港而兴

其中，漳州的烟草最为典型。烟草原本是南美洲的神秘物种，美洲土著用之于祭祀或做药物。西班牙人占领美洲时，对于烟草颇有好感，许多人甚至也染上了烟瘾。于是，他们将烟草种子带回欧洲及其海外的殖民地。

大约在明隆庆年间，西班牙人占据了菲律宾马尼拉，开始以之为基地和漳州

清末到民国时期漳州地区的烟丝包装纸

月港商人做起了海上贸易。许多月港商人也跨海来到吕宋岛的马尼拉，并很快就跟西班牙人一样迷上了吸烟。这时西班牙人从南美带来的烟草已在菲律宾落地生根。西班牙人称之为Tabacco，漳州商人则称之为"淡巴菰"，闽南民间则称"醺"。直到今天，闽南人仍称烟为"醺"，大约是形容抽烟时烟气缭绕熏人，入迷者熏熏然忘乎所以。于是月港商人将烟草种子带回了漳州。从此，烟草以漳州为原点，迅速风靡全国。

漳州引入烟草后广泛种植，并精心加工，从开始的晾烟、晒烟到后来的烤烟，制作出闻名海内外的金丝烟。然后由月港商人再出口到菲律宾卖给西班牙人和华侨，晚清以后盛行南洋各地。

引进来，种得比你好，加工比你好，再卖给你。这就是闽南海

商和闽南农耕商业的精彩所在。

还有服装染料。旧时,中国人多穿蓝布衣服,而蓝色染料就是用靛青制成的。闽南蓝靛的种植闻名全国,《天工开物》记载,"闽人种山皆茶蓝"。《八闽通志》卷之四十一《公署》称:泉州"染织所,在府治东南南俊坊内,宣德三年,内使阮礼督造至郡,令有司买民地创建,以为染织之所,内有清玉泉井,其水染深青,为天下最,旧有二碑纪其事"。

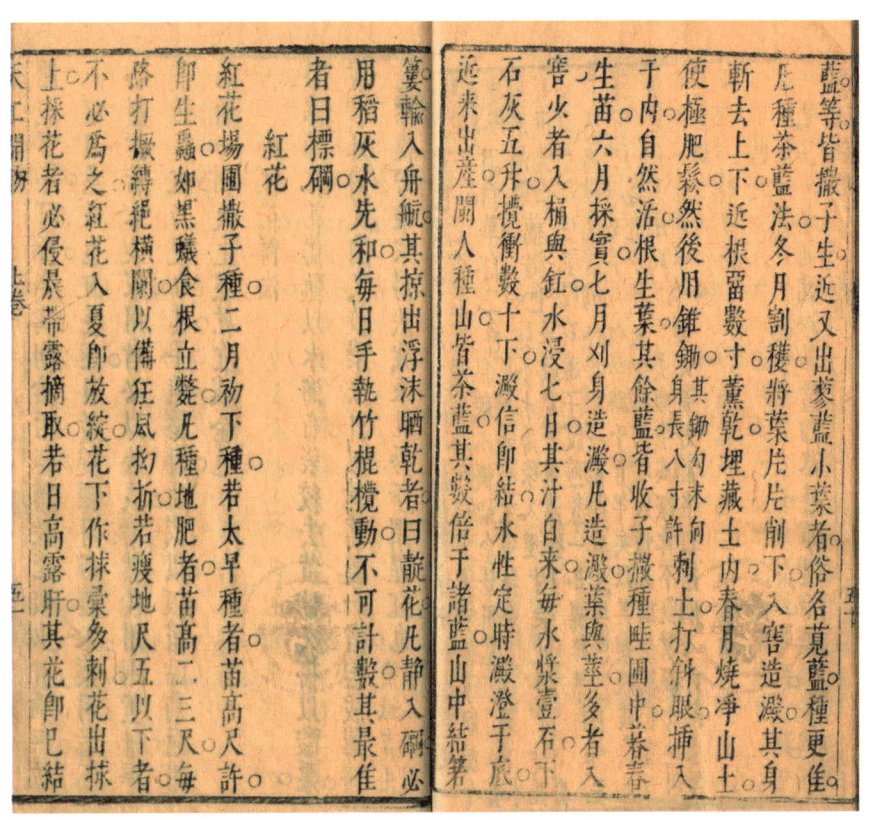

《天工开物上篇·彰施》中关于蓝淀的记载(明末清初书林杨素卿刊本)

清代福建的染料在全国占有相当的地位,而且其种植面积比明代的更为广阔,其中闽海关抽税最多的便是靛青。直到鸦片战争以后洋靛的大量输入,才使得闽南的靛业逐渐衰弱。

依港而兴

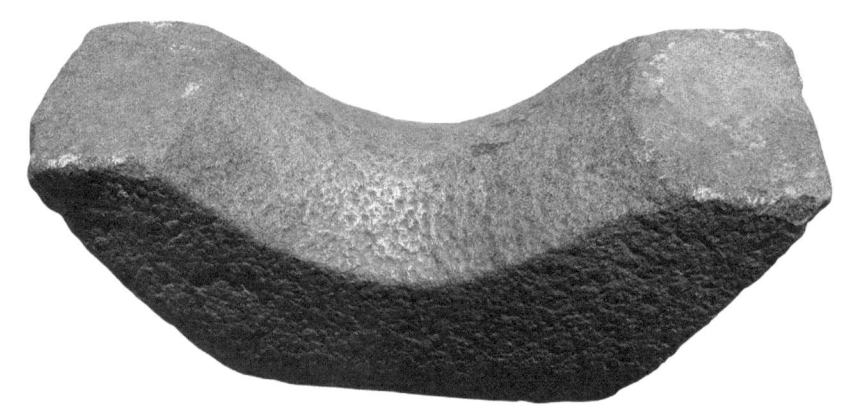

染布石

所以，闽南海洋文化中的农耕文化与中原传统的农耕文化是不一样的。它以海商所开拓的海洋货易市场为引领，以农耕人辛勤智慧的创造性劳动所制造的规模化商品（不是自给的产品）参与海洋的商业活动，它是整个闽南海洋经济链条中一个不可或缺的环节，已经完全融入闽南海洋历史文化之中。这是闽南人、闽南文化在明清时期，特别是清前期的一个伟大的创造，也是传承和巩固闽南海洋文化最主要的特色。

因此，在今日重新审视中国海洋文化时，闽南海洋历史文化的发展轨迹和其鲜明的特色便是辨识中国海洋文化的最好依据。

## 二、港口

港口的大小取决于它的腹地。厦门是一个海岛，四面环海，不同于泉州刺桐港和漳州月港紧连着内陆、交通发达。因此清代的厦门港不是仅仅岛上几个港口而已，它是以厦门神前澳十三路头和玉沙坡为中心，涵盖了厦门湾几十个腹地港，乃至台湾的多个港口组成的厦门港口群，或曰大厦门港，有些类似于泉州当年刺桐港的三湾十二港。实际上，今天的厦门港也是包含了厦门三个港区和漳州六个港区。

清一代闽海关一直设在厦门。台湾州府属于福建（台湾建省于清晚期光绪年间），出口的茶、糖、樟脑都必须先运到厦门过关才能出口。所以，台湾也是厦门港的腹地。

当时厦门港的海商有三路：台厦郊、大陆沿岸南北郊、对外的洋郊洋行。洋行主要对外出口茶（英国）、糖（英国、安南、暹罗、仰光）、陶瓷及其他土产（马来亚、菲律宾、印度尼西亚、文莱等）。

当时，厦门港主要进口东南亚的大米、木料、燕窝、鱼翅、胡椒等，以及英国的哔基呢料，乾隆晚期则开始以鸦片为大宗。至道光初年，厦门港已成东南沿海主要的鸦片走私港之一。

鸦片战争以后，厦门被迫开放为五个通商口岸之一。其出口最大宗为茶（主要销往美国），其中约70%为台湾茶，经厦门中转出口。其次是糖（主要销往澳大利亚、新西兰和美国）和樟脑（当时台湾产量约占世界的70%，主要销往德国、英国、印度）。在当时，台湾出口商品几乎全都必须经厦门港转运，其中运往北方的糖，也主要由厦门港的北郊、糖郊经营。

当时闽海关厦门关的正口设在岛美路头，即今中山路口轮渡码头一带；下设三个征税小口，即厦门港、鼓浪屿、排头门（今东渡港区）。岛外另设刘五店、石码两个小口。此外，还设有四个稽查小口（仅负责稽查，不征收关税），即浦头（龙溪）、玉州（海澄）、澳头（翔安）、石浔（同安）。

当时厦门岛上商船靠泊装卸避风候风检验的港湾主要是神前澳、塔头澳、鼓浪屿澳（即今鼓浪屿轮渡、黄家渡）。

神前澳一带到清乾隆时已建立了十三座码头，称之为十三路头。码头由西至东为：竹树脚路头、典宝路头、洪本部路头、打铁路头、小史巷路头、得胜路头、磁街路头渡、大史巷路头、新路头、港仔口路头、岛美路头、水仙宫路头、寮仔后路头。到了道光年间,更增加到19处路头。

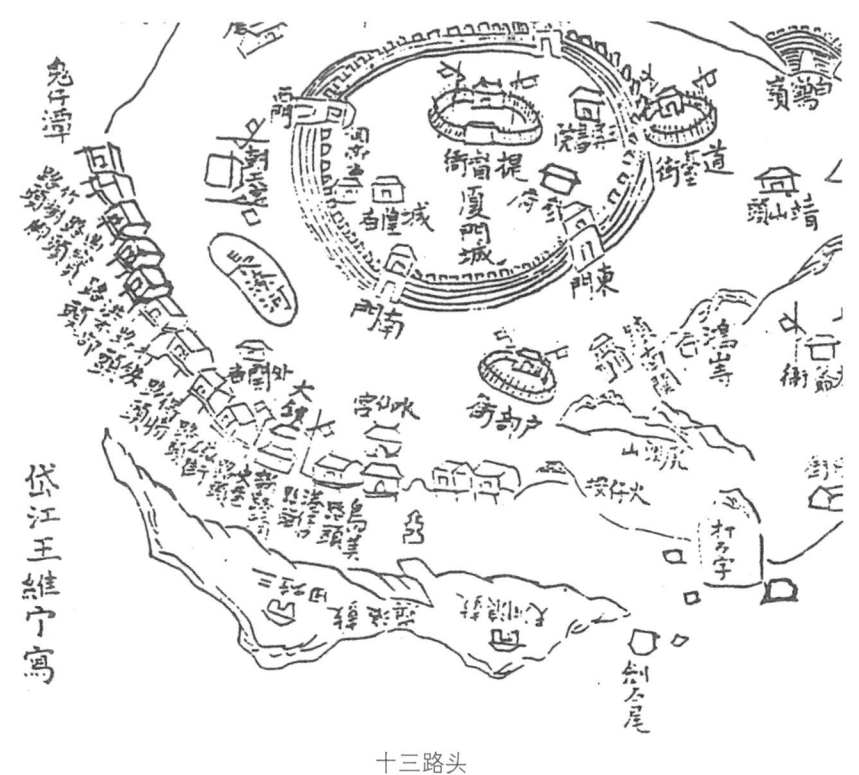

十三路头

对台的往来则集中在厦门港玉沙坡。清康熙十九年(1680),石浔巡司移驻厦门港,在铸炮局废址上建起巡检署(现有街巷"巡司顶")。康熙二十五年(1686),泉州海防同知也移驻厦门港,建厦防同知署,俗称"海防厅",管理厦门地方事务和涉海事宜。

清代在玉沙坡设文汛口和武汛口。文汛口由厦防同知署理凡渡台及南北经商贩洋的商船及人员发放和查验牌照,以及盘收台运兵谷兵米、传递台湾文书,皆在文汛口。武汛口亦设于玉沙坡,由水师中营参将管理,专司商船出入查验。因玉沙坡沙质细腻,船舶常取其沙压舱以稳船身,加之其为厦台航线要冲,故玉沙坡成为商船云集之地。

厦门港玉沙坡码头

神前澳和玉沙坡就这样成为厦门港的中心港区，其腹地港口网络按商品流向可分为四大片区、十一条水路。

第一，同安片区，二水路。

当时厦门有俗话：一鼎尾，二澳头。这里指的是同安和马巷厅两个较大的腹地港。同安片区位于厦门以北，有洪厝港、窑头港、下崎港、埭头港、石浔港，各港都有渡口码头直达厦门，同安、安溪一路商品皆方便运过厦门。

第二路位于厦门的西北，有蔡埭港、后溪港、灌口港。灌口港临近马銮湾，岸东为高浦、曾营，岸西为鼎尾、新垵。灌口为古驿道，通漳州、广东的大路。鼎尾连通灌口，从漳州、广东、龙岩的商品经陆路运到此，正好装小船载运到厦门码头再转大船出海，是厦门港西部重要的腹地港。

第二，马巷片区，二水路。

乾隆三十九年（1774），设马巷厅，将同安东部的翔凤、民安、同禾三里与金门合并，把金门通判迁至马巷，并把一切"刑名钱谷事件"通通划归其管辖,职位称为"泉州府分驻同安县马家巷通判"。从1774年至1912年,马巷厅存续了138年。

澳头和刘五店在与厦门东北隔海相对的马巷厅海边,福州、泉州一路的商品陆路到此,再装船运至厦门,乃东部重要腹地港。另金门后浦港为厦金主要口岸,负责金门水产的转运及人员往来。

第三,海澄片区,三水路。

一为浮宫港,连接白水营,为漳州疍家大本营。

一为海澄港。海澄即原月港,海贸人才济济,经商出海传统深厚。扼九龙江口南岸,集九龙江三角洲富庶的糖、烟、果,源源运达至厦门港。

一为海沧港,集九龙江口北岸海澄三都之商品人员,依嵩屿路头对渡厦门。

第四,龙溪片区,有四水路。

一为壶屿港,在白礁西十里,同安与龙溪交界处。

余三为中、南、北三港,皆在龙溪海澄交界处。玉州一带为北港,石码一带为南港,浒茂、乌礁一带为中港。龙溪为漳州历史最久远、物产最富饶之地,又有九龙江绵延内陆,是厦门港海货商品的重要腹地港。

除以上沿海腹地港之外,沿漳州九龙江干支流、同安浔江等,更有难以计数的腹地小码头。所有这一切在清代构成了跨越海峡两岸的大厦门港,同时也构筑了以厦门港为中心,以海商为引领,延伸海峡两岸的海贸商品生产运输网络和覆盖台湾、大陆沿海地区,以及东南亚、欧美、大洋洲的海贸市场网络,形成了闽南第三代跨洲越洋的海洋经济链。正是在这个经济基础上,厦门文化在一个半世纪的岁月中渐渐地成长兴起。

# 第四章
# 海洋港口城市文化的形成

郑成功驻扎厦门岛的时候，其部属多携家眷定居，并通过屯垦、购置等方式获得田园房产。施琅平台后，大批郑氏集团归顺的军队及其眷属都被迁回大陆，其中有相当一部分就被安置在了厦门。平台之后，厦门的人口剧增，郑氏集团的官将士卒占了一定的比例。

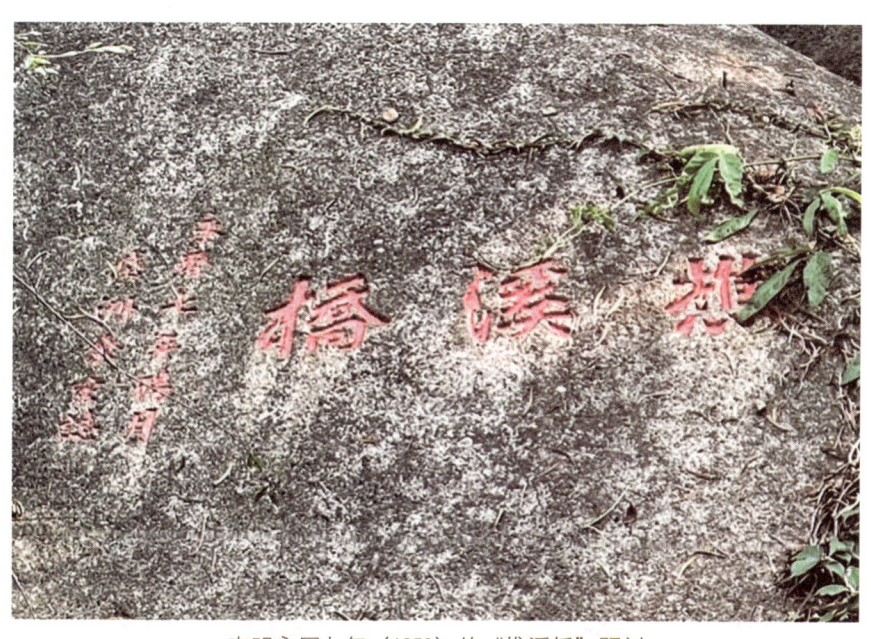

南明永历七年（1653）的"樵溪桥"题刻

这一举措，使得厦门人对郑成功的怀念和崇敬世代相传，厦门继承郑成功的遗志，有了最根本的人脉基础，这也使得郑成功开创的厦门文化有了忠实的传承群体。清朝统治200多年，厦门势力最大的郊商郊行长期以水仙王为主神，官建天后宫的妈祖反居陪祀地位。

1912年民国成立后，厦门率先恢复郑成功所设的"思明"旧称，取代清廷"厦门厅"建制。

据说，郑成功在酝酿将中左所改"思明"的时候，有一老者听说，大呼不可！反清复明，徒"思"何益？思尽即止。但是因为郑成功已经决定命名思明，故没有人敢把老者的意见上报郑成功。多年以后，《先王实录》的作者杨英谈到此事，感叹当年如果郑成功听了老者的意见，厦门或许就不会被命名为"思明"，历史也或许可能改写。

现在看来，当年那位老者所说的，思明，"思尽即止"，也不全对。思，成为民心所向，成为人民的梦想，就会化为力量，总有一天，可以实现。

太平岩寺所镌郑云鹏缅怀郑成功之诗

厦门人口从清初的八九万人增加到道光年间的14万人，新增人口多为官员、军队及其眷属，商人及与海洋交通贸易相关的伙计、水手、工匠、搬运工人等。

郑氏的军队、施琅的水师，无不以漳泉两州的人为主体。海商、水手、工匠也都是漳泉沿海地区的人。这些主要从漳泉各地汇聚而来的闽南人，经过150多年的磨合，厦门方言口音、同安梭船等独特的文化创造、精致的城市生活时尚、商品社会习俗和充满浓郁海洋特色的岁时习俗、民风信俗，以及厦台一体、通洋致富的共同价值取向等日渐形成，标志着厦门海洋港口城市文化的成熟。

## 第一节　厦门话与城市文化心理

厦门文化的基因传承源起于泉州、漳州的闽南文化。如果说以刺桐港为主要象征的宋元泉州是闽南海洋文化的第一代，以月港为主要象征的明代漳州是闽南海洋文化的第二代，那么明末清初以后的厦门，则是传承了前两代文化基因诞生的闽南第三代海洋文化的新生命。

可以说，厦门文化的种子乃是凝聚了起源于宋元泉州，成熟于明代漳州的闽南海洋港口城市文化。

漳泉的精华荟萃播撒在厦门这块土地上，这是厦门作为优良港口的历史必然，也是厦门这块土地的幸运。当然不同于漳泉的地理环境，不同于宋元明的政治、经济和人文环境，必然会使闽南第三代的新生儿呈现出不同于先人的文化性格。

依港而兴

早在明中左所时期，泉漳兵户混居一城200多年，已混合出了亦漳亦泉的厦门音闽南话。但仅仅一个千户所加浯屿水寨，至多不过一两万人的方音，影响很小，无足轻重。

施琅平台后，历经一个半世纪，到乾嘉年间这种亦漳亦泉、不漳不泉的闽南方言新语音——厦门话取得了优越的地位，开始成为这里的居民语音的特色。

试想一下当年的厦门，提督、中军，道台、同知文武官员都在此。四方来办事的人，到了这儿，要不学两句厦门话，恐怕都不好办事。

为什么从民国时开始编印的闽南方言词典，大多是以厦门话为基准？这是因为官方和学者那时都认为厦门话是衙门所在地的话语，是官话，那才是标准的闽南话。

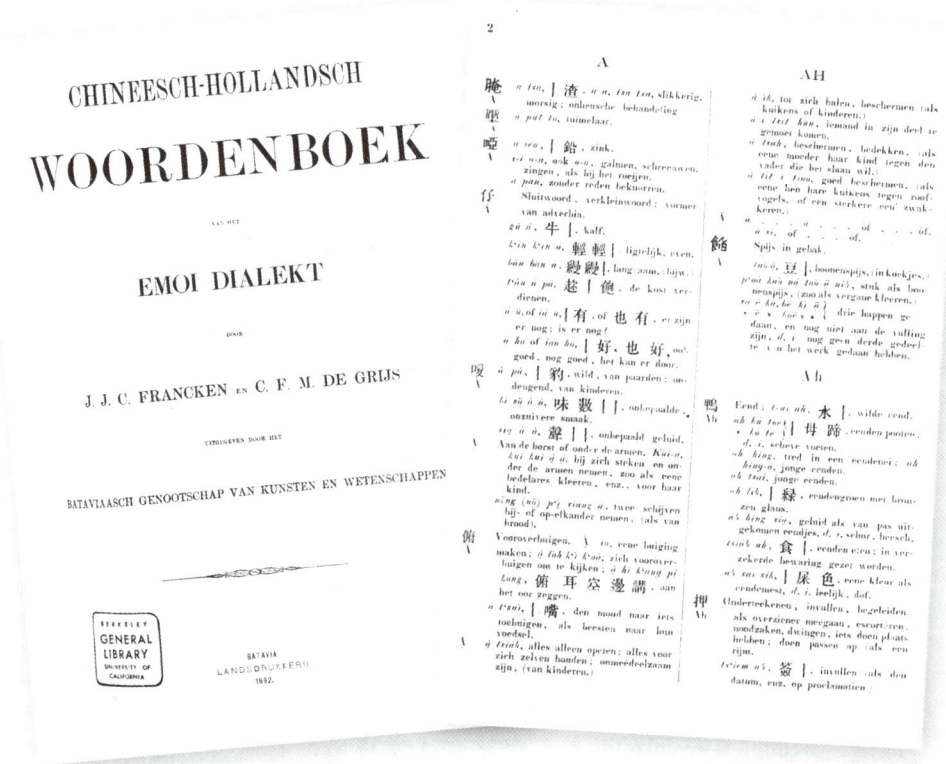

1882年《厦荷大辞典》书影

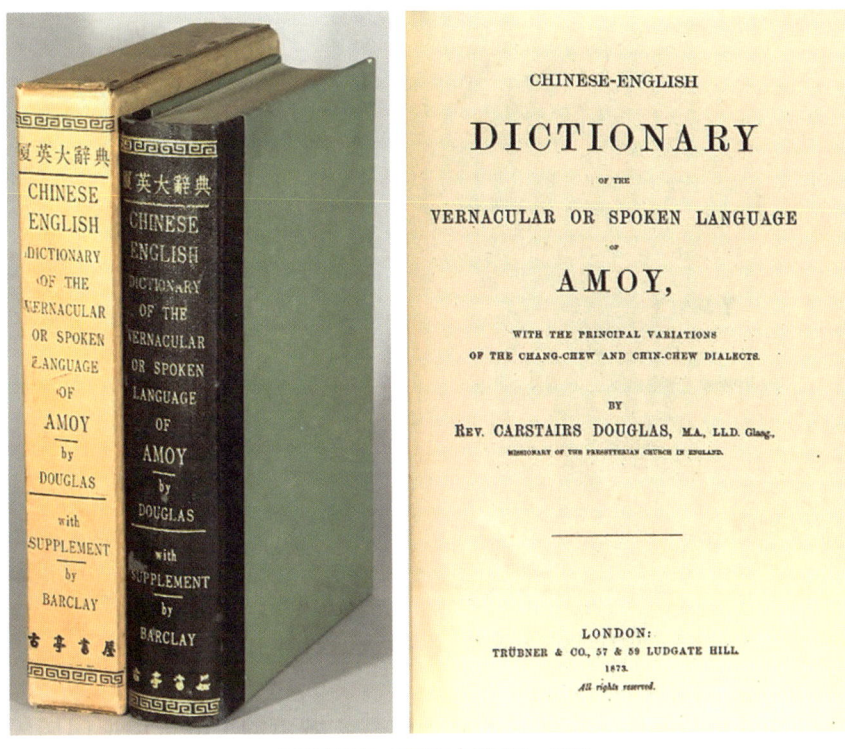

1873年3月《厦英大辞典》书影

直到今天，厦门话不仅与漳州、泉州的语音有所不同，还与当时管辖自己的同安，甚至厦门岛上厦门城郊的禾山话都有不同的音调。闽南话"鱼、猪、肉、去"这四个字的发音，常常被厦门人用来调侃郊外禾山"山场人"和漳泉"内地人"的"土"和自己发音的"雅正"。

语言已经不仅仅是语言，它已成为身份的象征。就好像改革开放初期，谁会讲几句流利的英文，就立刻令人肃然起敬。

这也正是厦门作为港口城市文化彰显自己区别于乡村，区别于内陆山乡市镇的典型例子。这在今天文化平等、文化自觉的时代当然是很可笑的。但在鸦片战争之前那个封建等级森严的时代，却是城市市民和乡村农民文化心理的真实写照，也是港口城市与乡村市镇政治经济社会生活的自然反映。

依港而兴

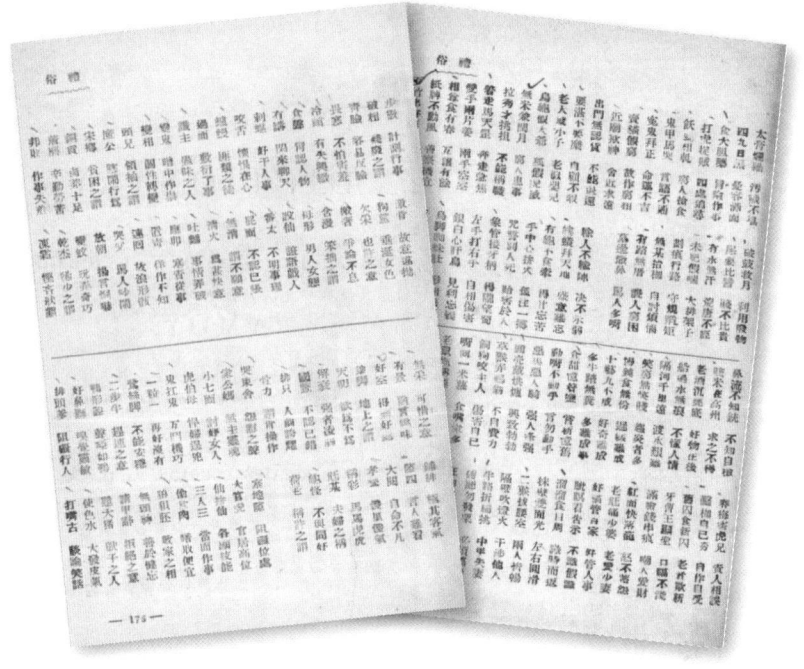

1947年出版的厦门大观里所收录的厦门俚语

事实上不仅是语言带来的心理优势，城市的生活也给厦门居民带来了共同的傲视内地和乡村的心理。

随着城市的扩大与完善，随着对外对台贸易和各项商业、手工业的兴起，厦门总体的生活水平相比较于农村和泉、漳，自然得到了相对的提高，其公共服务和文化艺术的生活相较于乡镇的更是丰富多彩。而作为对台对外的港口枢纽，这里的人更是见多识广。这就令他们对乡村、漳泉内地更有一种居高临下的文化优越感。

由于施琅的水师多为闽南人，其中相当部分的水手、伙计、工匠与驻厦军队往往都沾亲带故，至少也是厦门话所称的拐好多弯的"面线亲"。这样水师提督、台厦道、兴泉永道、海防同知等官方所关注的事，就自然成为厦门大多数家庭、里巷，乃至全厦门人都关注的事情。

当时水师提督等官方最关注的就是台湾的"三年一小反，五年一大反"、台海的海匪、闽台两地的人员往来、交通贸易、台湾的开发、洋船的贸易等关于台湾、台海安定和海洋贸易的事件。凡台海有事、台湾有事,首先是厦门水师的兵将、船只、后勤开始忙碌起来,厦门的绝大多数家庭也就跟着忙碌起来。于是,关注台湾安全、台海和厦台一体、台海安全的理念就深入厦门人心,成为厦门文化典型的印记。

南普陀记载平定林爽文事变的御碑亭
(照片拍摄于1880)

1900年的南普陀寺及御碑亭

依港而兴

约翰汤普森于1869年拍摄的厦门水仙宫

厦门城内台海史迹密布，随处可见相关台湾的遗址、碑刻，如太平岩郑成功读书处、位于中岩的施琅所立的澎湖阵亡将士之墓、南普陀门口所立的镇压台湾林爽文起义的碑刻、台海郊商聚会议事的水仙宫、施琅复台得胜班师上岸的提督路头，皆为历史地标。民间更流传"台湾钱淹脚目"的拓垦暴富谚语，以及"鸭子王"朱一贵、海匪蔡牵"铸铳自伤"等传说故事。这些文象背后所蕴藏的正是厦门人对祖国统一、海疆安全的无比关注，是他们对郑成功爱国情怀的传承，呈现了厦门文化独特的眼界和格局，却同时也透出当时厦门人对漳泉内地乡村市镇的自负和睥睨。

文化和人一样，都有双面性，其优点也可能成为缺点。厦门得天独厚的优势，赋予了城市远超内陆的视野，但也催生了部分群体对漳泉乡土的微妙疏离。这种自信与傲慢并存的性格，恰是港口城市文化张力分外典型的体现。

语言及其内在所反映的文化心理，是厦门港口城市文化形成的重要标志。漳州话和泉州话在厦门这片热土上交汇融合，孕育出新的语言结晶——厦门话，奏响了闽南文化发展的新乐章，标志着新一代的闽南文化形成。

## 第二节 同安梭船

当然,厦门文化不仅仅是语言、语音的创新和港口城市文化心理的变化,在这150多年里,厦门在生产文化、生活文化、民间习俗、文学艺术等方面也推动了闽南文化许多新的创造和发展。

在生产文化上,除了茶、糖、果、菁、烟等精益求精的制作技艺,最典型的就是同安梭船的创新性改造发展。

同安梭船,外国人称为"戎克船",是清代厦门港海贸网络最活跃的商船,又被清水师定为统一使用的战船。它是福船最后的改型,堪称是福船在清代的创新性发展成果,是闽南文化在这一时期重要的文化创造。

同安梭船"厦门"号

福船是中国海上丝绸之路最重要的船舶。但是,自宋代以来,福船并非一成不变,而是随着时代的演进不断改进。例如历代福船的尺寸和船型,特别是船长宽比,是不断在变化的。

泉州发掘的宋代海船,长12丈,宽4丈,长宽比3.0。《宋会要辑稿》里,一千料的宋船,长7丈,宽2.5丈,长宽比2.8。《洗海近事》记载的明代大福船,长13丈,宽4.5丈,长宽比约2.9。《闽省水师各标镇协营战哨船只图说》,记载清初福船大赶缯,长9丈,宽2.3丈,长宽比约3.9。

泉州宋代古船出土现场

可以看出,从宋代到清代前期,福船的长宽比在不断地增加。这里当然与明清两代统治者禁止闽南人民出海,限制大型船只的制造有关。但更主要的是,历代福船的制造者善于总结航海的经验和教训,在船梁、船桅受限的情况下,从木材利用、建造条件、货物的载重与安全,以及航海的操作使用要求等实际条件出发,不断地改善船舶设计,合理提高长宽比,增加船舶的载重量和安全性,这些都体现出船舶制造者的智慧。

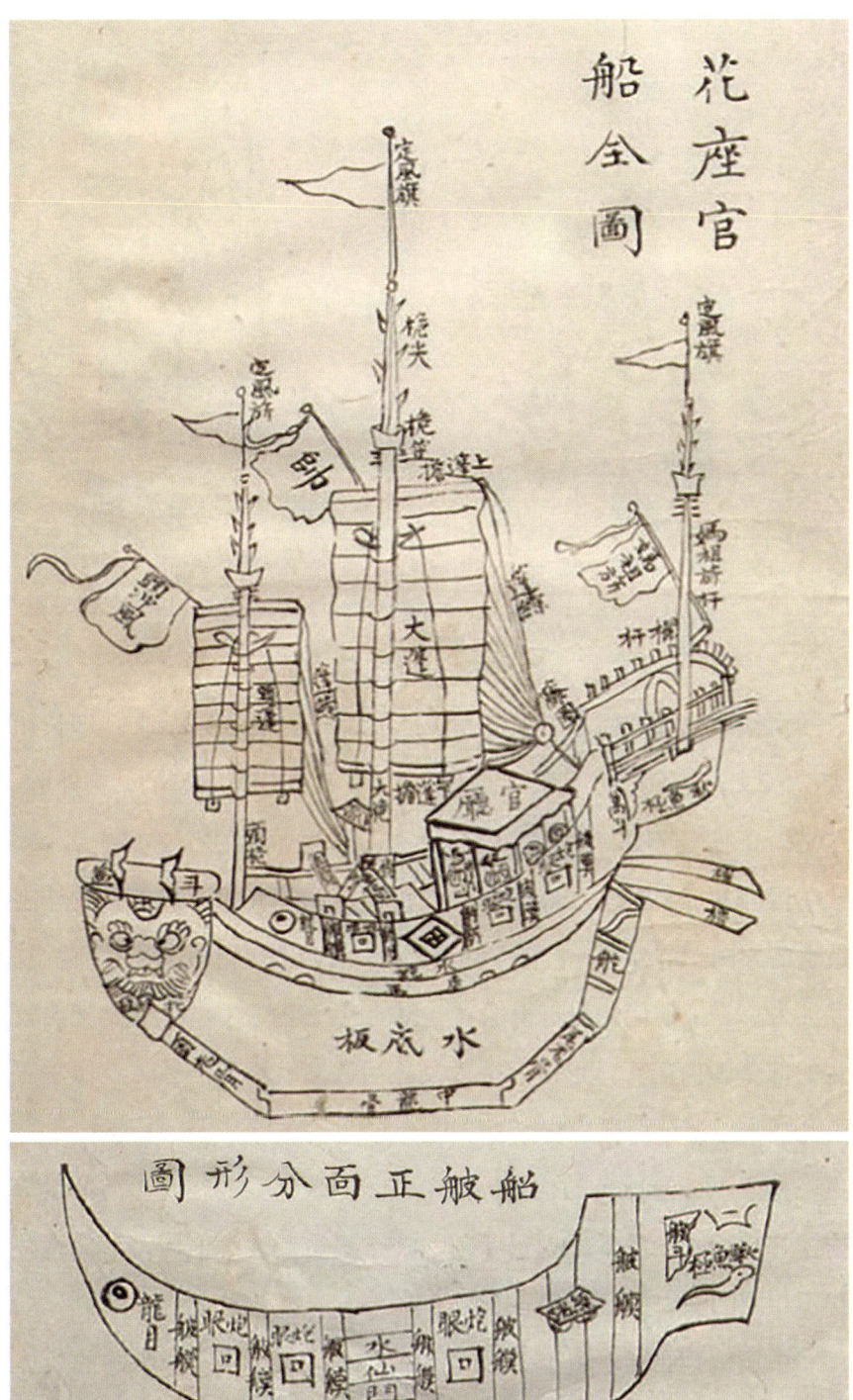

《清代闽省水师各标镇协营战哨船只图说》

停泊在沙滩外的同安梭船

清代，同安的能工巧匠进一步把福船的长宽比提高到5，即长10丈，宽2丈。整个船体呈现出梭子形，即具有现代流线型的结构外形，这是提高航行速度的最有效方法。

国际知名科技史学家李约瑟评价中国船舶和西方船舶在设计制造上的异同，称欧洲人的船像鱼，中国人的船则像鸭子、水鸟。他说，欧洲人总是把他们的船造得像"鳕鱼的头，鲭鱼的尾"，常常把船较宽的部分朝向船头，形成船头大，往后逐渐缩小的形体，就像学习鱼儿在水里游泳那样。

把船型塑造成鱼的构造固然不错，但鱼儿只能在水里游，船却要浮在水面上，除非它是潜水艇。在水里游和在水上漂，显然是两种不相同的受力。

中国海船的船体不像鱼，而是像水鸟（野鸭子）。中国的船体正好和古代欧洲的船体相反，其宽度是朝向船尾的。中国人造船模仿的对象，不是完全潜在水中只会在水中游的鱼，而是像在水面上游行水鸟、鸭子。它们比鱼厉害的地方，就是能够一部分浸在水里，另一部分又能够出现在空气中，灵活浮游于水面上。

水鸟和鱼不同，其身体最宽处是落在后半部，所以鸟要利用它的蹼足在后面泼水，产生前进的推力。古代中国建造海船模仿水鸟的体型，其奥妙之处就在于其前进的力量得之于船体后方所产生的推力，而不是来自船头的拖力。这是中国古代海船一项极大的特色。中国海船无论是桨、橹、船尾舵，还是帆，其效果均是利用船体后方产生的推力前进。所以中国海船"腰粗"，船身就像肥肥胖胖的水鸟或鸭子。行船快速又稳定，适航又安全，就像水鸟一样，是浮游于水面上而不是下沉在海里的。这种颇具智慧的设计观念，欧洲人要到19世纪中叶以后才领悟到，而中国竟在1000年前的宋代，就早已定型了。

同安梭船图

同安梭船传承了闽南早期工匠的智慧，又善于创造性改进、创新性发展，进一步增加了长宽比，既增加了船舶的适航性、安全性，又增加了船舶的载货量。这是同安人民对福船，也是对中国木帆船制造的伟大贡献。

当然，贡献还不仅于此，同安梭船还有四项了不起的创新创造。

1. 船体内部"蜂房"结构。

同安梭船的船体结构，除了有福船坚固的纵向龙骨、船板，横向的隔舱板、梁以及深向的肋骨、多层夹板等主要受力结构外，据《金门志》记载，船体内部还有"蜂房"结构，即相当于现代新科技中所用的"蜂窝"结构。这是一种以最少的材料消耗获得最大的强度和刚度的结构，在现代的飞机甚至坦克的设计中最常采用，是一种非常先进的设计理念和结构方法。

2. 主桅杆的预弯曲设计。

木帆船的主帆承受着风压的最大推动力，然后作用在接近船长度的高耸桅杆上。桅杆底部插入到船底，就将推力传递给船体。从力学上看，桅杆有如一头固定、一头自由的端梁，在迎风受力时会产生弯曲变形，影响到帆的受力和操纵。同安梭船将主桅杆制作成有反方向的微弯曲的形状，其挠度正好使受力后与桅杆变形叠加，结果呈垂直状态。这种设计就是现代科技中的一种新技术——预应力设计。现代桥梁、屋架等构件，常有采用这种预应力或预变形结构的。

同安梭船采用多项先进技术，包括多桅帆船采用桅杆的前后错位配置、主桅杆向船尾方向倾斜的设计，这些优越的创新技术，欧洲人直到19世纪才了解到。

3. 系列化和修造规范化的标准制定。

许多人以为"标准化"是西方现代特有的创造，而其实这在清初的同安梭船的建造中就有了。这是科学管理的重要措施。

道光十二年（1832），时任福建兴泉永海防兵备道周凯在《厦门志》记载，水师战船制定了新建、改造、大修、小修的费用，以及用料的规格标准。"议准福建大号赶缯船，身长九丈六尺，板厚三寸二分；身长八丈，板厚二寸九分。二号赶缯船，身长七丈四尺及七丈二尺，板厚两寸七分。"

厦门志修造战船规例

正是这种从能工巧匠的经验总结做出的规定，才使得同安梭船从同安地区走向全国。这也就是我们今天常说的"标准化制定"。

4. 尖刀形状的风帆。

闽南帆船的舵手一般都非常机敏，有丰富的观测气象变化的经验，加上福船的风帆及操纵系统的设计有快速升降的绞车、滑轮组和绳索系统的密杆硬帆，能较好地应对气象、风力的突然变化。但是如果碰上经验不足的舵手，就容易发生危险。同安梭船的能工巧匠就对福船原有的风帆做了巧妙的改进。

同安梭船将风帆刀锋做得又尖又高，并有专门的索具调整刀锋翘度，就是为了在风力小时能最有效地利用风力，以便在风力小时能有较大的推力。风帆的后沿，即扇弧的一边，将原来福船

的直边改为呈机翼状的弧形。根据实践和试验，其空气动力性能较好。这不但适应了台湾海峡的地理环境，也适应了这一海域的气象要求。

这些了不起的创造性改造，使同安梭船成为福船1000多年历史发展的高峰，其性能达到了最完善的程度，也成为我国先进海船的代表。

同安梭船如此优越的性能，终于被清朝的官员发现："闽之汛地，俱近外洋，非同安梭式赶缯船，不可以攻大敌"，"赶缯船笨重，驾驶不甚得力，改为同安梭船式"。

因此在清乾隆六十年（1795），同安梭船被选定为水师装备的主要战船，并"奏请择其已届拆造大修，及将届拆修者，仿造同安梭船式，分别大小一、二、三等号，通省改造八十只"。到嘉庆四年（1799），"复将未改各船改造同安梭船"。至此，全省都用同安梭船。

此后同安梭船不断增造，江苏、浙江、福建、台湾、广东各省的官办造船厂，都承造这一名船。同安梭船不仅配备于东南沿海的水师，还武装了北方的水师，如奉天金门营、天津水师绿营等。到嘉庆中期，全国水师都用同安梭船式战船。

同安梭船本是同安民间所创造，是用于海上货物运输和捕鱼的商船和渔船。但其性能极度优越，使得清代海军将其作为全国水师装备的主要战舰。由此可见，同安梭船是多么了不起的创造。

当时，厦门商船都为同安梭船，分为横洋船和贩艚船。横洋船即对渡台南和厦门之间的商船，因为要横穿澎湖和台湾之间的黑水洋，故称为横洋船。贩艚船又分为南艚船、北艚船，南艚船贩货到漳州、南澳、广东，北艚船贩货到温州、宁波、上海、天津、锦州等地。

被外国人称为"戎克船"的同安梭船

后期的同安梭船队

这些都属于国内沿海贸易。最大的横洋船为糖船,其载重量甚至有400—500吨。

走南洋贸易的船只都比较大,多称为洋船,开始也只有100多吨。等开放南洋海禁以后,往往都可以载6000—7000石,即三四百吨。有的学者还认为,厦门港后来海外贸易的船已是体积较大的三桅帆船,大者可载万余石,小者亦数千石。一艘大船的造价高达数万金。

同安梭船的造船技术是清代厦门人民了不起的创新。

厦门港停泊的大型帆船(出自《1880年的厦门及周边景观》)

## 第三节　引领时尚

康雍乾盛世使厦门有了一个半世纪的平安与富裕，创造了厦门生活文化的精致多彩。海鲜菜、工夫茶、保生养生的智慧，争奇斗艳的文学艺术和五彩斑斓的岁时节俗等精致的城市生活文化引领了闽南的时尚。

海岛和港口城市的环境塑造了厦门人许多不同于漳泉的生活习惯。

清末厦门夫妻合影（约翰·汤姆森摄于1869）

依港而兴

厦门的滩涂（约翰·汤姆森摄于1869）

第四章 海洋港口城市文化的形成

有四角缯的明信片的正反面

厦港卢厝关于捕鱼的石雕

## 一、民以食为天

厦门饮食的一大特色,是将许多其他地方少见的海鲜美味融入日常三餐中,形成了独特的饮食文化。

笕笃港鲜美的小江鱼、豆腐鱼、海瓜子,澳头的文昌鱼,礁石上的海蛎,发海时的狗虾,墨鱼和"小管",还有蛏、蛤等等,都是普通人家日常的家常菜。

遇上节令,厦门人则需要进补。老人家进补要红膏蟹、斑节虾、海鳗,产妇坐月子必须吃大黄花鱼,民间认为这样会催奶,一人吃两人补。

厦门民间甚至还给上市的鱼鲜排了名次:一鲳、二红鲗、三鲳、四马加、五红瓜、六加鲫。

海瓜子生于海边滩涂中,长仅一公分左右,壳薄肉鲜,原是极便宜极普通的海鲜,只用来熬汤,肉都不大吃。在古时,只有婢女丫头才会吃,所以叫"娴仔蚬"。

海鲜(本港鱿鱼)

海鲜(海蛏)

海鲜(海瓜子——娴仔蛤)

海鲜(海虾)

所有海味中,与厦门人最亲近的是蚝,即海蛎。厦门海域产量最大的一种海蛎叫褶牡蛎,与广东常见的牡蛎不一样,个儿较小,

味道却更鲜,厦门人叫称之为"珠蚝"。这种小牡蛎可煎制闽南特色蚝仔煎,做成蚝仔仁汤、蚝仔面线,这些都是令厦门人难忘的美食。旧时家常做法是将海蛎与酱油、青蒜同煮成"蚝仔咸",这道菜曾是老百姓餐桌上的主角。

特色小吃蚝炸

厦门蚵仔煎

副食品的丰富多样,使厦门家庭主妇都能做出种类繁多的美食。家常菜肴清淡、鲜美,日常三餐虽俭朴,却总能花样翻新。

平日十分节俭的厦门人,到了年节、婚丧喜庆、亲朋迎来送往,就一反常态,大操大办,摆出十分丰盛的宴席。宴席一般都要12道菜,甚至18道菜;而且要"头尾甜",即首尾各要有一道甜点,预示有始有终,永远甜美。

同安封肉

红蟹

土笋冻

油葱粿

有的人家经济不宽裕，到了这时，也要咬咬牙摆出12道菜，这叫"输人不输阵"。当然，这种行为也有一句俗话来嘲讽："十二碗摆，没一碗成材（像样）。"

## 二、精致的城市生活文化

除了精致的海鲜食文化，还有精致的饮文化，即茶文化和酒文化。它们都传自漳泉，但是到了厦门便有了自己的特色，其中最为特色的，当属工夫茶。

1908年美国大白舰队访问厦门的菜单

工夫茶茶具

道光《厦门志》载:"俗好啜茶。器具精小,壶必曰孟公壶,杯必曰若深杯。茶叶重一两,价有贵至四五番钱者。文火煎之,如啜酒然。以饷客,客必辨其色香味而细啜之,否则相为嗤笑,名曰功(工)夫茶。"

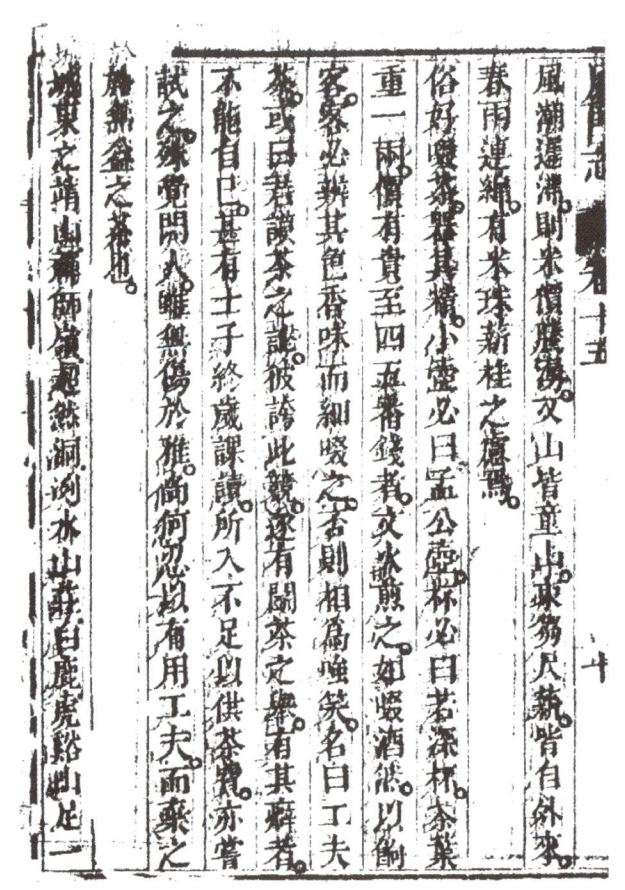

《厦门志》卷十五《风俗记》中关于喝茶风俗的记载

这是最早记载工夫茶的典籍,证明工夫茶是在厦门成为东南政治、经济、军事中心的背景下,由那些有钱、有闲、追求精致生活的厦门士绅、富商们首先创造出来的。

厦门工夫茶的程序非常讲究,所费的时间工夫,胜于喝茶。

首先是对茶叶的选择。一两茶叶,价至四五块银洋,可见其奢侈。

厦门人喜欢喝乌龙茶,他们认为花茶的香,只是闻着香,非茶叶内里之香,是外部掺和,根本不入流。山茶,则嫌其"冷",易伤脾胃,且由于在制作上未过二遍火,茶色较淡,清汤寡水,招待客人时不好看,因此也不流行。最负盛名的当数安溪的乌龙茶,但都必须到厦门的茶厂再过二遍火才能上市。

乌龙茶中以铁观音为上品。铁观音如青橄榄,初入口时略有苦涩,入喉后渐渐回甘,韵味无穷。厦门人为人处世讲究永远久长,"好头不如好尾",茶选铁观音为上,红心铁观音更为极品。至于一枝春、留香等都是大众茶了。

泡茶的水也很讲究,过去厦门有钱人家,要专门请人去山岩挑泉水来泡茶。

茶具更讲究,"壶必曰孟公壶,杯必曰若深杯",红色的宜兴陶壶,只掌心大小,厦门话俗称"小掌罐"。配套的茶杯自然就更小了。用这样的茶具泡出来的茶叫"小掌茶"。

工夫茶茶具(孟臣壶、若深杯)

除了上述茶具之外,还备有小烘炉和小水壶,这些也都是特制的,大约只装得一碗水,以便很快烧开。

水开之后,第一道程序就是在配套的"茶洗"中烫壶、烫杯。然后放上茶叶,俟水一开,立刻就将水冲入茶壶中。这时会浮起一些泡沫,水继续冲下,让壶中的水溢出壶外,把那些泡沫带出。

这时立即将壶提起,将这第一遍的茶全部倒入茶洗中。

闽南有句俗语:头遍脚湿、二遍茶叶。这是因为早年制茶必有一道"走脚球"的程序,即将茶叶紧紧包裹在面粉袋中,师傅赤着双脚在其上不断地踩踏滚动。因为担心师傅踩踏时,脚底的汗水会渗湿茶叶,故需用头遍水洗茶,洗去"脚湿",这成为厦门泡茶的必需程序。当然,这道"走脚球"技艺现在用包揉机来代替。

第一遍茶倒掉后,第二道水立刻冲进去,然后马上斟茶,不能推迟。最忌讳浸茶,一浸就出茶碱,茶就苦了,味道就被破坏了。

斟茶是很讲究功夫的,必须一个手指头按住壶盖,将壶翻转九十度,壶嘴直冲下,迅速地绕着已经排一圈的茶杯斟去。开始为"关公巡城",即每一个杯子都要均匀分配;最后叫"韩信点兵",那后边的几滴最甘美,也是每一杯都必须点到。这样斟出的茶,每一杯色泽浓淡均匀,味道不相上下。

于是,主人开始请茶。杯太小,只能由客人自取。饮茶也是有讲究的,杯子虽小,杯中茶虽少,却不能一饮而尽,必须先浅浅地抿一口,在口中稍留,再缓缓咽下。咽下后,不要急于饮第二口,不妨先"啧"几下,似在品味方才留下的余香,若真是好茶,这时就会有回甘从喉中涌起。真正懂茶的,第一口下去,就会开始评点,但一般的则在三四口饮完第一杯后,也要开始评茶。这样,即使是陌生人,彼此间也立刻有了共同的话题。你若懂茶,尽可据实而谈,从茶的品种、茶叶的收藏到水质的好坏、茶具的趣闻等等,话题相当广阔。高手甚至从一杯茶中就可以品出是春茶,还是秋香(秋茶)、雪片(冬茶)。若不懂,也不妨赞美几声,"喉咙很舒服",只是千万别嫌杯子太小,喝起来不解渴。厦门有句俗话"吃酒吐涎,饮茶流汗",就是在嘲笑那些不懂品茶,却又要附庸风雅的老兄。

茶喝多了,有时会引起"茶醉","茶醉"比"酒醉"还厉害。因此闽南人饮茶,往往还要有"茶配",一般是蜜饯、贡糖、生仁糕之类,据说甜食可防"茶醉"。

茶配(鱼皮花生、馅饼)

过去厦门街巷随处可见茶肆,俗称"茶桌仔"。"茶桌仔"往往又是讲古场,一壶茶慢斟浅酌,听"讲古仙"讲三国讲水浒,不啻是消闲的好去处。

从上述的茶俗,可以看出厦门人对茶的认识具有非常浓烈的文化含蕴。

首先,他们把茶作为一种礼,"寒夜客来茶当酒"。这成为一种待客的基本礼节,并形成了普遍的茶俗。在厦门最

厦门的茶桌仔

隆重的祀日：年初九的天公生，要敬香茶；祭祀祖宗或初一、十五烧香拜佛，也要敬茶；先人去世，从头七到末七，49天里天天早晚都要敬茶；每年农历二月十九、六月十九、九月十九，观音菩萨的三个生日，不但要去庙里进香，也要在家里敬茶。可见茶已不但被作为待客的礼节，而且成为祭祀中重要的礼仪。

其次，厦门人还把茶作为一种艺术来展示，来品评，来追索茶艺活动中的韵味。像工夫茶那一道道仪式化了的泡茶程序，便深刻地体现了厦门人的艺术追求。饮茶已经不仅仅是解渴，不仅仅是礼节，而且是对茶叶的种植制作、水质、茶具及泡茶艺术的点评和鉴赏。茶叶、水、茶具等在他们眼中是一系列素材，泡茶者选择、综合、创造，最后创作出的茶，才是他们要鉴赏的艺术品。

茶艺表演

最后，厦门人还把茶作为一种精神的寄托、思想的追求。元、清两朝，相当多的闽南知识分子对统治者采取不合作的态度，而有明一代，因明王朝的海禁使闽南经济从宋元的鼎盛走向没落，这也引起了很多知识分子的不满。加上自五代后，闽南佛教盛行，因此，走向空门和超尘隐世的思想在闽南也一直盛行。闽南民间流传千年的古乐南曲中流溢的那种幽雅清和的韵味，可以说正是闽南知识分子十分向往的一种境界。而此时闽南的知识分子汇聚厦门，相互激发，其超尘脱世的精神向往成为主流。但是出家和完全的隐世，又是多数人所难以做到的，他们不能不在世俗中追逐盘桓。因此，偷闲半日，取山间之清泉，到梵音古刹，或幽深的静室，邀三两知己烹水泡茶，品茗唱曲，便成为厦门人超尘隐世精神追求的一种寄托。厦门人将酷嗜泡茶，其中有一定品位的人被称为"茶仙"，是有其复杂的丰富蕴含的。

厦港卢厝门户上关于茶的花板木雕

清末文雅知识分子的桌上文章与茶不可分离

总之，厦门工夫茶的内涵，是非常丰厚、深邃的，富有独特的风格色彩。

## 三、养生健康

酒是厦门生活中必不可少的。厦门俗语:"拜拜无酒掷无杯"。即拜神祭祖如果不献上酒,则神仙祖宗都会不高兴。无酒不欢,但厦门人更多是把酒当作药物来看待。

厦港卢厝中关于太白醉酒的石雕(厦门酒文化的典型代表)

厦门俗话："小酒小人参"。适量饮酒对人的健康，尤其是老人和产妇，是有益的。因此，厦门最有名的酒是药酒。药酒在厦门很是畅销。早年厦门万全堂的国公酒和虎骨木瓜酒、春生堂的十全大补酒、松筠堂的固本药酒不但在厦门畅销，而且是厦门人馈赠漳泉、台湾，以及南洋亲友的礼品。

松筠堂固本药酒

还有许多人家，自己买来中药，用酒浸泡，每晚一小杯，长年饮用，健补身体。至于每逢霜降、立冬、冬至、清明等节令，那更是非要喝上两杯药酒不可，即使不敢喝的，也要将酒掺到吃的汤食中，如排骨汤、鸡汤中，一并喝掉。

产妇坐月子也必须喝，喝"老酒"。"老酒"指糯米酒，一般是自己家酿的。坐月子时，喝上一二十瓶也是极普通的事。

甚至小孩也有被要求喝酒的时候。孩子长到十三四岁，青春发育期，闽南人称之将"转大"。父母必要买中药三七，炖鸡给孩子吃，而且必要掺些"老酒"或药酒，或高粱酒。

酒除了当药喝，还常被作为药来使用。手指头烫伤，立刻倒一杯高粱，将指头浸泡其中，不但止痛，而且消毒，不起泡，不发脓。不能浸的部位，则可用草纸浸酒敷在上边。若是脚崴了，扭伤拉伤，也是倒出高粱酒，涂擦按摩伤处，对活血舒筋有一些功效。

厦门这种以酒为药的观念很大程度上源自从宋代保生大帝开始的闽南医疗传统和健康养生理念。

### 延伸阅读:"碧泉"石刻

此石刻位于碧山岩后山一石上,为道光己丑年(1829)署名"万全堂",楷书横刻"碧泉"二字。右直题"道光己丑年荔月谷旦",左直署"浙江弟子万全堂敬题",题款均系宋体字。字幅高0.5米,宽0.78米。碧山岩原有泉水淙淙,是厦门的名泉之一,今山泉已不存。"万全堂"始创于清乾隆年间(1736—1795),制造"国公药酒"和"长春酒"。老板姓钱,浙江绍兴人。

"碧泉"楷书石刻

"赚钱有数,性命要顾"。厦门人最全面深刻地传承了保生慈济文化、保生青草药文化,很早就确立了健康是幸福第一要素的理念。

据道光《厦门志》载,当时厦门民间有关信俗的宫庙有63座(不算小土地公庙),供奉祭祀保生大帝的有21座,可见此信俗在厦门的广泛流行,也可见其时厦门人追求的是保生健康的养生理念。这种理念既传承于千百年来中医中药健康养生的传统,也与厦门的地理环境密切相关。

厦门地处亚热带地区，四面环海，水汽环绕，常年湿热，有着特殊的天候和地气。一方水土养一方人，一方水土滋生一方疾病，厦门人生活在这样的环境中，感天地之气，容易患湿热诸病，如口渴咽干、体倦乏力、中暑发烧等。春夏季节，阳气生发，水蒸气从地下升腾而上，化为雾气，海上也是大雾弥漫。厦门人常为这些瘴气所笼罩，若平素体质不佳，便易引发瘴疠诸症，上吐下泻、忽冷忽热、咳嗽胸闷等，严重危害健康，甚至有性命之忧。

岛上山林间，草木虫蛇频频出没，经常会遇到蜈蚣、马蜂、毒蛇等，稍有不慎，被蜇被咬，轻则红肿热痛，重则一命呜呼。

若下海捕鱼，或者挖牡蛎、藤壶等海产，则经常会遭遇鱼蜇所伤，这些也对人们的身体健康造成威胁。

清朝末年，厦门社会动荡，兵士训练频仍，各种刀枪棍伤、跌打肿痛更是无日不有。

特别在这一时期，厦门公共卫生缺失，百姓的个人卫生观念淡薄，疾病多发，新生孩童夭折率极高。

在这种环境中，不但各路名医汇聚厦门，相互切磋，使厦门成为东南医疗水准最高的所在，而且在厦门民间也出现了许多无名高手和健康养生的良好习俗。

为了能够更好地繁衍生息，祛疾除患，使人们免遭疾病侵袭之苦，厦门人在传承医祖保生大帝健康养生文化和漳泉两地保生医药经验的基础上，根据厦门的地理、气候、人文特点，逐渐总结出各种养生法则，形成厦门人特有的健康理念与健康智慧。

防患于未然，治病于微小，是传统中医的最高智慧，也是厦门人根深蒂固的健康观念。厦门人将养生防病理念融入日常的衣、食、住、行当中，编成俚语或歌诀，用厦门话传颂，合辙押韵、朗朗上口、通俗易懂、俏皮好记。它们润物无声，迄今仍是健康中国建设的宝贵文化资源。

联合国卫生组织提出健康四要素：愉悦的心情、合理的膳食、充足的睡眠、适当的运动。

但是如何才会有愉悦的心情？

二百多年前，厦门的老祖宗已拥有了非常精彩的经验，并以谚语、俗语、歌仔的形式流传给我们。

"为善最乐"，此四个大字就刻在万石植物园万石莲寺的巨石上。

"爱人好，自己好。爱人坏，自己坏。"此句意味深长。

"万银难买一字畅。"很多疾病的病根都在于"心"。人若被怨、恨、恼、怒、烦所笼罩，必然气滞血瘀，导致五脏失衡，而病变多端。"畅"即心情舒畅、平和、包容之意，能达此状态，有利于身体健康，非金银能比。

在"吃"上面，厦门人更是留下了无数充满经验和智慧的谚语。

首先，吃什么？

"吃鱼吃肉，也要糜饭菜甲。"即不偏食，食要多样。《黄帝内经》教导世人饮食"五谷为养、五果为助、五畜为益、五菜为充"。厦门人饮食多样性，三餐有规律，正符合《黄帝内经》之理，其饮食特点，有益于身体健康。

"寒天菜头热天姜，先生药店免开张。""菜头"即萝卜，冬天吃萝卜可帮助阳气收敛闭藏；夏天吃生姜可帮助阳气生发。正所谓，春夏养阳，秋冬养阴，顺应大自然二十四节气变化之理，符合养生之道，最益健康。

其次，怎么吃？

"吃饭皇帝大"。吃饭时打骂孩子，夫妻吵架，吃下去的就不是饭菜，而是难以消化的毒物。吃饭要专心，要细嚼慢咽。用心品尝家人烹饪的美味佳肴，不仅对身体有益，还能获得愉悦心情。

"三顿吃得纯,较好洋参高丽乱注滚。"这句话朴素而智慧。三餐按规律饮食,便是最好的养生,胜过动不动吃各种滋补参类。

最后,什么时候吃?

"一年补透透,不值补霜降","节令喝口水,较赢平时吃鸡腿"。即根据二十四节气的变化,选择合适的食物,适时进补。

在锻炼身体方面,厦门人也有谚语:"走山岩,吃空气。游海水,曝脊背。打赤脚,行土下(土地)。"

空气也可以吃吗?对于厦门人来说,当然是可以的。晨起,厦门人喜欢到海边、山上"吃空气"。一来此时空气清新,可以润肺,滋养五脏,令人神清气爽;二来此过程是在散步或爬山,可活络筋骨、健脾养胃,自然身康体健。"吃空气"三个字虽然简单,却蕴藏着高明的养生智慧。"游海水,晒脊背,赤脚接地气"。这些都是鼓励走进自然,回归自然,保生养生的自然疗法。

厦门人还认为起居住所也是关乎人体健康的重要因素。

"清明谷雨,寒死虎母"。这句话的意思是春天气温多变,乍暖还寒,虽然到了清明、谷雨,春天已经过半,但是一阵寒风来袭,连母老虎都会被冻死。这是夸张风趣的说法,却很好地提醒人们需注意"春捂秋冻",春天不能骤减衣物。"没吃五月粽,破裘不能放"。

传统社会讲究风水,厦门也不能免俗。

厦门人住家、店铺讲究的朝向是西、南,忌讳

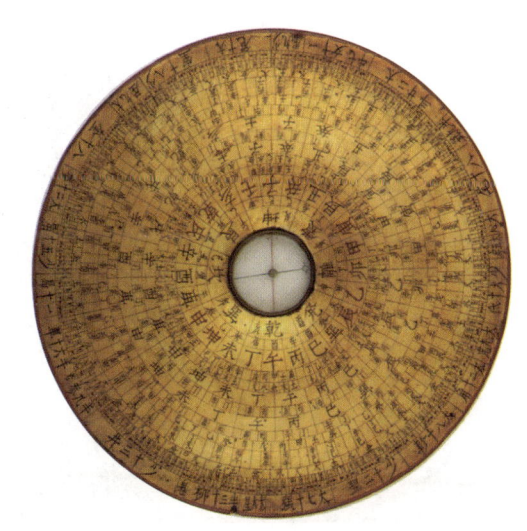

19世纪末法国人高延在厦门搜集的罗盘

依港而兴

的是朝东朝北。"朝西，赚钱无人知，朝东，家财剥空空"。不过，如果把这当作封建迷信，那就大错特错了。

早年从大陆登陆厦门，都是从东北方的五通渡口上岸。但是厦门城这没有选择安在靠近大陆的五通一带，而是选在岛的西南角。水师提督、兴泉永道、海防同知都安在岛的西南角。这是厦门人的风水选择。

因为厦门的气候是每年四五月西南季风起，八九月东北季风起。朝南朝西，夏天享受得到西南风的凉爽，冬天避开了东北季风的干燥寒冷；朝东朝北，则正好相反。这是风水，却也是"天人合一"理念的科学选择。

这些都是厦门人在传承先人智慧的基础上总结的养生宝典。从饮食、起居、情志等方面着手，编成短小精悍的闽南"保生谚"。"保生谚"生动活泼、广为流传，寥寥数语浓缩了丰富的养生信息，也表现出厦门独特的生活方式。

一直到20世纪的五六十年代，厦门几乎所有的人家庭院、阳台、窗台、露台都有青草药盆栽。家里的长辈必有懂得如何使用青草药来对付常见病、多发病的经验和知识。

种在庭院的风葱

大厝天井中的青草药

保生健康、防病祛病成为厦门生活文化中重要的组成部分。

## 四、文学艺术

厦门在这150年里慢慢地拥有了自己的文学艺术。

《厦门志》记载,厦门的文学著作鲜少,在唐代有薛令之的《明月先生集》、陈黯的《颍川先生集》,以及黄滔、罗隐为其所作的序文;宋代只有林棐的《诗文集》,薛舜俞的《易抄诗书指》和《文集》。可见唐宋厦门文风之稀疏。

明代以后文人倍增,仅列入《厦门志·艺文卷》的文人就有林应、王高立、傅钥、池裕德、池显方、阮旻锡等14人,著作文集有50本,近百卷。这里还没把郑成功、陈永华、沈佺期等人列入;也未记录戚继光、俞大猷等名将在厦门留下的作品。

清初至道光这一个半世纪,厦门文风渐盛,文人辈出,其中不乏影响深远的陈伦炯、蔡献臣、廖飞鹏、黄日纪、张锡麟等名家。他们的作品,诸如《海国闻见录》《鹭江志》等,传世久远。

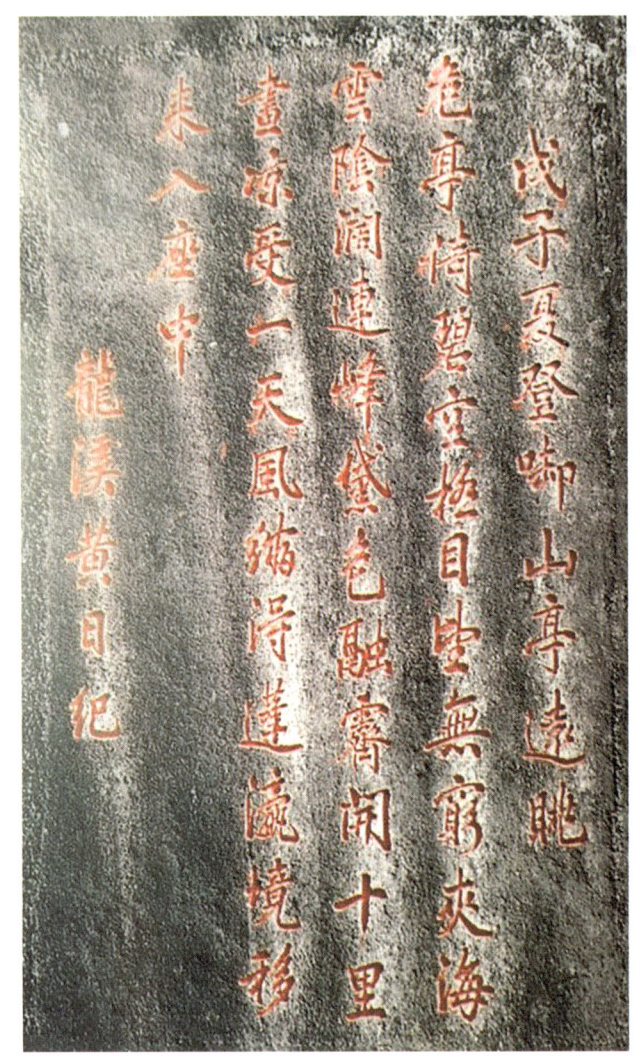

黄日纪诗刻

### 延伸阅读：黄日纪诗刻

位于白鹿洞寺内的宛在洞前的岩壁上，为清乾隆戊子年（1768）黄日纪行楷直题的一首五言律诗。首行为诗题："戊子夏，登衔山亭远眺"，末行署款"龙溪黄日纪"。字幅高2.2米，宽1.3米。诗云："危亭倚碧空，极目望无穷。夹海云阴阔，连峰黛色融。霁开十里画，凉受一天风。缩得蓬瀛境，移来入座中。"

黄日纪，字叶三，号荔崖，福建龙溪人，居厦门。清乾隆年间厦门著名诗人，曾组织云洲诗社。厦门诸名胜大多有其留题刻石。

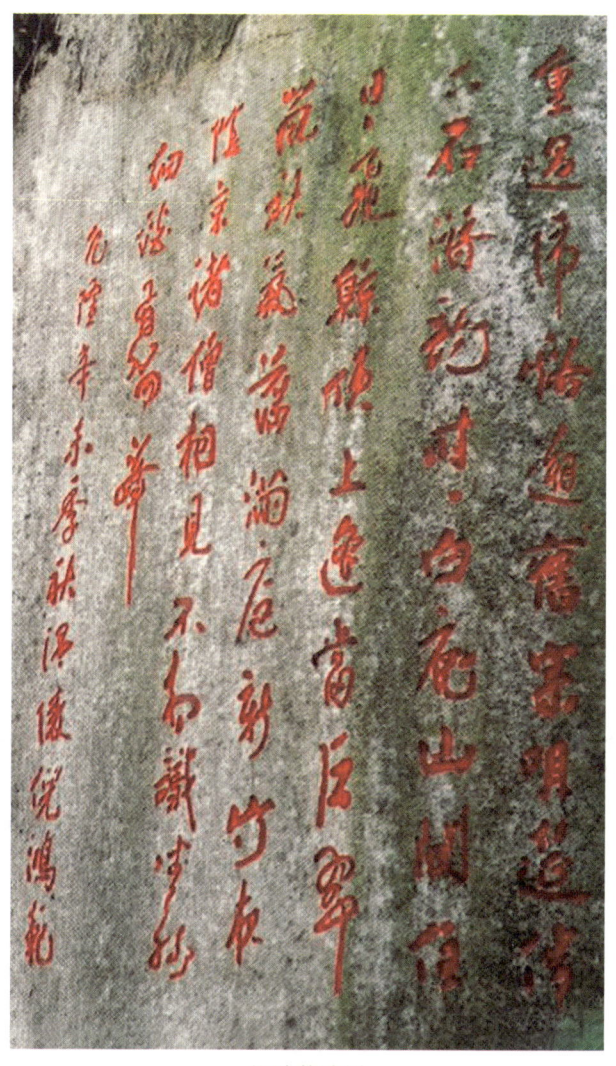

倪鸿范诗刻

**延伸阅读：倪鸿范诗刻**

位于虎溪岩"棱层"洞口的岩壁上，系清乾隆辛未年（1751）倪鸿范的行草题刻七言律诗一首。字幅高2.5米，宽1.88米。诗曰："重过虎溪溯旧宗，呗筵传下石潜龙。时时白鹿山间住，日日飞鲸顶上逢。当户翠岚秋气蔼，满庭新竹夜阴凉。诸僧相见不相识，坐□细听有□峰。"末行署款"乾隆辛未季秋，温陵倪鸿范"。

倪鸿范，字伯畴，号随庵，福建晋江人，清康熙五十年（1711）武举人，历官南澳总兵、福建和浙江等处提督，作此题刻的同年倡修厦门玉屏书院。

依港而兴

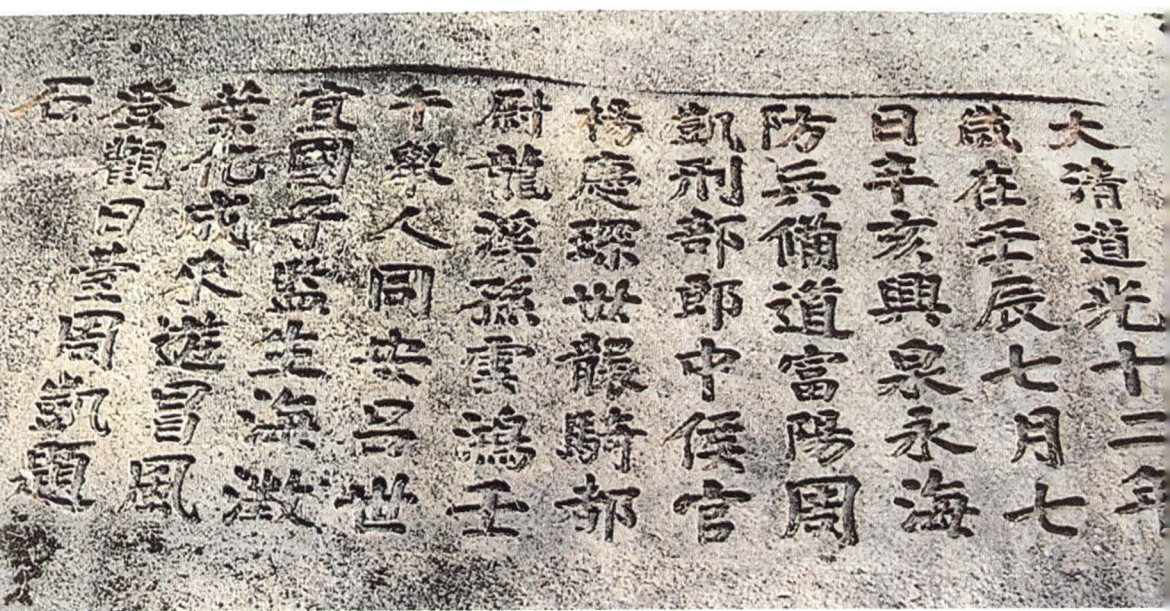

### 延伸阅读：周凯题名石刻

位于云顶岩方广寺下，有清道光十二年（1832）周凯楷书直题的题名刻石。字幅高2.3米，宽4.0米。文曰："大清道光十二年，岁在壬辰七月七日辛亥，兴泉永海防兵备道富阳周凯、刑部郎中侯官杨庆琛、世袭骑都尉龙溪孙云鸿、壬午举人同安吕世宜、国子监生海澄叶化成来游，冒风登观日台。周凯题石"。

第四章 海洋港口城市文化的形成

万寿岩的俞大猷、戚继光诗壁

金榜公园的陈黯石室

影响更加广泛深远的是这个城市百姓的音乐、戏曲、舞蹈、曲艺、工艺等民间艺术。

乾隆三十一年（1766）的《鹭江志》载：

"上元，是日，各街巷皆张灯结彩，弹丝吹竹，以庆太平。前后三五夜，演放花炮，或扮人物故事，竹马龙灯，遍处喧闹，或作灯猜，或唱词曲，无所不有。"

…………

"二月二日，各街市演戏，前后数十日，名为土地寿日。古未尝有，十余年来始有此风也。"

…………

"端午，……是日，海上斗龙舟，观者如蚁，共有三四日。至初十以后，各渡头搭戏台演戏，或至一月或至半月，皆舡仔船为主，硬索行家及各船户之钱为之。此亦十多年来之弊俗，古所未有也。"

…………

"中秋，……是月，街市及乡村皆演戏，祀土地之神，周一月而后已。其古例也，与二月不同。"

…………

"冬至，……乡村则是日于祠前演戏作乐，备酒宴以祭其祖，名曰冬祭。"

…………

"丧礼，……每逢做七，礼佛拜忏，甚至……搭台唱戏，取笑男女。其尤甚者，用数十人妆鬼作神，同和尚猪猴搬演彻夜，名曰杂出"。

由上述内容可以看出，其时厦门演戏之多：上元演三五夜，头牙演数十日，端午各渡头（十几个渡头）演戏一月或半月，中秋节更厉害，各街市乡村皆演戏，整整一个月。幸好冬至只演一天。丧礼则每逢做七都要搭台唱戏。头牙和端午"古例未有"，是城市新创之俗。

1900年鼓浪屿上的节日巡游

清末鼓浪屿上的民俗活动

演出的剧种则有竹马戏、梨园戏、打城戏。竹马戏是闽南宋代就有的剧种。打城戏是近代才起的名字，即这里所记载的丧礼演出的"杂出"。

依港而兴

打城戏又称法事戏、和尚戏、道士戏，流行于闽南地区，是在宗教做法事"打城超度众生"的基础上发展起来的。"打城"的形式有两种：一曰"打天堂城"，主要是道士表演芭蕉大王巡视枉死城，释放屈死冤魂的故事；二曰"打地下城"，是和尚表演地藏王打开鬼门关，放出无辜冤鬼的故事。

厦门做功德的雕塑场景（荷兰莱顿民俗博物馆藏）

泉州打城戏

这种"打城"仪式，通常是在和尚、道士打醮拜忏圆满的最后一天三更时分举行，地点一般选在广场上，有各种杂耍，如弄钹、高跷、过刀山、跳桌子、丢包子等小节目。表演时不穿戏装，而是穿僧道的衣服。后来，因法事的需要，从《目连救母》中摘取《白猿抢经》《打地下城》《双挑》等小段进行表演，其音乐曲调是以道情和佛曲为主。道士使用的乐器比较丰富，有铜钟、草锣、钹、双铃、小锣鼓等。和尚使用的乐器比较简单，只有木鱼、钟、木板、拍等几种。

清道光年间，这种"打城"表演跳出了宗教仪式的圈子，开始在闽南广大城乡搭台演出。作为演戏最频繁、戏金最高的厦门，自然是这些和尚、道士戏班的最爱。

梨园戏起于明代，后发展为大梨园和小梨园，大梨园又分上路和下南。小梨园最初是明代豪门富室的家班，历代班主都是以契约形式，收买七八岁至十二三岁的儿童组班，年限5—10年，期满后散棚重新组班，永远保留童龄演出阵容，适合在内院深闺中垂帘观赏。小梨园的角色行当为生、旦、净、丑、贴、外、末七种，故称七子班，又因是童龄，故俗称"戏仔"。大梨园增加了老旦和二旦两种角色行当，演员都是成年人，厦门俗称为"老戏"。

康熙三十七年（1698），郁永河作《台湾竹枝词》："肩披发须耳垂铛，粉面朱唇似女郎，马祖宫前锣鼓闹，侏㒧唱出下南腔。""马祖宫"即妈祖庙；"下南"，大梨园下南派。当时戏班只能从厦门乘船到台南，怎么可能只在台南演，而厦门没有梨园戏演出呢？

建在厦门港的海防同知府，"署中蓄梨园两班，除国忌外，无日不演唱。"

还有嘉礼戏、布袋戏等偶戏，漳泉两地的戏班自然想方设法到此来演戏赚钱。厦门俗语"前棚嘉礼，后棚老戏"，指的是节庆演戏房前演提线傀儡嘉礼戏，房后搭台演梨园老戏。这是因为提线傀儡

汉学家高延在厦门搜集的布袋木偶、提线木偶（荷兰莱顿民俗博物馆藏）

嘉礼戏是闽南流传最早的戏曲，所有的闽南戏剧艺人都遵嘉礼戏为师。如果在同一个场地演出，必须嘉礼戏先开台，其他剧种的戏班才可以开始。

早期闽南民间戏曲，还有官音戏，即北管戏。所谓官音戏，即用官员老家的方言演唱的戏。这是由于当时规定官员不得在原籍任职，因而闽南的地方官便都是外省人。一些人为讨好他们，便不惜花重金从官员家乡请当地的戏班到闽南演出。官老爷是江西人便请江西戏，是安徽人便请安徽戏，是江浙人便请江浙戏班。其时百姓如何能弄得清江浙戏、安徽戏，便一概称之为官音戏。厦门此时官最大，官衙最多，官音戏来得自然也最常。

这些官音戏的戏班一般都是当地比较出色的戏班。来到闽南，官老爷喜欢，一些士绅人家也跟着喜欢。邀请他们唱戏的人很多，戏况很不错。许多戏班一演就是一两年，有的甚至就留在闽南。这就成为后来闽南、台湾一带的北管戏，即唱北方声腔的戏。有的戏班戏况差一些，没人看了，连回去的路费也没了，其中的艺人就转到闽南的戏班中，有的则流入台湾。福建、台湾的乱弹戏、北管戏，也就是官音戏。

道光十二年（1832）编成的《厦门志》记载，其时厦门戏曲演出较乾隆时更加盛行，"观者如堵"；还提到了对厦门人的成长影响深远的"平话"，厦门人称之为讲古，现已列入国家级的非物质文化遗产代表性项目名录。

鼓浪屿兴贤宫门口的讲古场

闽南讲古历史悠久，村镇、街道都有讲古的爱好者，人称"讲古仙"。他们见多识广，口头表达能力也强，邻里、乡亲闲来无事皆喜欢凑在其身边，听他讲故事。道光时，厦门的讲古已经市场化，"众人环听，敛钱为馈"，不是白听的。

"讲古仙"大多为没落世家子弟或失业知识分子，知识面很广，

天文地理、三皇五帝,无所不晓。他们的表情很丰富,特别是语音口气的变化,尤其惟妙惟肖。有的"讲古仙"丝毫不亚于现代的单口相声演员。在娱乐种类匮乏的年代里,无论是大人还是孩子,都很容易被讲古所吸引。许多下层民众通过听讲古,学到了历史常识;通过听讲古学到做人的道理,体会闽南方言的独特魅力和"讲古仙"过人的口头表达能力,获得了娱乐和知识,为他们的精神生活增添色彩。

《鹭江志》还提到"弹丝吹竹""或唱词曲",这说明在乾隆年间,南音就已流行厦门。南音的历史相当久远,被称为"活化石",大多人认为南音是唐、五代时传入闽南的中原古曲。

但是,南音的清唱曲以闽南方言来演唱,而闽南方言的最后形成一般认为是在五代到宋朝这段时期,所以南音形成的上限,不可能早于宋。

现今南音有珍藏于国外图书馆的明刊闽南戏曲弦管三种:明万历年间刊印的《新刻增补戏队锦曲大全满天春》《精选时尚新锦

《明刊戏曲弦管选集》

《清刻本文焕堂指谱》

曲摘队》《新刊弦管时尚摘要集》，这就有力地证明了在明万历之前，南音已经相当成熟了。因此，南音形成的下限，不可能晚于明中叶。

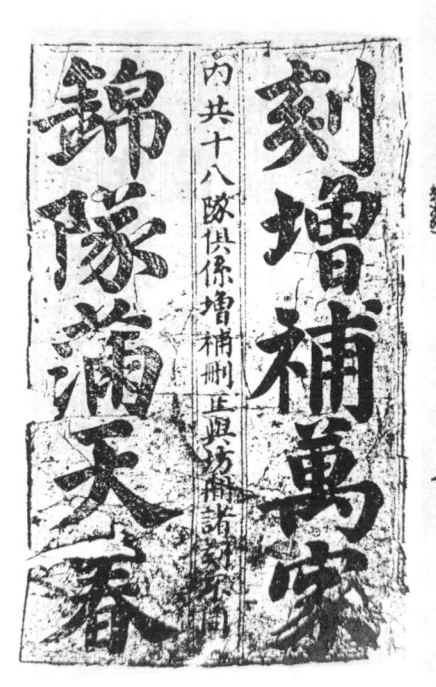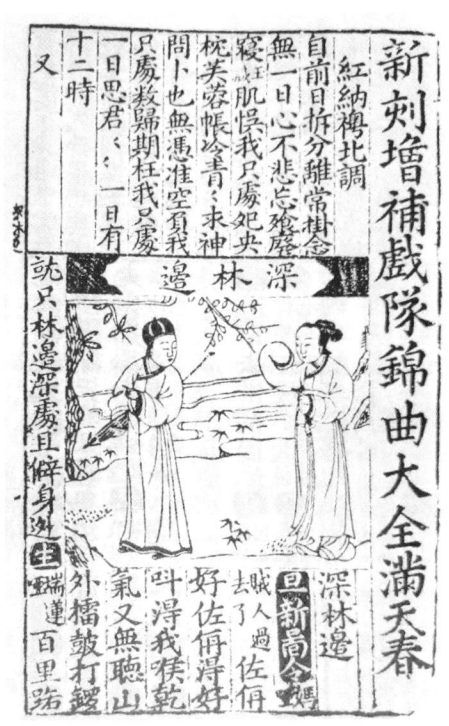

明刊内页标题和明刊曲本内页

不过，南音留存了唐、五代甚至更早时期的中原古乐的因素。比如它的曲项四弦琵琶，在北朝、隋唐时代就有出现，在敦煌莫高窟中的北魏壁画、隋代壁画、唐代壁画上都有出现。四川五代遗址王建墓也有曲项琵琶乐队的石刻，五代南唐《韩熙载夜宴图》中更有乐师弹奏曲项四弦琵琶的图画。

另外，南音的谱，特别是《走马》《百鸟归巢》《阳关曲》都留存了唐大曲诸多音乐因素。总之，南音的定型、成熟虽然是在宋元明之间，但它留存了许多隋唐、五代甚至更早的中原古乐元素，因而被人们称之为"中国音乐的活化石"。

依港而兴

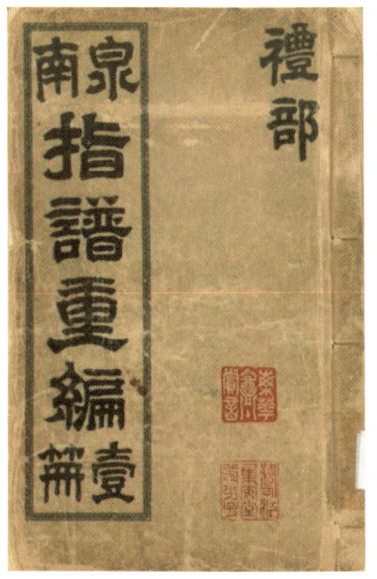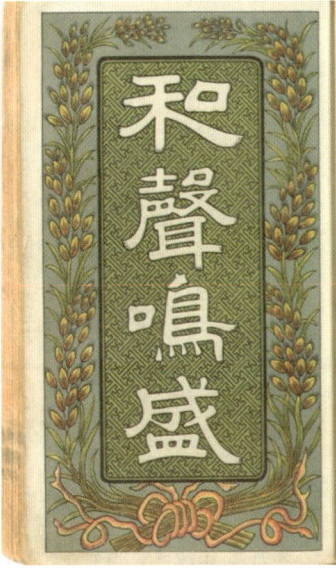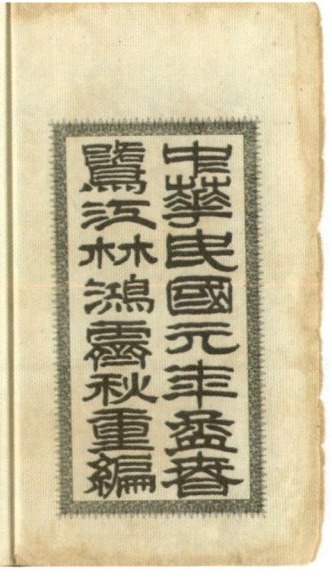
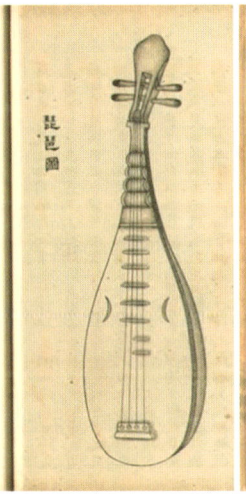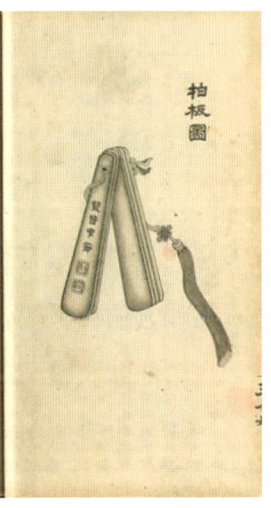

集安堂鹭江林霁秋的《泉南指谱重编》书影（组图）

厦门港逐渐成为闽南最重要港口后,漳泉的戏班、艺人纷纷齐聚厦门。厦门最早的南音社团为金华阁,早年叫鹭江金华阁,成立于清道光十年(1830),比周凯编成《厦门志》的时间还早两年。至于能够成立社团,当然是已经有不少南音爱好者,甚至有南音高手汇聚厦门,才可能成立起志同道合的南乐社。

集安堂南乐社

金华阁

**依港而兴**

清咸丰七年（1857），厦门人章小崖编成了《文焕堂初刻指谱》，由厦门文德堂刊刷问世。至今尚未发现有比这更早的版本。文焕堂主人章焕，字小崖，在自序中称，自己曾得古谱一部，他根据古谱与诸名公（南音高手）校对无误后，刊刷了这份指谱。

南音艺术的中心从此落在厦门。此后，南音几位影响海内外的大师林祥玉、林霁秋、纪经亩都世居厦门。

从乾隆的《鹭江志》和道光的《厦门志》就可以看出，到清代道光年间，厦门已经成为闽南民间艺术演出的中心，并且汇聚了闽南民间艺术的杰出人才，融漳泉两地的民间艺术为一炉，渐渐形成独特的厦门风格，并引领了闽南民间艺术的市场化。

南音大师纪经亩

歌仔说唱：月琴和大广弦

脸盆架　　　　　　　　　　扁食担

在这一个半世纪中，厦门这座东南海疆的港口城市已经渐渐形成了引领闽南、台湾时尚的港口城市生活风格和方式，形成了独具特色的厦门文化。

## 第四节　厦门的"教示"

文化不是小零碎，文化是一个民族教导他的子孙后代做人的标识。闽南人称之为"教示"，即言教身示，教孩子如何做人。闽南骂人最重的话就是"没有教示"。这句话不是骂孩子，而是在骂大人。"子不教父之过。"

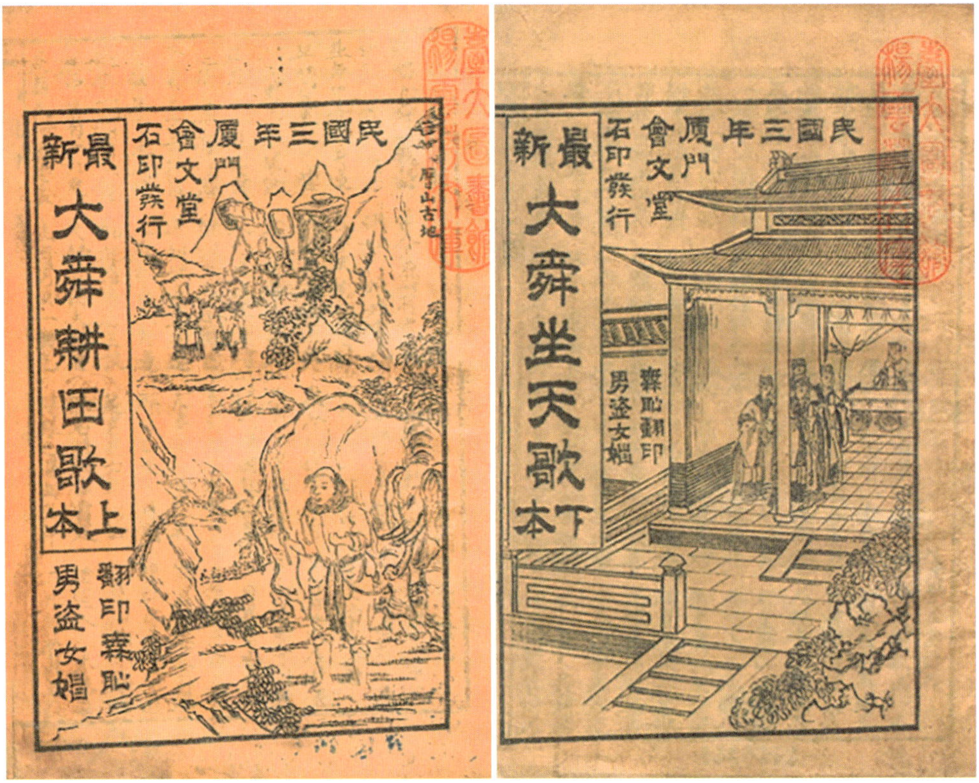

厦门会文堂出版的歌仔册（歌仔除了娱乐以外亦有教化劝善的作用）

厦门海洋城市文化形成后，当然也就有了自己传承于漳泉，又有新创的"厦门教示"。这正是厦门文化的核心精神。

所有文化的核心精神都潜藏于信俗之中，并且以制度化和仪式化的形式潜移默化，代代传承。

文化的仪式化传播最具有直达人心的穿透力，远胜于说教。纵观世界各种文化精神的传播，比如基督教的祈祷、洗礼，佛教的上香、跪拜，伊斯兰教每天五次定时祈祷等仪式，天长日久，一定会潜移默化，接受其理念。

白鹿洞供奉的朱熹像（乔治·普莱斯于1893年摄）

人类的制度文化不仅包含了各种条文法规制度,还包含了更为深刻的民间制度。这种以礼俗、民俗、风俗形态出现的行为仪轨,是特定社会生活中约定俗成的习惯性定势,具有很大的约束力。这是一种没有用文字规范,也没有固定明确的执行机构,却具有更自觉约束力的制度。事实上,这些习俗在举行的时候往往也是具有仪式化的功能,例如春节、开斋节等。

"厦门教示"当然也不例外。

厦门的市民来自漳泉,自然把原乡的民间习俗都带到了厦门。传自漳泉的人生礼俗和岁时节俗,大多被厦门人统统收留传承。例如,厦门既有主要传自于泉州府同安县的清明节,又有传自于漳州的"三月节"。

魁星像(乔治·普莱斯于1893年摄)

当然,厦门人也会对传自于漳泉的节俗进行改造,并加以创新发展,最典型的当数中秋博饼。漳泉的中秋节有团圆赏月、吃月饼、听香等习俗,厦门人照收不误,还创造了中秋举家"博状元"的新习俗。后来,此习俗被评选为国家级的非物质文化遗产代表性项目,并且传播到金门、台湾、漳州、泉州和海外。

中秋博饼(状元插金花)

漳泉的民间信俗自然也在当时被带到厦门。例如漳州的开漳圣王、三平祖师，泉州的广泽尊王、清水祖师，同安的保生大帝、北辰山的开闽王等等。当然更有郑成功时期大力传扬的关公、玄天上帝，佛教传扬的观音、地藏菩萨，道教传扬的天公玉皇大帝，儒家推崇的孔子、朱熹，等等。街头巷尾的土地公、石狮王更是随处可见。

厦门典宝路头陈圣王宫

依港而兴

道光年间,厦门城有记载的关于民间信俗的宫庙有63座,其中供奉的有:妈祖、吴真人(保生大帝)、观音、关公、玄天上帝(元武之神)、水仙五王(大禹、伍员、屈原、西楚霸王、鲁公输子)、文昌、清水祖师、城隍爷、龙王、武烈王(开闽王)、双忠王、东岳大帝和阎王、土地公、五行神、雷海青、三官大帝、药王、汉北地王、义娘等等。

内武庙

供奉最多的是与海洋相关的妈祖、观音、玄天上帝(元武之神)、水仙五王、龙王、关帝。因为关帝信义双全,生意人最讲究的就是信义,因此被海商尊为行业神、武财神,成为商船上不可或缺的保护神。

渔船上的"红公格"(红格顶)

其次是保护健康的保生大帝、药王。这和当时厦门民间缺医少药有很大关系。百姓生病多到宫庙求神拜佛,尤其保生大帝的药签多有灵验。

这么多宫庙要建造,要维修,引来闽南各路建筑高手,各种石雕、砖雕、木雕、彩绘、泥塑、剪粘(剪瓷雕)争奇斗艳,花样翻新。

石雕

砖雕

木雕

各个宫庙每年至少要有两次"大拜拜"。庙里香烟缭绕、供品如山,人们抬神明绕境巡安,北管音乐阵头开道,各种戏曲、武术、舞蹈阵头随行,踩街游行。庙前搭台,请戏谢神明,锣鼓喧天,热闹非凡。

这也是厦门戏曲、音乐、阵头、工艺美术等民间艺术繁荣发达的一个重要原因。

《厦门志》又称,"有所谓王醮者,穷其奢华,震锽(锣鼓声)炫耀,游山游海,举国若狂"。

王醮,就是民间所称的送王船。厦门市内有大王宫、二王庙,现在还留有街名。大王、二王当年的送王船"举国若狂",实厦门百姓的狂欢节。

清末南普陀观音殿

龙泉宫

当年的文人官绅对民间文化总是大加挞伐。无论是送王船还是当时的梨园戏、后来的歌仔戏,都被斥之为奢靡、淫荡、愚昧、粗俗。

从今天的观点看,这是底层百姓了不起的文化创造,当然有其粗俗、不足,甚至错误的地方,但也有其绵延千百年而不衰的智慧和理念,呈现出中华文化落地生根、万紫千红的景象。

以科学的态度看待世界上任何东西,都是可以且必须一分为二的。一粒米、一块肉,我们不可能拿刀把它切成两半,然后武断地说这一半是精华,另一半是糟粕。我们只能把它煮熟了吃下去,然后用我们的身体来消化它,吸收进对身体有益的,排泄出对身体无益的。这就是取其精华,去其糟粕。当然,对于传统文化也是如此。文化是生命体,那种高喊要用刀把文化的渣滓、糟粕切除掉才能将其传承的人,是极其可笑的。

吉美博物馆里昂分馆里关于厦门厅堂礼仪的场景复刻

这些神明不只住在宫庙,厦门稍有经济条件的人家,无不在中厅购置中案桌八仙桌,安放祖宗龛、神佛龛,把天公、观音、关公、土地公请到家里,同祖宗一起供奉。这样,闽南文化尊天敬祖、天

依港而兴

人合一、追远报本、和而不同的理念就成为厦门人自幼的"教示"。这些理念深入民心，世代传承。

不同于漳泉依托于九龙江、晋江三角洲的广阔地域，厦门只是一个孤悬于海中的小岛。然而它扼东南海疆之要冲，控闽台往来之枢纽，又以优良的海洋港口引领半个福建和台湾的农耕产品市场化和国际化；更有奠基者郑成功的精神指引，加上精英荟萃，在厦门如此独特的地理、经济、军事、政治、人文环境中，厦门文化呈现出自己独特的价值取向。

无论是同安梭船的建造，还是百姓人家的家常菜肴、工夫茶的泡茶程序、民间艺术的争奇斗艳，无不呈现出厦门非物质文化遗产精益求精的绝妙技艺。

厦门普通人家的中厅

清末长崎港的厦门船

郊商郊行的商贸体制设计，以海洋贸易引领糖、茶、果等农业产品的市场化、商品化的海洋经济链设计，以厦门母港引领环台湾海峡腹地港的交通运输设计，等等，无不体现出厦门城市生存发展的智慧。

当然更有独特的价值取向。

其一，岛民的同舟共济和四海之内皆兄弟的胸襟。

厦门是座孤岛，四面环海，犹如万顷波涛中的一叶小舟，面对大海的惊涛骇浪，厦门人民只有同舟共济、休戚与共。《厦门志》载："造大船费数万金。造船置货者，曰财东；领船运货出洋者，曰出海。司舵者，曰舵工；司桅者，曰斗手，亦曰亚班；司缭者，曰大撩，相呼曰兄弟。"在厦门以此为生的舵工、水手众兄弟数以万计。

明清时期，厦门作为东南沿海贸易枢纽，其远洋商船的船员分工严密，每艘海外贸易船通常配备以下人员：船主一名；财副一名，司货物、钱财；总杆一名，分理事件；火长一正、一副，掌船中更漏及驶船针路；亚班、舵工各一正一副；大缭、二缭各一，管船中缭索；杉板船一正一副，司杉板及头缭；押工一名，修理船中器物；择库一名，清理船舱；香工一名，朝夕焚香楮祀神；总铺一名，司火食；水手数十名，统统都是好兄弟。

清初这150多年，船舶穿越大海，把来自五湖四海的人送到厦门岛。海岛也是一条船，来到厦门，大家就是在同一条船上，所以，"相互曰兄弟"。"四海之内皆兄弟"的理念根植于厦门人民的心。

既然是兄弟，所以，同舟共济，生死与共，在台风、红毛番进犯的时刻，同心协力，并肩战斗。船上的任何缺漏必须及时发现，奋力补救；船上任何人的伤病，必须及时救治。这关系到这艘船的浮沉，关系到船上每一个人的安危。所以，救船就是救自己，帮人就是帮自己。

依港而兴

厦门有句俗话："坐船爱船走"。这座城市好，这条船就乘风破浪。这条船进水了，人人都要奋力舀水、堵漏。但凡有人退却，这条船便有沉溺的危险。奋不顾身者，皆是人人景仰的英雄榜样。这种风气、这种理念养成了厦门人急公好义、守望相助的民风正气。

难怪《厦门志》记载："岛中风俗，好义者多，凡遇义举、公事，众力易擎。"

其二，闽台一体、海内外一家的观念。

这种地理环境形成的同舟共济、守望相助、四海之内皆兄弟的意识并没有使厦门人成为鼠目寸光的岛民。这是由厦门海港城市的政治、军事、经济环境所决定的。

郊商郊行的经济链条，将厦门和台湾千家万户的利益紧紧地捆绑在一起，一荣俱荣，一损俱损。每当台海局势发生动荡或台湾发生变故，驻守厦门的水师提督、台厦道、海防同知便会迅速调遣厦门水师的战船与官兵，整备后勤物资，展开应对。这一连串的军事调动牵动着厦门社会的每一根神经。同样，厦台一体、台海平安的理念深深根植于厦门人民的心中。

厦门行船人以万计，加上船东、货主和他们的家属，还有所有利益相关的人，如政府官员、哨卡官兵，装卸货物的码头工人，搬运和种植甘蔗、龙眼、茶的船夫和农夫等等。这是厦门一个相当庞大的利益共同体，他们的利益所在和海上贸易紧紧相连，和海峡两岸各路港口紧紧相连，和南洋的吕宋（菲律宾）、实叻（新加坡）紧紧相连。海洋开拓了厦门的视野，使其具有放眼世界的眼光和包容海峡两岸的气度，养成了厦门人超越孤岛，放眼海疆、海洋的眼界和格局。"厦台一家""海内外一家"的理念深入厦门人心。

当然，改革开放以后厦门呈现出来的一些小岛意识，并非厦门文化的本来面貌，而是由于之前30年的港口地位缺失，以及闽南海洋历史文化传承的缺失所造成的。

其三，文化的忠诚。

郑成功孔庙焚青衣，移孝作忠，以及他海上誓师的壮举，拒绝随父亲投降的《报父书》，驱逐荷夷收复台湾的千秋伟业，在厦门家喻户晓，深入人心。其忠贞不渝的爱国情怀，成为厦门人民品德的第一追求。

郑成功读书处

孙中山先生说："华侨是革命之母。"华侨中，有相当多的人来自闽南。闽南人骨子里充斥着冒险与反抗的精神，其根本原因是他们心中怀揣着对海洋的向往、对社会进步的向往。他们是中国从农业社会走向工业社会天然的拥护者、革命者。今天我们回望历史，应当站在社会进步的角度上来看待闽南人的叛逆精神，应当充分肯定他们体内的海洋文化基因，以及他们对社会进步的理想追求。他们是中华民族走向海洋的先驱者和不屈不挠的原动力，他们对中华民族、中华文化有着最根本的忠诚。

其四，照纪纲，重教示，追求忠孝双全，特立独行。

闽台两岸，甚至省外诸多文人墨客被诸多官衙和富商征招来厦门，精英荟萃，文风日盛。教化所及，就是普通百姓也对文化知识充满着敬畏，"岛中立敬字亭，以惜字纸"。

厦门由于军队、军属众多，身边不断有因为军功升迁的左邻右舍、亲朋

字纸亭

好友，而水师又需知天文、识海像，非匹夫之勇可胜任，故许多文人投身水师。水师将领中又多有漳泉两地的闽南人，他们相互提携，也容易晋升。有清一代，厦门武举人、武进士迭出，甚至还有武状元，尚武之风颇盛。文人中也讲究能文能武，文武双全。如同安高浦陈伦炯，其著作《海国闻见录》入《四库全书》，又以军功至碣石总兵、广东副都统。驻厦的水师提督中康熙朝的施世骠，雍正朝的蓝廷珍、许良彬，乾隆朝的胡贵、蓝元枚、蔡攀龙都是文武双全的名将。文武双全，成为厦门孩童追求的榜样，也成为厦门人对自家孩子的"教示"。

厦门孩子被父母耳提面命最多的一句话就是"做人要有教示，做事要照纪纲"。纪，即制度、法度；纲，即三纲五常。"照纪纲"，就是指遵纲守纪，用厦门俗话来讲，就是"划痕走路"。

当然厦门的父母深切地知道身教重于言教，言传不如示范。他

们传承了祖宗设计的一年到头不计其数的节庆祭祀,在这个时候有好吃的、有好玩的,更有隆重庄严的对天地、先贤、祖宗虔诚感恩的"拜拜"。他们从孩子出生开始,就捏着孩子的小手合掌,对着家里中厅的佛龛和祖宗龛虔诚地"拜拜"。这是先祖一代代传承下来的教示:尊天敬祖,天人合一,慎终追远,和而不同。

厦门城郊外扫墓的场景

总之,在鸦片战争之前,以海洋港口城市为特征的闽南文化第三代——厦门文化已经完整地形成。厦门文化传承了泉州、漳州的种种文化,并将它们糅在一起,美美与共,加以创新,呈现出不同的特色。

但是,在那个时候,厦门仍然是农耕时代的闽南文化。历史要考验厦门的是,如何将农耕时代的闽南文化带入工业时代。

# 结 语

　　传统的历史都是帝王将相的历史。马克思主义揭示，人民群众是历史的创造者，人类社会进步的根本动力是生产力的进步、经济的发展。当然，这并不否认帝王将相的作用。历史的车轮滚滚向前，马车不是由孤零零的一匹马拉动的，而是由四匹、八匹甚至更多的马牵引行进的。历史是由无数单个意志的相互冲突和交融所塑造的，决定历史发展的是合力。在所有因素中，社会历史发展的最终决定因素是生产力的发展水平。生产力的发展推动社会生产关系的变革，进而影响上层建筑，包括政治制度、文化观念等各个方面。

　　1683—1840年这150多年间，厦门抓住了前100年两岸对渡唯一正口的历史机遇，推动了百万规模的"唐山过台湾"，推动了台湾的全面开发，创造了两岸经济互补的市场商机，创造了横跨海峡两岸双向物流的郊商体系，推动了郊商郊行构建起清朝200多年将两岸经济融为一体的海峡经济区，也使厦门港成为海峡两岸的繁荣港口。

　　同时，厦门港凭借其独特的区位和不冻不淤的港湾优势，开辟通达数十个腹地港的内河、内海及沿海航道；又凭借闽台盛产的茶、糖、瓷、果、樟脑、海味等特产，以及闽海关所在地的优势，开辟了西洋、南洋和江浙粤等沿海港口的市场，发展为中国东南第一大港。

若非乾隆将西洋商贸归广州一口，厦门港的发展将更加令人瞩目。福建的茶正是其时中国在世界贸易中获利最丰的商品，被美国人认定为世界首富的十三行行首伍家、潘家都是闽南人，都是茶商。

闽南人"通洋富国裕民"的理念、耕海牧洋的情怀在这一个半世纪中，在厦门港又一次充分展现。在厦门港发展、成熟的历史进程中，厦门文化吮吸着宋元泉州刺桐港、明朝漳州月港的乳汁；在郑成功奠定的基石上，随着潮起潮落，日渐成形、成长、成熟，形成了四海之内皆兄弟的海洋性格，形成了台厦一体、两岸共荣的思维定式。

可惜，它依然是农耕时代的闽南文化。1760年"乾隆盛世"时，瓦特的蒸汽机已揭开了世界工业革命的新篇章，而1830年的厦门，还在推动用同安梭船武装清水师。

闽南文化从农耕时代走进工业时代的历史机遇与使命，落在了厦门的肩上。

## 图书在版编目（CIP）数据

厦门与海.依港而兴 / 梁宏彦等编著. -- 厦门 : 鹭江出版社, 2025.6. -- ISBN 978-7-5459-2568-5

Ⅰ.K295.73

中国国家版本馆CIP数据核字第2025J9C509号

出 版 人　雷　戎
责任编辑　黄孟林
美术编辑　林烨婧
装帧设计　赖日成

XIAMEN YU HAI·YI GANG ER XING

### 厦门与海·依港而兴

梁宏彦　陈文滨　李　晖　陈亚元　编著

| | |
|---|---|
| 出版发行：鹭江出版社 | |
| 地　　址：厦门市湖明路22号 | 邮政编码：361004 |
| 印　　刷：厦门市竞成印刷有限公司 | |
| 地　　址：厦门市同安工业集中区同安园135号 | 电话号码：0592-2200556 |
| 开　　本：700mm×1000mm　1/16 | |
| 插　　页：6 | |
| 印　　张：35.5 | |
| 字　　数：452千字 | |
| 版　　次：2025年6月第1版　2025年6月第1次印刷 | |
| 书　　号：ISBN 978-7-5459-2568-5 | |
| 定　　价：135.00元（全3册） | |

如发现印装质量问题，请寄承印厂调换。

# 厦门与海

# 因海而生

蔡心瑀 蔡秀草 胡捷 胡明宜 编著

2025年·厦门

**顾　问**：林仁川　刘登翰
**主　任**：叶细致
**副主任**：黄天福
**主　编**：陈　耕
**副主编**：陈亚元
**编　委**：陈　耕　陈亚元　蔡心镝　梁宏彦　李向群
　　　　　胡明宜　蔡秀草　胡　捷　陈文滨　李　晖
　　　　　许子贤　扈美丽　李向宏　王玲玲

**本册编著者**：蔡心镝　蔡秀草　胡　捷　胡明宜

# 序

  闽南的魂魄，总在潮汐涨落间生长。唐宋时，泉州已是"市井十洲人"的繁华之地，漳州也开始了海外贸易，而厦门，不过是鸥鸟栖息的滩涂。直至隆庆开海，东西洋兴盛，千帆竞发，在此候风验检，方知海防重地扼泉漳之要，实为出洋最佳港湾。从此，舟楫如林，厦门港跻身闽南海疆的叙事。这里，是刺桐港、月港的延伸，亦是闽南海洋文明的新生——既承袭了闽南"爱拼敢赢"的血脉，又因海而嬗变，终成"城在海上，海在城中"的独特肌理。

**郑成功厦门开基，海疆烽烟中的崛起。**

  1650年，郑成功踞厦门；1655年，厦门这座岛屿首次以"思明州"之名载入史册。鹭岛之上，演武亭的号角与海浪共鸣，万艘战船列阵待发，厦门成为收复台湾的跳板。郑氏以海为盾，以港为营，不仅重塑了厦门的军事地位，更让这座小岛成为闽南人"向海图存"的精神图腾。彼时的沙坡尾，渔舟与战船同泊，市井烟火与金戈铁马交织，厦门自此烙下"海疆重镇"的印记。

**施琅厦门开渡，海权归一与港埠新生。**

  1683年，施琅率水师自厦门出征，一统台海。清廷设台厦兵备道，厦门升格为东南门户。朝廷开海禁后，厦门港桅樯如林，商贾云集，闽南的茶叶、瓷器由此远渡重洋，换回白银与异域奇珍。施琅之功，非止于疆域之合，更在于令厦门从军事要塞蜕变为两岸的枢纽、海洋贸易的

中心。港口的繁荣,催生了"十三行"与"洋船馆",闽南文化的海洋性,在此刻愈发鲜明。

**五口通商厦门开埠,西潮东渐下的蜕变。**

1843年,厦门被迫开埠,西式钟楼与闽南骑楼在海岸线上对峙。鼓浪屿的琴声与沙坡尾的渔歌,共同谱写着西洋与传统的双重变奏。洋行、教堂、领事馆林立,厦门成为中西碰撞的前沿。然而,闽南人骨子里的韧性,让这座城市在屈辱中寻得生机——侨批银信从南洋汇入,华侨归乡,八方来客。实业与教育救国,共同建设现代城市。港口码头、电灯电话、学校医院、自来水图书馆等公共项目,一应俱全。厦门既是被动的"通商口岸",亦是主动的"文化桥梁",厦门现代化城市初具雏形。

**特区设立厦门开放,潮头再立弄新涛。**

1980年,厦门成为中国首批经济特区,鹭岛迎来第二次"开海"。厦漳泉共舞,闽南向海图强。从漳泉的"海丝"遗韵,到厦门的"海洋强市",闽南文化的海洋基因,终在此凝成一体。今日的厦门,是沙坡尾渔港的乡愁,是自贸区货轮的汽笛,是厦门金砖会晤的智慧激荡,更是筼筜湖畔白鹭振翅的生态答卷。厦、漳、泉三城,宛如闽南文化的三股潮水:漳州厚植根基,泉州勇拓商路,厦门则高擎开放之炬,将妈祖的香火、王船的巡狩、侨胞的家书、科技的浪花,汇成通向世界的洪流。

此城此海,从未止息。记述过去,为了明天。从郑成功到陈嘉庚,从海防前线到经济特区,厦门这座英雄的城市,总能在封闭处找开放,在对抗中求融合。它的性格是在海风中养成的——咸腥里带着清爽,保守中藏着冒险。厦门的故事,是闽南的缩影,更是中国的启示——因海而生者,终将因港而兴,向洋出发,抵达无远弗届的远方。

叶细致

# 目 录

前言 / 1

## 第一章 闽南文化的孕育与诞生 / 1
第一节 地理中的闽南与先民 / 1
第二节 山畲水疍 / 9
第三节 衣冠南渡 / 13
第四节 闽南文化的诞生 / 26

## 第二章 闽南文化的形成与辉煌 / 32
第一节 人类海洋文明发展的高潮与机遇 / 32
第二节 闽南海洋经济链的构建及特征 / 40

## 第三章 闽南文化的灾难与成熟 / 57
第一节 元代刺桐港的辉煌和闽南人的灾难 / 57
第二节 刺桐港的衰亡 / 70
第三节 月港的兴起 / 79
第四节 闽南文化的成熟 / 91

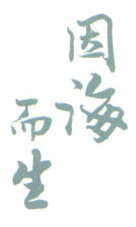

## 第四章　厦门文化的孕育 / 110

第一节　中左所——厦门文化的摇篮 / 112

第二节　争夺东亚海权 / 125

## 第五章　永远的郑成功 / 137

第一节　海之子 / 139

第二节　夺取厦门 / 143

第三节　谋划厦门 / 149

第四节　经略厦门 / 157

第五节　建设厦门港 / 163

第六节　收复台湾 / 167

第七节　永远的郑成功 / 176

## 结语 / 181

# 前　言

### 一、厦门我可爱的家乡

美丽的厦门，城在海上，海在城中，一城春色半城花，万顷波涛拥海来。

英雄的厦门，千里波涛万里浪，屹立于祖国东南海疆！

我骄傲！美丽厦门人！这里柔情似水，坚强如钢，才俊泉涌，英雄辈出。

我们从不同年代、四面八方汇聚于此，将命运锚定在这座英雄城市、美丽港湾。

可是，亲爱的朋友，亲爱的家人，你可了解这座城市的文化？"文化是一个国家、一个民族的灵魂"，当然也是一座城市的灵魂。厦门的灵魂是什么？厦门的灵魂在哪里？如何让所有的厦门人有共同文化认同，让我们的子孙后代有文化归属感，让我们城市的未来健康、有序、可持续地灿烂辉煌？

为了我们共同的家乡，要让新厦门人了解厦门，要让老厦门人了解自己。这是我们编撰《厦门与海》的初衷。

### 二、古泉漳，今厦门

习近平总书记在2017年金砖国家领导人厦门会晤上对厦门文化做了高度的概括。他说："厦门还是著名的侨乡和闽南文化的发源地，中

外文化在这里交融并蓄，造就了它开放包容的性格和海纳百川的气度。"厦门秉持开放包容、海纳百川的理念，创造、创新中外文化与闽南文化，美美与共，引领了近现代闽南文化的创新与发展，是近现代闽南文化的发源地。

文化即人，人即文化。文化与人一样，都是活生生的生命体。没有万寿无疆，只有生生不灭。

这就是闽南文化的"三代人"。讲厦门离不开闽南，讲闽南离不开厦门。

厦门因海而生，因港而兴。

实为：古泉漳，今厦门。

# 第一章
# 闽南文化的孕育与诞生

## 第一节　地理中的闽南与先民

地理是人类历史的子宫，哺育着历史，也规范着历史。①

现在的闽南，指泉州、漳州、厦门及对岸的金门。但历史上，龙岩的新罗和漳平属漳州府管辖有1000多年，分出龙岩州到现在的龙岩市不过200年，龙岩话也属于闽南语系。新罗、漳平行政上虽不隶属于闽南，但从文化的空间来讲也属于闽南文化区域。

"浮滨文化"是闽南、粤东共有的一个地方性文化类型。汉初，南粤与闽越的分界在云霄与漳浦交界的盘陀岭。盘陀岭以南可称为"下漳州"，正是粤东与闽南最显而易见的不可分环节。

人们把厦漳泉闽南金三角称为闽南文化的核心区，把闽南、台湾，以及东南亚闽南华侨华裔聚居区称为闽南文化重要传播区，把潮汕、海南、雷州半岛、浙南、赣东称为泛闽南文化区域。语言学家将上述区域流行的方言统称为闽南方言。全世界使用闽南方言不少于7000万人。

现在即使小学生也知道，福建隔着台湾海峡，与台湾岛遥遥相对。两岸平均宽处不及200海里，狭处仅130海里左右。但地理教科书只讲今日的情况，忘了沧海桑田的变迁。

---
① 摘自威尔·杜兰特：《历史的教训》。

今日台湾海峡的水深最多只有80多米,最浅仅一二十米,大多在四五十米。在至今40000年前到15000年前的第4纪冰河期,海平面下降了100多米。也就是说,在这两三万年间,生活在这里的人类和动物是可以自由地从现在的闽南一直走到台湾的东海岸的。从考古的发现看,40000年前台湾有左镇人,闽南有莲花池山旧石器遗址。

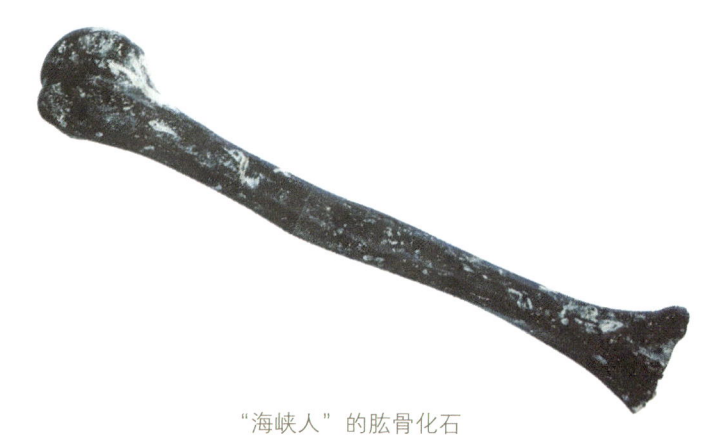

"海峡人"的肱骨化石

莲花池山遗址

金门复国墩遗址

在距今10000到15000年前,天气转暖,海冰融化,海平面开始回升。考古学家们认为台湾海峡的海平面至少有7次的海进海退,才在大致与今相同的水平线上稳定下来。在距今8500年至6000年之间发生了一次最大的所谓台南期海进海退,台湾海峡只留下狭窄的水道,可以轻易通过。当时海峡两岸的人可以使用最简单的木筏、独木舟跨越海峡。正是台湾海峡的地理状况使闽南的先民有了直扑大海、横渡海峡的勇气和信心,也使他们很早就掌握了海潮、海流、季风等海洋知识,并使他们驾驶着单边或双边的独木舟,在5000年前从台湾出发驶向南太平洋的诸多岛屿,成为人类走向海洋的先驱,也种下闽南文化的海洋基因。

因海而生

闽越先民使用的木船

厦港讨海人从台湾海峡捎回的独木舟

**延伸阅读：跨湖桥遗址独木舟**

跨湖桥文化遗址位于浙江省杭州市萧山区。2002年10月发现了距今7000—8000年的独木舟及相关遗迹。舟体尚存长度560厘米，残宽53厘米，采用整根马尾松凿挖而成，舟身纵向加工痕迹明显，这是我国迄今发现的最早且最长的独木舟出土文物。

浙江已发现3条保存较好的史前独木舟，是我国考古发现明确的史前独木舟的唯一省份。史前独木舟的发现，反映我国东南沿海地区的古百越先民是开发、利用、探索海洋的先行者。

跨湖桥遗址独木舟

因海而生

付巧妹团队关于闽南漳平奇和洞8000年前古人类化石基因与今南岛语族基因的遗传性,再次确认闽南先民是人类走向海洋的先驱。

漳平奇和洞

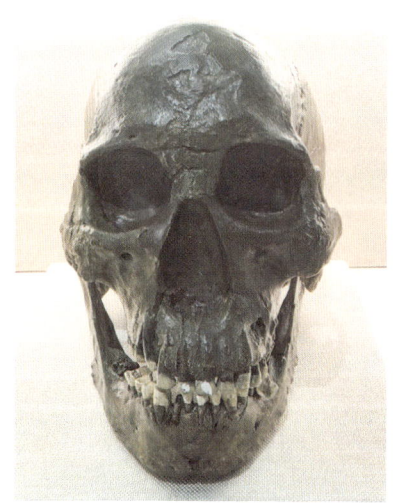

漳平奇和洞挖掘出的男性颅骨
(此为复制品)

### 人物介绍:付巧妹

付巧妹,中国科学院古脊椎动物与古人类研究所研究员、博士生导师。长期从事古遗传学研究,是国际古遗传学领域的领军科学家之一。

她的团队对闽南漳平奇和洞古人类化石展开研究。2020年和2021年,成功测序约8400年的奇和洞2号和约12000年的奇和洞3号基因组。研究表明,奇和洞个体与福建、台湾海峡部分个体同属"东亚古南方人群"。该人群与现今台湾高山族人群遗传关系最强,还与太平洋西南部古南岛语系人群相关。团队证实南岛语族起源于以中国大陆福建及其周边地区个体为代表的人群,时间可追溯至12000—8400年前。团队研究成果为人类演化及族群关系的研究提供依据。

中国著名的人类学家,厦门大学教授林惠祥先生最早提出了"武平式"史前文化,认为以"有段石锛"和印纹陶为特征的我国东南沿海地区是一个独立文化系统,其创造者是古代百越及其先民。

### 延伸阅读:大陆性文化与海洋文化

台湾凌纯声教授在《中国古代海洋文化与亚洲地中海》等文章中,将中国文化分为西部的大陆文化和东部的海洋文化两大类,它主要从当地族群角度,将西部华夏农业文明推为大陆性文化的主流,将东部沿海各族群先民的渔猎文化推为海洋文化主题,即"亚洲地中海文化圈",并以"**珠贝、舟楫、文身**"概括,区别于"**金玉、车马、衣冠**"的华夏大陆性文化。

### 延伸阅读:林惠祥与有段石锛

林惠祥(1901—1958),福建晋江县(今福建石狮市)人,著名人类学家、考古学家、民俗学家。1926年毕业于厦门大学历史社会学系,1931年受聘厦门大学历史社会学系人类学、社会学教授,先后出版《民俗学》《世界人种志》《文化人类学》《神话论》《中国民族史》等著作,奠定了其在中国人类学学科史上开创者和奠基者的重要地位。

林惠祥先生

石锛锛锋如凿,一面直一面斜。有段石锛在垂直一面分为两段,以便绑于树枝成为锄状,用于凿挖独木舟。林惠祥先生根据有段石锛的进化程度,判断其发源于中国东南,传于台湾地区,后传至南洋和太平洋,是史前中国东南海洋系文化。今天,考古学、语言学、基因学的研究,不断印证林先生的远见卓识。可惜,许多厦门人竟不知道。

有段石锛

厦大人类学博物馆

## 第二节 山畲水疍

20世纪70年代以后,闽南南安、诏安、平和等处发现了商周时期青铜器的墓葬和遗址,反映出闽南地区青铜文化鲜明的地域特色。

考古还发现这一时期的许多贝丘遗址,反映出青铜时代闽南沿海居民还是以海为生。或许,疍民就是他们的后代。

商周时期的石锛

### 延伸阅读:浮滨文化

浮滨文化是指分布于粤东、闽南区域内的一处以长颈大口尊、圈足豆、带流壶等釉陶器与直内戈、三角矛、凹刃锛等石器和少数几种青铜工具兵器为基本组合的考古学文化,是南方地区中受到中原商周文化强烈影响的早期青铜文化。

浮滨文化遗址的年代稍后于后山文化遗址,距今3400—2900年(相当于商代中后期到西周前期)。主要分布于榕江、韩江与闽南的九龙江、晋江流域,与现代闽南语系分布区域相同。

## 因海而生

　　蜑民古称"白水郎",或"泉郎"。他们生活在沿海和江河近海处,以船为家。他们的船头尾尖高,当中平阔,冲波逆浪都无畏惧,名曰"鸟了船"。蜑民堪称世界上最特殊的海洋民族,世代以船为家,以鱼为食,以海为生。任凭风狂雨骤,巨浪滔天,他们都能安之若素。他们从无畏惧胆寒。这种在与大自然伟力的抗争中养成的不畏强暴、敢于拼搏的精神,后来便在闽南人的血脉与灵魂中传承。

华安仙字潭(石壁上的符号为蜑民留下的字)

考古也发现,在这一时期,闽南内陆和闽西等地出现了以迁徙为特点的农耕文化。当地的人们在一块地的植被被破坏之后,又迁到新的地方垦种。福建内陆地区数以千计的青铜时代文明遗址,其生态环境均遭到严重破坏。这使人联想到刀耕火种的山畲。

延伸阅读:刀耕火种

早年畲族没有固定的农田,春天选择林木茂盛的山地放火燃烧,草木灰成为天然肥料;然后用刀在山地上挖洞,播下粮食种子任其自然生长,等到秋天返回收割。生产力十分低下。只需一两年,土地肥力下降,人们只好另寻他处重新烧荒。

关于畲族的来源有不同的说法,但刀耕火种被认定为其经济生活的特点。联系到福建青铜时代文化遗址生态环境被严重破坏,故畲族很可能在福建青铜时代就已经生活在这儿。

火田村古屋

光有闽南的山畲水疍,当然还不是今天意义的闽南人。闽南人是由山畲水疍和中原南来汉族的融合而产生的。闽南文化的孕育,与中原士民对闽南的开发是完全同步的。闽南文化就是中原文化随移民播迁闽南后,融合当地历史久远的山畲水疍文化而产生的。这就好像人一样,有母亲,还要有父亲。文化同样如此。只有美美与共,才能诞生新的、更加美好的文化。

住在江河之滨的疍民

以海为生的闽南人

自小就习惯海洋的闽南儿童

## 第三节　衣冠南渡

晋惠帝在位期间，政治腐败，八王战乱相继。诸王为权力而争斗，导致生灵涂炭，史称"永嘉之乱"。"八王之乱"导致西晋政权衰弱、社会经济残破，而"永嘉之乱"，则导致西晋灭亡。诸多史籍载"永嘉之乱后，中原士民多避乱南渡，八姓入闽"，即林、黄、陈、郑、詹、邱、何、胡。

中原士民第一次大规模开发闽南，从西晋末到南朝，甚至延伸到隋代、唐初计300多年。这是一个缓慢渐进的历史进程。带着经济、军事、政治、文化强势的中原氏族，必然与闽南本土的山畲水疍发生撞击与融合。

衣冠入闽族谱

他们之间的矛盾也是可以想象的，首先是土地的争夺。江河两岸水草丰美的地方被中原士民所抢占，畲族只得含恨退往内山，疍家也只好放弃靠泊的岸边，以船为家，顺江出海，寻找安全的港湾。

无论是一种文化到了新的地理环境，还是两种不同的文化相遇相撞，都会撞击孕育出一种具有新特征的文化，更何况两种情况同时发生。因此，永嘉之后中原士民定居闽南，当为闽南文化孕育的开始。

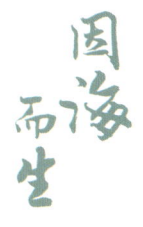

不过南来的中原士民充满文化的优越感,他们根本瞧不起山畲、水疍。由于没有土地的矛盾,中原士民和疍家彼此是你走你的阳关道,我过我的独木桥。疍家对中原来的移民多是敬而远之。但刀耕火种的山畲可就不一样了,都是靠土地吃饭,生命所据,寸土必争。绵延不绝的斗争就不可避免了。

唐总章二年(669),泉潮间发生"蛮獠啸乱"。当时福州叫泉州,就是说从福州到潮州之间发生了原住民的造反,规模浩大。造反的是山地的畲族,大本营就在今天漳州市云霄县的火田镇。《说文解字》称:"畲,火田也。"他们不断迁徙,不断放火烧山,对土地的需求大量且迫切。想必当时的官府和南来的中原士民的占地行为惹恼了他们,便揭竿而起。

云霄火田村的旧宅

畲族火田村的火字形马背

总领岭南军事的河东人陈政奉命率兵镇压,与造反的原住民展开了激烈的搏斗。敌众我寡,陈政退守九龙山,奏请增派援兵。

朝廷命陈政的二位哥哥中郎将怀远将军陈敏、右郎将云麾将军陈敷率87姓中原子弟五千兵马赴闽驰援。时年75岁的陈政母亲魏氏夫人,史称魏太母,俗称魏妈,见国家危难当头,毅然举家随军南征。

走到现浙江的江山,瘟疫流行,陈敏、陈敷两位将军和他们的两个儿子相继病逝。魏妈白发人送黑发人,悲伤无比,但她唯一剩下的小儿子还在前线,危在旦夕。老太太临危不惧,百岁挂帅,抬着两个儿子、两个孙子的棺材,牵着13岁的小孙子——陈政的儿子陈元光,挥泪指挥军队继续南下,日夜兼程,与小儿子陈政会师,率军反攻进击。造反的原住民无法和精锐的唐军抗衡,望风披靡。唐军夺取盘陀岭,进屯云霄镇,一直打到畲族的大本营火田村。

因海而生

陈政火田故居

此时畲族青壮非死伤即逃亡，留在大本营的都是老弱妇孺。而今唐军杀入，粮食被劫掠一空。古时候，战争中男人是被杀死的，而老弱病残则是饿死的，所谓"饿殍遍野"。

魏妈是一个值得闽南人纪念的人物。一方面，她不能不考虑所带来的五千兵丁，故必然会被要求常驻在闽南镇守。要让这些兵丁安心在此，必须让他们成家立业，方可长治久安。成家的对象只能是当地的好，因为不可能让大批北方妇女移居到此。另一方面，她也深知战争的残酷，深知眼前这些失去青壮男人的老弱妇幼，没有粮食，不出十天就会饿死。

老人家一面含泪落葬两个儿子两个孙子；一面忍着心中的悲痛，让陈政下令，不准杀火田的老弱妇孺，并命兵将向本地妇女提亲，与之结为连理。她找到部落长老，并跟他商讨，提出双方不仅不能

魏妈画像

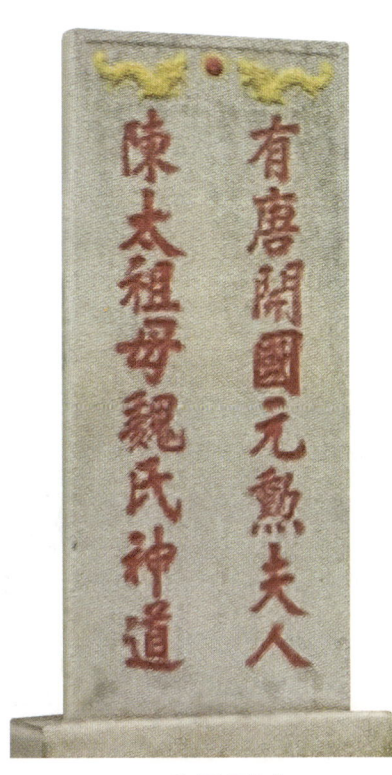

魏妈神道碑

再打仗,还要通婚,大家一起和平地过日子。所以闽南现在有三个习俗,传说便是当时由魏妈所定的。

一是闽南人父母过世,百日内儿女可以结婚。过了百日则不行,须待三年之后。据说,这是因为魏妈的两个儿子过世将近百日。

二是漳州人结婚,里面要穿一身的白衣,外面则穿一身红,新郎新娘都一样。据说是当时畲族妇女的丈夫、父兄战死,都穿着孝服;而唐军两个主帅葬礼,也都穿着孝服。都挂孝,如何结婚?故魏妈提出:男女都穿孝服,外面再穿上红衣结婚。于是,这个风俗便流传下来。

三是"天上雷公,地上母舅公"。母舅公就是女方的男长辈。胜利之师却让战败的畲族长老坐上座,以示对女方的尊重。这是多么了不起的化怨为和的心胸情怀!从此,闽南的婚宴上坐上座的不是父母和爷爷奶奶,而是舅舅、舅公。

位于云霄的魏妈纪念馆

云霄的陈政墓

这种化怨为和的精神,从此深深烙在闽南人的心中,深刻地影响了其后一千多年来闽南文化的发展和成熟。

仪凤二年(677)陈政病故,21岁的陈元光奉命代理父职。

第一章 闽南文化的孕育与诞生

云霄将军山公园

唐武后垂拱二年（686），朝廷应陈元光之请，正式设立漳州，并命其世镇此地，后世奉其为"开漳圣王"。陈元光此后带领随属的中原将吏卒在漳江、九龙江流域拓荒垦耕，开渠灌溉，运用中原的先进农耕技术发展生产，推动农业生产和社会经济走上初步发展的轨道，为后续的繁荣奠定了基础。此外，陈元光之子陈珦还创办了闽南第一个书院——松洲书院，传播文化知识，极大促进了当地的文化教育发展。

位于云霄的陈政、陈元光父子塑像

第一章 闽南文化的孕育与诞生

漳州松洲书院

漳州威惠庙

火田"军陂"

入选世界文化遗产的福建土楼，闽南人和客家人一度争议孰先孰后。现今云霄西林村尚存陈元光的点将台、烟墩（烽火台），皆为与土楼一样的夯土建筑，而今日河南固始有国家级文物保护单位——东周时期的"番国故城"。此为夯土建筑，夯窝清晰，层次分明。可见，正是陈元光把北方战国时期就十分成熟的夯土建筑技术带到了闽南。有兴趣的朋友不妨到云霄西林村看看。

云霄西林村点将台

河南固始的番国故城遗址（现为国家级文物）

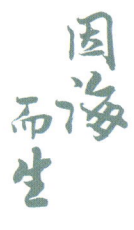

陈元光治理漳州34年,为漳州的长治久安开了一个好头。但是,文化的融合从来就不是一厢情愿的。景云二年(711),原住民首领蓝奉高率部突袭。陈元光仓促应战中被蓝所伤至亡,时年55岁,葬于云霄大崎原。

云霄大崎原

漳浦旧县衙

陈元光的儿子陈珦继任漳州刺史,率部歼灭了蓝奉高,为父亲报了仇。但他同时也发现云霄、火田、漳江四面都是仇恨的目光,在这里难以安居。开元四年(716),他把漳州州治迁移到了李澳川,即今日的漳浦县城。

70年后,贞元二年(786),漳州州治再迁龙溪(今天漳州市芗城区)。我们可以想见当年畲族为了土地为了生存,不息地反抗,使漳浦州治岁无宁日,逼着陈元光的子孙只好迁往龙溪。

当然这也是陈元光子孙高明的地方,退后一步天地宽。这种既镇压又让步的政策,保持了唐代闽南的安定与发展,也呈现出闽南文化对中华"和为贵"的传承,有饭大家吃,逼人不可太甚,给人留出路,让人有路可走。这种理念后来也深深地烙在闽南人的心中。

在晋江流域，中原士民与疍民也形成了各自生存的边界，和平相处。这样，到唐代晚期，闽南呈现出山地畲、海边疍，中原士民在最肥沃的河流冲击平原一起生活的格局，呈现出彼此边界明晰的"和为贵"的相对容忍与包容。

包容虽不是融合，不过在和平的包容中彼此可以平心静气地相互观察、了解，进而相互欣赏。这正是融合的开始。

当然，要让中原士民主动欣赏山畲、水疍，在一般的情况下是不可能的。他们有的只是相互的畏惧、忍让和期待对方的转变。这样，当然是不可能彼此相爱走入洞房，融合出新的生命来。

不过，历史总是充满了机遇。那个诞生新的生命、新的文化，锣鼓喧天，鞭炮齐鸣的日子，终于在唐末藩镇割据、军阀混战和黄巢血洗福建的历史背景下来到了。

## 第四节　闽南文化的诞生

北辰山俗称北山岩，在厦门市同安五显镇。同安俗称"先有北山，后有同安"。在北辰山脚下矗立着一座庙宇，称为广利庙。庙门正上方高悬着"开闽第一"的匾额。当地称北山宫，是祀奉开闽王王审知的庙宇。

北辰山

北辰山的广利庙

许多历史学家都指出，闽南文化是中原南来的农耕文化和当地疍家海洋文化的融合，同时也指出了这一融合的突变在唐末五代这一时期。但是，为什么中原士民南来，从晋到唐末600多年间都没有融合而成，而要到唐末五代才获得突变和大发展？获得突变的因素究竟是什么？

关键是双方都能够彼此平等相待，美人之美，了解对方之美，才可能有真正的美美与共。阻碍这种美人之美、美美融合的根本原因是文化心理，直到今天依然如此。

中原士民居高临下的文化傲慢使得融合的历史机遇姗姗来迟，摧毁中原士民傲慢的是北辰山的饥饿。

唐朝末年，藩镇割据，军阀混战。安徽人王绪起兵打下光州固始县，收留了固始县官吏王潮、王审邽、王审知三兄弟。这个只有五千兵马的小军阀，在势力更大的军阀逼近下，放弃光州，率兵带领固始官民百姓数万人随军南下。

河南固始王审知故居

北辰山王审知雕塑

但是一路南下，势如破竹，却找不到粮食，无法立足。这是因为黄巢起义军"杀人如艺"，对包括江西、福建在内的中国广大区域造成了极大的摧残。

中国历史上曾有多次残酷的战乱造成人口大灭绝。其中一次就是唐朝末年。唐玄宗天宝年间，有8000万丁，到了宋太祖时，只剩下500万。战争中，男丁充军，无人耕种，老弱妇孺，人相食，饿殍遍野。

唐僖宗光启元年（885），这支饥饿的队伍进入福建，攻陷漳州，一直来到泉州府同安县北辰山下，可是军粮断绝了。相传王绪下令，50岁以上的老人全部杀掉，充作军粮。

这支队伍从中州一路而来，早已饥肠辘辘。

王绪所率军民，以光州固始人居多，50岁以上的老人都是固始父老，这就意味着他们要杀掉自己的父母，所以他们坚决不干。王潮三兄弟在固始素有威望，他们下令在北辰山下的竹林中把王绪抓起来。

王潮三兄弟夺了军权，却没有夺得粮食，仍然要面对五千军队、数万老乡饥肠辘辘的生存问题。王潮决定，回归故土，由北辰山转道北上，走出福建。

就在这时，来了泉州人张延鲁。

原来，泉州百姓也处于水深火热之中。泉州刺史廖彦若借乱世之机横征暴敛，残忍无道，百姓饱受其苦。张延鲁和几位德高望重的泉州士绅匆忙赶到沙县拦住了王潮军队，向王潮敬献牛肉及美酒，并诉说了泉州地方的富饶和泉州刺史廖彦若的贪婪残暴，极力请求王潮回军解救泉州的百姓。

泉州有粮食！这就够了。泉州还有百姓拥戴，更是天赐良机。王潮立即率领人马回师围攻泉州。

然而泉州城坚兵强的状况超出了王潮的想象，况且王潮军久已饥肠辘辘体力不支，这一仗竟艰难地持续了一年，直到唐僖宗光启二年（886）八月，泉州守兵才放弃了抵抗。

位于泉州惠安县的王潮墓

这极其艰难困苦的一年正是中原士民与早先南来的士民及闽南山畲水疍同心协力共同战斗推翻共同敌人的一年。

这支以河南固始人为主的农民军，经过长期的流亡和作战，饥饿已经让他们身心俱疲，饥饿也彻底扫荡了中原文化的傲慢。当泉州父老奉上粮食时，他们内心的感激之情可以想象。

但是泉州的粮食大多已被搜刮在城中，王潮军加固始百姓共四五万人之多，怎够他们放开肚子吃饱饭？

这时，正是疍家的鱼、虾、螃蟹、海蛎等各种鲜美的海味救了他们。

泉州临江，在攻占泉州城战斗中，疍家的船只运载士兵和各种物资过江，夺取战斗的胜利。

因海而生

渔船

渔获

四角罾

他们对疍家充满了感激之情、兄弟之情、战友之情。他们切身体会和发现了疍家海洋文化的美和伟大。于是数百年的冲突、对峙，经过这一年共同的战斗，坚冰开始融化，情谊开始建立，文化开始融合。

这一次南来的中原士民以欣赏和喜悦的心情真正接纳了疍家，双方从此建立深厚情谊。

打下泉州后，王潮军民就以泉、漳为根据地，休养生息，安顿光州乡亲，授官安境，整整五年。他们同早年南下的士民一起真诚地向疍家学习渔捞和水产养殖的本领，学习造船和海上航行的本领；同时把中原的开矿冶铁的本领、各种木作工具和木匠工艺技术传给疍家。这种美美与共推动了"亦汉亦疍"的闽南文化的诞生。催生了闽南文化最鲜明独特的海洋性，让所有闽南人在其后的生活中不断地体会到海洋文化带给他们生活的富裕和文明的提升，从此永远心向海洋，成为闽南文化最核心的价值取向。

北辰山，这一个历史的转折，这一场敲响两种文化彼此交融的喧天锣鼓，将永远镌刻在闽南的历史中。

更加幸运的是，人类海洋文明历史的新高潮竟悄然钟情眷顾这一新生的闽南民系，为它安排了波澜壮阔的世界历史舞台。

# 第二章
# 闽南文化的形成与辉煌

## 第一节 人类海洋文明发展的高潮与机遇

### 一、五次高潮

人类海洋文明并非从500年前西方的大航海开始的。我们需要按照"长时段、全局性、动态性"的历史思维，站在人类走向海洋6000多年的历史中来观察闽南海洋文化的形成，观察中国的海洋文明。

人类已知的海洋历史告诉我们，6000多年来，人类走向海洋至少有5次高潮。

> **延伸阅读：海和洋**
>
> 海和洋是不同的概念。近陆为海，远海为洋。纵观全球，世界大洋分为太平洋、大西洋、印度洋、北冰洋和南大洋，其中有50多个边缘海、地中海。洋约占海洋总面积的89%，是整个海洋的主体，水深一般大于3000米；海约占海洋总面积的11%，是洋的附属部分，水深相对较浅，平均深度一般小于2000—3000米。

第一次。6000年前中国东南沿海古百越先民用独木舟、木筏横渡台湾海峡，成为今天高山族先人；其后在5000年前又开始从台湾穿越南中国海到东南亚和南太平洋群岛成为南岛语族先民。他们发明创造单边驾艇独木舟和双边独木舟在辽阔的太平洋远航；他们通过对星星和航流的认识，发明了极其惊人的远洋导航系统。他们是人类最早掌握远洋航行技术、走向海洋的族群。

单边双边独木舟

第二次。大约3000年前，即公元前1100年至公元前500年间，腓尼基人驾驶他们的帆船穿过地中海，出直布罗陀海峡到大西洋，沿着非洲大陆航行，开创了地中海的海洋贸易。后来罗马人的航海活动，正是从腓尼基人那里学习和借鉴。

腓尼基人的方形帆船

阿拉伯人的缝合平底船

第三次。大约1500年前，即公元7—8世纪，阿拉伯人用椰枣树纤维和海生藤壶连接船板制造的宽体帆船穿越印度洋，又穿过马六甲海峡来到东南亚和中国，开辟了印度洋和太平洋的海洋贸易，推动了中国海洋贸易的兴起。

第四次。大约1000年前,中国闽南人创造制作了有龙骨、水密隔舱、升降舵的福船,并借鉴学习了阿拉伯人的经验,开创了泉州刺桐港成为宋元中国世界海洋贸易中心。

闽南的福船

"南海Ⅰ号"

第五次。500年前西方大航海开始了经济全球化。

迄今为止,人类五次走向海洋的高潮,其中有两次源自中国这块土地。人类第四次走向海洋的高潮,即从唐末五代开始到宋元世界海洋贸易中心的刺桐港,这正是中国闽南人的伟大创造。

#### 延伸阅读：唐代阿拉伯沉船"黑石"号

1998年在印度尼西亚勿里洞岛附近海域发现唐代的阿拉伯沉船——"黑石"号。它是一艘阿拉伯风格的双桅或三桅帆船，这种船型在当时是阿拉伯商人远航的重要交通工具，见证了那个时代跨洋贸易的繁荣。

"黑石"号船体保存基本完整，采用绳索缝合捆扎船体。这种船体结构是典型的阿拉伯缝合船，制作船体时不使用铁钉。

"黑石"号的珍贵之处在于其装载的海量文物，总数超过6万件。瓷器是其中的大宗。引人注目的是55000余件的长沙窑瓷器，品类丰富，有碗、壶等，装饰有精美的彩绘、贴花和诗文，展现了唐代民间艺术的魅力与创造力。此外，还有越窑青瓷的优雅、白瓷的纯净、绿彩瓷器的艳丽以及罕见的唐代青花瓷，反映出唐代瓷器烧造的高超水平。

除瓷器外，船上还有金器11件、金箔2千克、鎏金银器约20件、银锭18件，这些金银器工艺精湛，造型融合了中西方元素。另外还有铜镜、漆器、石砚等文物，为研究唐代文化艺术、工艺技术提供了直接的实物资料。

"黑石"号及其所载文物，是古代海上丝绸之路贸易繁荣的有力见证。它勾勒出一幅公元9世纪中国与阿拉伯世界以及沿线各国之间频繁的贸易往来和文化交流图景，具有极其重要的历史、文化和艺术价值。

"黑石"号

但是，不能忘记的是阿拉伯人的东来推动了我们创造新的海洋文明的高潮。

## 二、历史机遇

阿拉伯人发明了远洋定位的星板；改进和完善了宽体的远洋木船的设计与建造技术，使船只能够承载更多的货物；改进了三角帆，使之能更好地利用多面来风。更重要的是，阿

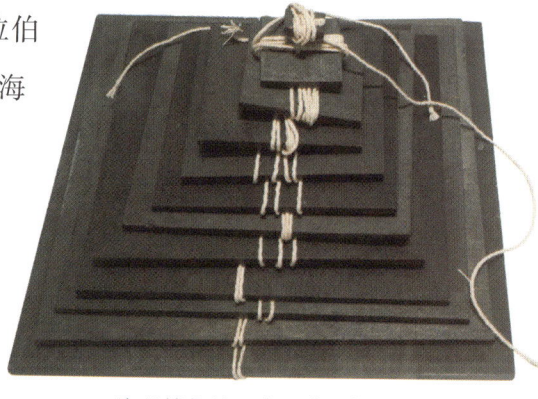

海丝博物馆展出的牵星板

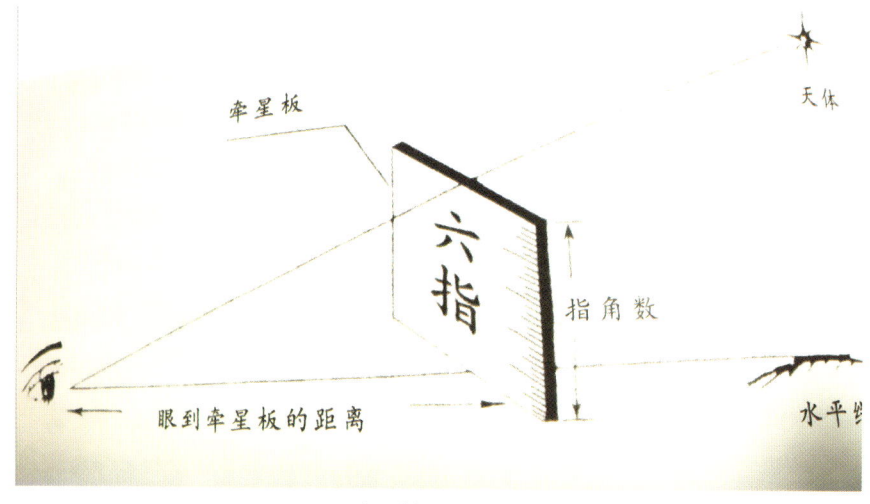

牵星板观星图

拉伯人开辟了从阿拉伯到欧洲广阔的市场，给中国带来了各种香料和奇珍异宝。

到武则天时，经商于广州、泉州、扬州的阿拉伯人已有数万人。从航路上看，广州离他们最近，广州港就成为以阿拉伯人为主的海上交通贸易最主要的港口。

但唐末的黄巢起义打破了这一格局。乾符六年（879），黄巢破广州，杀胡商十几万人，广州港元气大伤。其后的藩镇混战和五代

十国，广州与扬州、明州、登州一样，再不得安宁。这样从唐末始，阿拉伯人就把注意力都集中到了福建闽南。

其时统治闽南的王、留、陈集团正是紧紧地把握了这个历史的机遇，将中国与阿拉伯人贸易的中心从广州移到了泉州。闽南得天独厚的高岭土和铁矿，以及其烧制青白瓷和冶铁技艺又为阿拉伯商人准备了精美丰富、利润丰厚的海洋贸易商品。正是这个独特的历史机遇造就了唐末五代两宋闽南泉州港的兴起和闽南海洋文化的形成与鼎盛。

### 人物介绍：王延彬

王延彬（886—930），祖籍光州固始（今河南省固始县），生于泉州，王审邽长子。王延彬治理泉州长达20余年。在任泉州刺史期间，王延彬把目光、精力放在海洋贸易上。其主要贡献体现在推动闽南造船技艺、促进远洋航海技术的进步、促进远洋贸易的发展，以及推动农产品的商品化、市场化。王延彬治理泉州期间，"每发蛮舶，无失坠者"，这证明了闽南地区的造船技艺已有了很大的进步。

### 人物介绍：留从效

留从效（906—962），字符范，南安桃林场（今永春县桃城镇留安村）人。他统治闽南约27年。在全国性战乱中，他采取息兵安民、保守疆土的政策，灵活周旋于中原王朝及南唐之间，维护了泉、漳二州的相对安宁和繁荣。他推动了闽南海洋交通贸易，尤其对扩建泉州城、建设刺桐港有着不可磨灭的贡献。

### 人物介绍：陈洪进

陈洪进（914—985），仙游县人。早年应募从军，在留从效部属中屡立战功。留从效去世后，陈洪进逐步夺取政权，被南唐任命为清源军节度使，割据泉、漳二州。宋灭南汉、南唐后，太平兴国三年（978），陈洪进入朝献出泉、漳二郡一十四县，归顺宋朝。陈洪进在历史上对闽南地区贡献突出。政治上，他改革田赋，减轻百姓负担，稳定地方局势。经济上，他兴修水利，主持修筑晋江县陈埭，通过拦溪筑堤开渠灌溉，大大改善了农田水利条件，促进了农业发展。在贸易推动方面，他积极扩建泉州城，为泉州成为海上丝绸之路重要起点奠定了基础。

因海而生

"南海I号"发现的磁灶窑绿釉印花碟

"南海I号"发现的龙泉窑青釉碗

"南海I号"发现的大量瓷器

第二章 闽南文化的形成与辉煌

南宋青白釉可划花弦纹执壶
（现收藏于海南省博物馆）

宋代磁灶窑酱釉刻"明教会"碗
（晋江草庵摩尼教遗址出土）

潮州窑青釉鸳鸯形器

## 第二节　闽南海洋经济链的构建及特征

### 一、海洋经济链与海洋文化

海洋文化是人类在特定的时空范畴内、源于海洋而生成的文化。海洋文化的本质就是人与海洋的互动关系。按照马克思关于经济基础决定上层建筑的理论，人们利用海洋的经济方式，即人与海洋建立的经济链条、生产方式，产生了海洋文化。不同时期、不同地域的人们利用海洋的不同方式构筑的不同经济链条，必然诞生出不一样的海洋文化。可以说人类拥有共同的海洋知识，但人类创造的海洋文化则是丰富多彩、千差万别的。

所以要了解闽南文化的形成，必须首先了解闽南人是如何建构独特的闽南海洋经济链条的。

早前疍家所构筑的经济链条：鸟了船（夫妻小船）→捕鱼工具（钩钓、网）→渔获→食物或交换、滩涂或沙滩的捡拾或捕捉→工具（罾、蠔网等）→贝类、虾蟹类→食物或交换。

早前中原土民构建的海洋经济链则主要是晒盐，盐可自己食用或出售。

这两个都是农耕社会近海经济链，都附属于农耕文明的近海经济。在中国沿海地区都可见到"渔盐"之利，多数历史比闽南更为久远。

但真正海洋文明的价值是联通世界、互通有无的。物以稀为贵，使商品价值倍增的是远洋商贸经济链。

无论是历史还是今天，给人类带来最大利益、最多财富的远洋商贸经济链如下：进出口商品→港口城市→←远洋船舶→←远洋航海技术→←港口城市→←进出口商品。

这是不同于自给自足农耕文明的海洋商业文明。

## 二、海洋文明的标志与闽南海洋文化的特征

纵观人类在几千年来各个不同时期海洋文明高潮的创立,有四个共同的特点,并成为衡量海洋文明先进度的标准。

第一,航海的工具。无论是独木舟,闽南的福船,还是今天的远洋巨轮,它们都是人们走向海洋必不可少的工具,是海洋经济链条上不可或缺的一环。

第二,航海技术。无论是牵星图、水罗盘,还是今天的雷达、卫星导航;无论是划桨、扬帆,还是蒸汽轮机、核动力,都是走向海洋必不可少的技术。

第三,港口码头。哪个港湾最平静安全,可以方便地靠泊,可以集中最多的商品?从哪个港湾出发可以更快地驶入海流,迎候到季风的吹送,更快更安全地驶向远方?这些都是需要考虑的。

第四,商品。当今世界商品贸易物流中,有90%以上是海运。海洋是人类物资交流最廉价的通道。在航海贸易中,商品正是通过海洋开展交换才实现和提升了它们的价值。在海洋经济链条中,海洋贸易的商

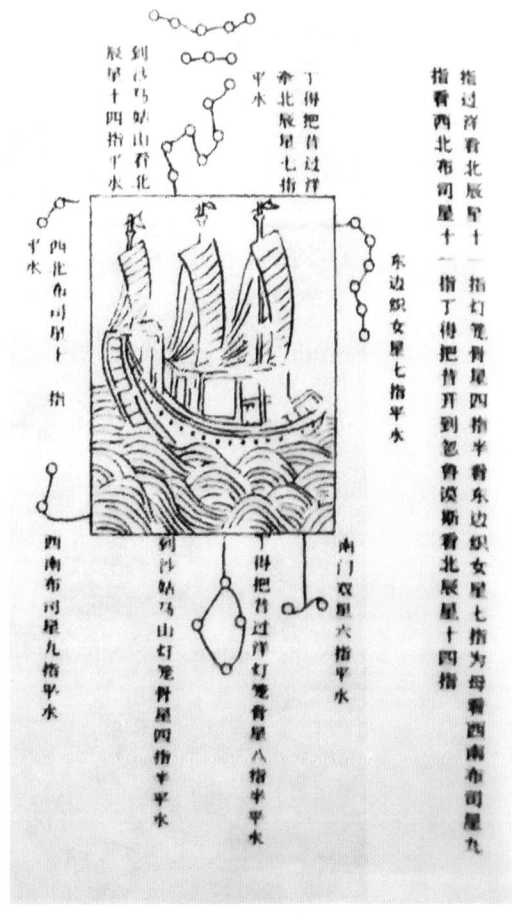

《武备志》航海牵星图

品是极其重要的一环。有人认为,闽南有海洋文明,也有农耕文明。闽南农民种甘蔗、种茶、种水果,不是为了自给自足。他们生产的甘蔗、茶叶等等,不是用来自己享用的,而是作为海洋商贸的商品,

是海洋经济链重要的一环。他们属于海洋文明，而不是自给自足的农耕文明。

回望历史，因何"通洋富国裕民"？其中一个原因是中国人创造和生产了外国没有的丝绸、瓷器、茶叶、糖等。这些东西在中国本土价值为1，销往南洋、西亚、北非及欧洲则价值倍增为10，带来了可观的利润。

龙眼干灶

全世界在新石器时代都会烧陶，只有中国人在2000年前把陶烧成了瓷。瓷器的英文就叫China。瓷器代表了中国。人无我有，在给商品的定价上，中国人占了很大的话语权。但中国人很聪明，目光长远，知道做生意必须童叟无欺。他们让出利润来给阿拉伯人，让阿拉伯人将商品卖到欧洲，也可以从中大赚一笔。这就是闽南人的"有钱大家赚"的理念，也是中国人的双赢、多赢的理念。这是中国海洋文化与西方海洋文化的根本区别。西方从大航海开始的海洋文化，也可以说是海盗文化，他们空手套白狼，充满着殖民与掠夺，怎么会有双赢？

以海引陆，以海商引领先进的农业、精美手工业商品，开展多赢的世界性海洋商贸。这正是闽南海洋文化，也是中国海洋文明最典型的特征。

南宋圆漆盒

南宋雕刻精美的三层漆盒（组图）

因海而生

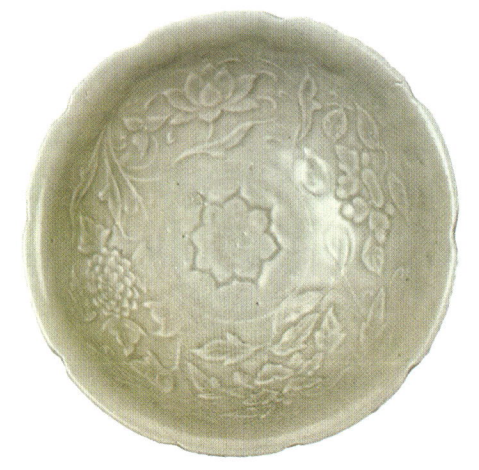

南宋青釉印花纹碗

南宋青白釉花口瓶

### 三、闽南海洋经济链的构建

1. 商品。

从唐末五代始，闽南人所建构的海洋经济链条与在闽南遍地开花的青白瓷密切相关。

青瓷是唐宋闽南陶瓷生产的最大宗产品。王延彬为促进瓷器外销，曾派其部属李文兴前往安海湾北岸建瓷窑，将其所制成品就近装船出海。

考古发现的海沧祥露窑、许厝窑等大窑场遗址，是福建发掘的唐五代时期极具代表性的窑场遗址，面积规模相当宏大。由此可侧面展示出，唐五代时期闽南陶瓷业的繁荣规模。

福建泉州永春出土的唐代瓷器

**延伸阅读：珠光青瓷**

汀溪窑位于厦门同安汀溪镇汀溪水库内，其典型器为刻划卷草篦点纹的青黄釉碗。这类碗因受日本高僧珠光（1422—1502）的喜爱，而被日本学者称为"珠光青瓷"，且在日本镰仓时期（1192—1333）诸多遗址中被发现，1956年故宫博物院陈万里首次发现并证实厦门同安汀溪窑即珠光青瓷的产地。此后类似风格的青瓷在闽南及福建其他窑址亦相继被发现，陶瓷界遂将同安窑系青瓷与珠光青瓷并称。2010年，汀溪窑青黄釉碗烧制技艺被列入福建省非物质文化遗产名录。

青釉刻花碗

汀溪窑复原场景

此外，还有棉布、丝绸、铁器、水果等等。

王延彬大力推动外贸商品生产，造大船载运出口，换回来可进贡可卖钱的香料等宝贝。闽南在这个时候富裕起来，众人称王延彬为"招宝侍郎"。闽南成规模的海上丝绸之路，正是从王延彬开始。

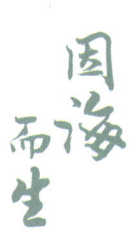

宋代黑釉盏

南宋褐色牡丹纹印金彩绘花边罗无袖单衣

南宋褐色罗镶彩绘花边广袖袍

南宋褐色罗印花褶裥裙

2. 造船技术。

龙骨和水密隔舱是闽南人在五代的伟大创造。

中国造船的历史悠久。汉朝的楼船，高达十余丈，最大可承载3000名士兵。但是，楼船船底为平底，在江河行驶，虽可以避免搁浅，可若遇上狂风巨浪，就如同纸船。

闽南宋代尖底海船甲板平整，船舷下削如刃，船的横断面为V形，尖底船下设置贯通首尾的龙骨，用来支撑船身，使船只更坚固，同时吃水深，抗御风浪能力十分强。欧洲船只于19世纪初才开始采用这种龙骨结构，比中国晚了数百年。

龙骨示意图

龙骨首先出现在闽南宋代的福船上，是在五代宋初由中原南来的士民与闽南疍家共同创造的。人们推测是受闽南疍家两头翘

起的"鸟了船"的启示,但也有可能在"鸟了船"上就有最原始的龙骨。

水密隔舱就是用隔舱把船舱分成彼此独立且不透水的一个个舱区,具有提高船舶的抗沉性能、便于货物分舱管理、增加船体的强度与刚度,以及作为船壳板弯曲的支撑点等多方面的优越性。水密隔舱大约发明于唐代,有扬州发掘的唐代沉船为证。但它是平底的内河船,其隔舱制作工艺也和宋船不能相比。有人推断它是由唐末五代南来的固始工匠引入的。固始工匠与疍家的造船师傅相互切磋,在共同的造船实践中相互启迪,相互学习,将隔舱技术与龙骨相结合,龙骨成为脊柱,隔舱成为肋骨,组成了坚固的海船结构。

宋船制作示意图

几百年以后西方才学会了水密隔舱制作技艺。1795年,英国海军第一次采用水密隔舱技术建造新型军舰。此后,水密隔舱技术逐渐被世界各国造船界普遍采用。至今,水密隔舱仍是船舶设计中重要的结构形式。

2010年，中国水密隔舱福船制造技艺被列入联合国教科文组织"急需保护的非物质文化遗产名录"。

从历史记载可以推断，这项技术应用于闽南海舶的时间上限，应当在王审知早期进贡船舶"十之四五坏失"之后，下限则是在"招宝侍郎"王延彬出海船队"从无坏失"之前。没有这两项技术的应用，难以想象王延彬的出海船队可以"从无坏失"。

福船超越阿拉伯人的创造性还有铁钉和桐油的应用。

南宋周去非所著的《岭外代答》这样描述：广东的广船"难得铁钉、桐油，造船皆空板穿藤约束而成。于藤缝中，以海上所生茜草，干而窒之，遇水则涨，舟为之不漏矣"。这种技术是向阿拉伯人学来的。而闽南所造的福船，板与板之间是以铁钉铆合的，并以桐油灰填缝，滴水不漏，坚固无比。所以，宋人说"故海舟以福建为上，广东船次之，温、明船又次之"。

宋代的福船

南来汉人与山畲水疍的美美与共,极大地提升了闽南造船的技艺,也推动了人类海洋文明跃上新台阶。

3.远洋航海技术。

"南海Ⅰ号"发现了水罗盘,这证实闽南宋船不但有牵星术,而且有水罗盘。

泉州海丝博物馆展示的水罗盘

指南针是中国古代的发明,中原士民南迁,将此技术带到了闽南。从罗盘到水罗盘的改革创新,推动了五代闽南航海技术的巨大发展。这是五代到宋闽南行船人了不起的创造。

4.海港城市。

港口码头是海与陆的聚会处,海陆商品聚会形成了市。安全第一,没有"城"来保护,这个"市"是无法存在的。所以港、市、城三者不可分。

泉州的安平桥（建于南宋时期）

安平桥公园外建桥石刻

安平桥上界碑

### 延伸阅读：安平古桥

安平桥，俗称五里桥，位于晋江市安海镇西畔，是一座横跨安海湾通往南安水头的梁式长桥，保持中国桥梁长度纪录共800多年。宋时，该桥为世界上最长的石桥，故有"天下无桥长此桥"之誉。安平桥始建于南宋绍兴八年（1138），由僧人祖派主持，黄护与僧智渊捐款倡建，但因工程浩大，未能完成。绍兴二十一年（1151），郡守赵令衿到泉州上任，后主持续建，又经一年全桥竣工。

桥建成后，各地商旅船只汇聚于此，商业日益发达，庄稼年年丰收，百姓安居乐业，这座桥就被称作"安平桥"。因为桥长五里，又俗称为"五里桥"。

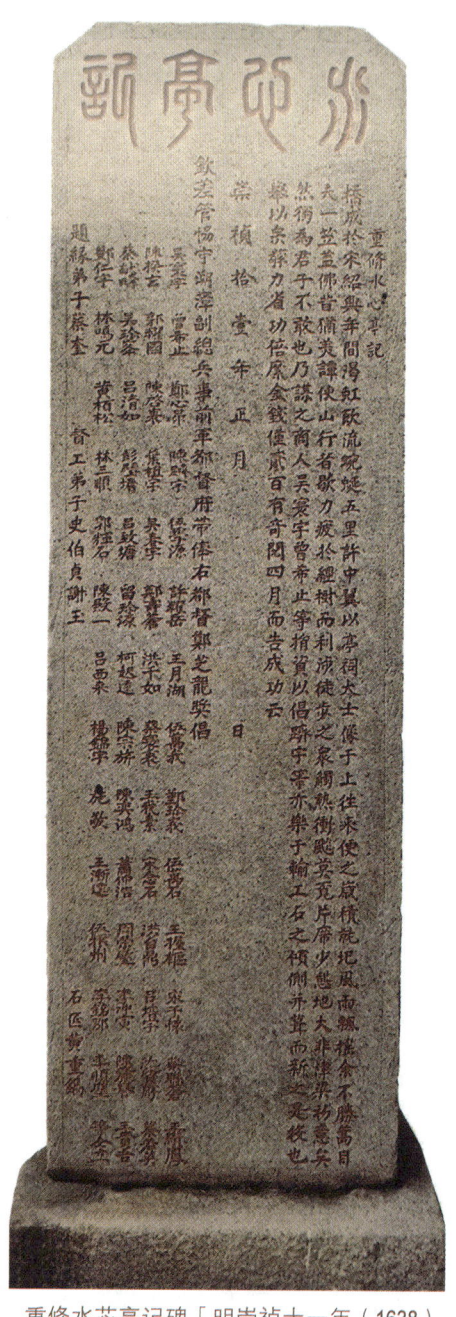

重修水芯亭记碑［明崇祯十一年（1638）郑芝龙倡修安平桥和水心亭］

## 延伸阅读：洛阳桥（万安桥）

洛阳桥，又名万安桥，是现存最早的跨海梁式石桥，素有"海内第一桥"之誉，是古代"四大名桥"之一。双向筏形桥墩，具有交通通行和生活联络功能。宋时，泉州港内帆樯林立，百舸争流，中外商贾熙来攘往，可位于泉州城西北20里处的交通要冲万安渡却"水阔五里，上接大溪，外即海也，每风潮交作，数日不可渡"，每年在这里因沉舟而死难者无数，商旅"往来畏其险"。没有安全通行保障的万安渡，已经成了泉州经济进一步发展的"绊脚石"。从宋庆历年间（1041—1048）起，泉州的一些有识之士已开始在万安渡上筹建洛阳桥，但几次都无果而终。后由蔡襄在嘉祐四年（1059）十二月建成该桥，历时六年八个月。洛阳桥在建桥技术上有许多重大成就，其中最重要的有三样，即"筏基础"法、"种蛎固础"法和"浮运悬机架桥"法。洛阳桥建成后，"度实支海，去舟而徙，易危而安，民不莫利"，大大方便行人交通往来，有力促进了南北经济的交流。

北宋建造的万安桥（现名"洛阳桥"）

泉州城刺桐港的开发建设贡献最大的当推五代第二位闽南领袖——留从效。

泉州城建于唐代,唐天祐二年(905)王延彬拓展了一次。

后晋开运年间留从效扩建泉州城,周约20里,城市面积约扩大7倍。新开的街路既宽又长,货物运转更加方便。

宋船出土遗址(黑色沙石位置)

留从效又在城市周边种植刺桐树,泉州始有"刺桐港""刺桐城"之称。

他倡导在城外短期搭盖"栈房"(仓库)和"客栈"(旅社),称"云栈"。因为码头都在城外江边或海边,货物只能卸在码头边,也不可能马上运走,需要防晒挡雨的临时货栈。闽南的潮水为"半日潮",若潮水在夜里满潮,船必须跟着潮水进来。而天没亮谁也进不了城,尤其是外国的商人和他们的货物,没有验明正身,没有验明货品质量和数量、缴纳税金,是不能进城的。这时当然要有货栈。

清代郊商郊行指的就是做海上贸易的大批发商。许多人都搞不清楚为什么叫郊商。实际上五代城郊经营海贸的批发商已经明确了"郊商"的含义。

海商和他们的货物像云一样飘来又飘去。每年四五月西南季风起,海舶入刺桐港,卸下番货,堆在云栈。然后收购泉州的丝、瓷、铁、茶、果,运到云栈准备装船。9月东北季风起,船去栈空,就要拆掉,随风飘走。

留从效发明倡导"云栈",方便客商,堪称推动海洋贸易运营的创新发明。

宋代漆盒

泉州九日山祈风石刻

### 延伸阅读:季风吹出的南洋番客

东南沿海的季风气候是泉州港得天独厚的自然条件。在位于福建省南安市丰州镇的九日山摩崖祈风石刻中,明确记有于夏四月和冬十月"舶司岁两祈风"的事实。

在木帆船时代,人们要远洋航行,必须借助风力。一次远洋航海少则一年,多则数年,甚至数十年。茫茫大海上的安危祸福也多半与风有关。闽南地区濒临海洋,季风为古代闽南的海上贸易提供了重要的动力条件。闽南的船只,每年9月乘东北季风而去,要等到隔年四五月的西南季风才能归来,因此说"季风吹出的华侨"。

总之,在五代三个治理闽南的海商集团推动下,闽南的经济文化获得巨大的发展,人口在陈洪进时(978)达15万户,比唐元和时约增加3倍。他们同时推动了中国海洋文明从依附于农耕文明渔盐之利的原始状态,通过创造性转化,进入到以海引陆、自成体系的远洋商贸海洋文明。其多赢的理念,独具中国海洋文化的特色。造船、航海技术、港口城市建设和先进海洋贸易商品的创造创新,代表中国引领了人类走向海洋的第四次高潮。

**延伸阅读:南外宗正司**

南外宗正司为宋代管理皇族宗室事务的重要机构,北宋初期设于南京应天府,靖康之难后,随宋室南迁,后于建炎三年(1129)十二月迁至泉州。泉州在当时素有"富郡""乐郡"之称,"田赋足登,舶货充足",海外贸易发达,有足够的经济实力满足赵氏皇族在物质方面的需求。泉州坐拥优良港口,便于宗室成员与外界的联系,尤其是与临安朝廷的沟通,极大促进了海外贸易的开展。这对于重视商业利益的赵氏皇族具有很大吸引力。

在泉州的宗室子弟初期仅349人,其后日益蕃衍,至庆元间(1195—1200)则在院宗室人数有1300余人,外居者440余人;至绍定年间(1228—1233),则在院者1427人,外居者887人。后被元兵所毁。

南外宗正司遗址

# 第三章
# 闽南文化的灾难与成熟

## 第一节　元代刺桐港的辉煌和闽南人的灾难

蒲寿庚在元兵南下时降元，使泉州港免遭战火毁灭，海上丝绸之路得以继续发展，为泉州港在元代成为世界最大的商港之一奠定了基础。元代泉州的海上交通与经济的发达也达到了最高峰。

### 人物介绍：蒲寿庚

蒲寿庚，生卒不详，又称蒲受畊，号海云，原籍阿拉伯，蒲开宗之子，中国宋元时期著名穆斯林海商、政治家、军事家。他在泉州做生意，几乎垄断整个东南沿海的货物交易业务，宋末任提举泉州市舶30年。

蒲寿庚画像

因海而生

刺桐港"迎番货"盛况

元人汪大渊在《岛夷志略》记载，当时泉州与海外100多个国家和地区有贸易交往，涵盖了亚洲、非洲和澳大利亚，地跨印度洋和太平洋。

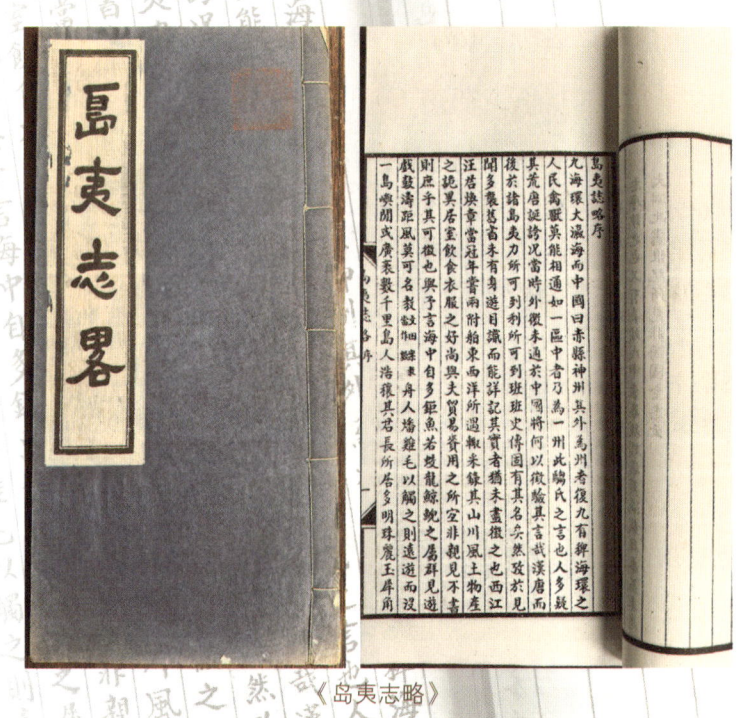

《岛夷志略》

## 人物介绍：汪大渊

汪大渊（1311—？），字焕章，江西南昌人，元代著名旅行家，被西方学者誉为"东方的马可•波罗"。1330年，年仅20岁的汪大渊从泉州出海远航，途经海南岛、东南亚各国到达埃及等地，并横渡地中海到摩洛哥，再回到埃及，出红海到索里马、莫桑比克，横渡印度洋回到斯里兰卡、苏门答腊、爪哇，经加里曼丹、菲律宾返回泉州，前后历时5年。1337年，汪大渊再次出航，用了两年的时间，到达了南洋群岛、阿拉伯海、波斯湾、红海、地中海、非洲的莫桑比克海峡等地。

此后，汪大渊将两次航行的经历编撰成书，著成《岛夷志略》。汪大渊在书中，以纪实体裁，详细记录了100多个国家和地区的疆域地名、风土人情，内容翔实，引人入胜。同时，《岛夷志略》还为后人研究古代航海交通、对外关系、西域南海物产和民俗学提供了宝贵的参考资料。

泉州法石港马可波•罗雕像

## 人物介绍：马可•波罗

马可•波罗（约1254—1324），意大利旅行家。1271年，17岁的马可•波罗跟着父亲和叔叔一路向东，花了整整四年的时间到达元大都。元世祖忽必烈热情接待了他们，并与他们建立了深厚友谊。因此马可•波罗开始在中原大地上游历，感受中原的辽阔与神奇，并且做了元廷的官员。1289年，波斯国王阿鲁浑派出三位专使前往元廷求婚。忽必烈选定阔阔真公主出嫁，马可•波罗趁机向忽必烈大汗请求参与护送任务，在完成使命后，他顺路归国。

后来威尼斯与热那亚爆发海战，马可•波罗参与战斗，不幸被俘。他在狱中口述东方见闻，由同狱比萨人鲁思梯谦笔录成书，写成《马可•波罗游记》。书中描写当时的泉州港："此城为世界最大良港之一，商人商货聚积之多，几难信有其事。"此书刊行后，引起了欧洲人对东方的向往，对之后新航路的开辟产生了巨大的影响。

但是，元朝统治者对不同民族实行差别对待政策，使闽南文化不但没有与经济再同步发展，反而遭到了很大的摧残。

长期以来，一些基本固化的思维限制了我们对宋元之交闽南的文化变迁和元代经济社会文化的思考。

元青花瓷

元白釉粉盒

第三章 闽南文化的灾难与成熟

过去认为，蒲寿庚降元，免除了闽南泉州港的战乱兵祸，又得到元朝统治者的重用，士农工商除了士族归隐乡里或跟随宋帝南移外，其他百姓大多操持旧业，泉州在海上贸易的经济链条仍然保存完好。

龙泉窑如意耳长颈瓶（一对）

元铅釉牡丹瓶
（福建磁灶窑）

现在看，这样的观点很片面！元朝统治者实施的不同民族的差别对待政策剥夺走了闽南底层百姓赖以为生的闽南农产品和手工业品的商品化生产及其辉煌的文化创造力，摧毁了宋代建构的闽南海洋经济链。闽南，乃至福建支撑海洋贸易商品的农业手工业商品社会已经崩塌。

61

支撑元代泉州刺桐港进一步发展的，是元代结束了多年南北分裂割据的局面，极大地促进了中国内陆漕运的发展，使泉州港的腹地延伸到了全中国，出口的商品来源于全国各地最优秀精美的农产品和手工业品。

元龙泉窑粉青釉模印菊花纹高足杯

元龙泉窑青釉香薰

元代出口的瓷器是江西的元青花、浙江龙泉青瓷,闽南的青白瓷已经退居末位。

在广阔的内陆手工业的支撑下,刺桐港成了当时世界最大的贸易港口。

第三章 闽南文化的灾难与成熟

元龙泉窑净瓶

元青白釉印花双凤纹斗笠碗

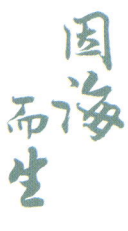

泉州市舶司遗址

但这个港口最富有的是色目人,最有权势的是蒙古人。元朝统治者剥夺了闽南百姓走向海洋的主导权和以自己勤劳智慧的农产品、手工业品参与海洋经济链条的权利(以下是志书记载的宋元期间福建人口、户数的变化)。

| 人口、户数 | 宋末 | 元末 | 下降数 | 下降幅度 |
| --- | --- | --- | --- | --- |
| 泉州人数(万人) | 132.99 | 45.55 | 87.44 | 65.7% |
| 泉州户数(户) | 255758 | 89060 | 166698 | 65.2% |
| 漳州户数(户) | 112014 | 21695 | 90319 | 80.6% |
| 福建户数(户) | 1599214 | 700817 | 898397 | 56.2% |

注:泉州元末45.55万人中包含20多万色目人。

综上所述,入元以后泉漳人口以惊人的速度在衰减。泉州从133万人左右减到45万人左右,还有一半是外来的蒙古人和色目人。其时闽南人的悲惨可想而知。

元初的福建到处是断墙残壁，人烟稀少，满目苍凉，泉州也没有例外。这里有蒲寿庚的哥哥蒲寿宬《郊行有感》诗为证：

鸡犬不鸣何处村？颓檐破壁问谁门？
蓬蒿满地田园在，瓦砾如山井臼存。
青草骷髅疑是梦，白头老父泣无言。
咨谘邻旧多为鬼，倚杖徘徊堪断魂。

当时各民族依贵贱被分四等，即蒙古人、色目人、汉人、南人。闽南人属最底层的南人。

当时的泉州是全国最繁华的城市之一，但绝大多数财富都集中在控制海上交通贸易的色目人手中。最著名的就是蒲寿庚家族，蒲家花园几乎占了半个泉州市区。

**人物介绍：蒲寿宬**

蒲寿宬，字镜泉，号心泉，宋泉州市舶司蒲寿庚之兄，曾任梅州知州，是一位深受儒家文化濡染的穆斯林诗人。元初，隐居于泉州法石山，谙音律，著有《心泉学诗稿》。

如今的棋盘园（位于民权路与东鲁巷之间，南起迎津街，与灵慈街相交，北抵涂门街）

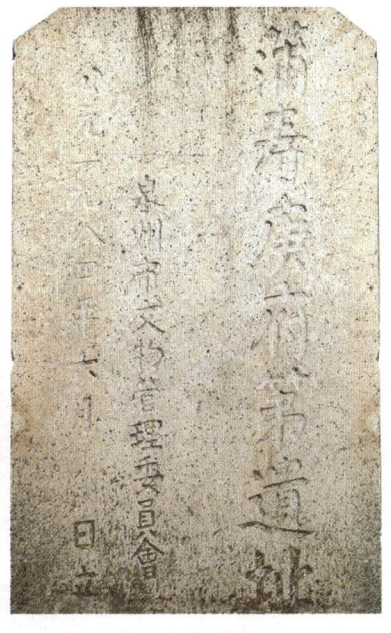

蒲寿庚府第遗址

闽南文化在社会的最底层挣扎呻吟。从现存的元代文物看,闽南人在这90多年时间里,已经没有超越宋代的文化创造,但外来文化落地播传却是另一番景象。例如元代两次重修的伊斯兰教清净寺,基督教派的石刻、墓碑,天主教的十字架,印度教的"番佛寺"遗物,摩尼教的浮雕等等。(泉州晋江草庵为中国仅存完整的摩尼教遗址,摩尼教在我国旧称"明教"。)

清净寺

清净寺奉天坛(我国现存最早的伊斯兰教建筑遗迹之一)

泉州晋江草庵

晋江草庵摩尼光佛造像

因海而生

元基督教尖拱形四翼天使石刻

元须弥座祭坛式墓垛石

泉州灵山伊斯兰教圣墓(我国现存最古老、最完好的伊斯兰教圣迹)

一面是海洋经济贸易的高度发达,一面是闽南百姓的水深火热。这种畸形的发展状态,深刻影响了闽南文化之后的曲折走向。

## 第二节　刺桐港的衰亡

元末，泉州的"亦思巴奚兵乱"使刺桐港名存实亡。

红巾军征战石刻图

### 延伸阅读：亦思巴奚战乱

元朝末年的1357年至1366年间，在泉州发生了一场长达近十年的以波斯人军队亦思巴奚军为主的军阀混战，史称"亦思巴奚战乱"或"亦思巴奚兵乱"。

宋代为了管理蕃人聚居区域，"置蕃长一人"，由蕃商自己选出，来自中东的商人将蕃长称为"亦思巴奚"。元代泉州的这场动乱由当时来自中东不同地方的蕃长为争夺泉州港的利益而发起，故称"亦思巴奚战乱"。

从至正十七年（1357）至二十六年（1366）的亦思巴奚兵乱，其背后有着复杂的政治、经济等因素。他们企图控制泉州地区的权力和利益，争夺泉州港巨额的课税和舶来商品，反复厮杀，长达十年之久。兵过之处，劫掠屠城，生灵涂炭，城街为墟。泉州遭此十年兵灾，文化所受摧残程度，可想而知。

由于亦思巴奚无恶不作，引起了泉州以及闽南一带百姓对统治者的怨恨，其复仇对象都是掌握了政治、经济、外贸、交通等命脉的外族权贵和商贾。万幸而未被抄杀的蒙古人与色目人不是一去不返，便是改名换姓逃匿深山。著名蒲氏家幸存者举族迁居晋江东石。东石仍无法安居，只好再迁安、永、德山区。家产、海舶则不用说，已是荡然无存了。

复仇狂潮喧传于海外，开始禁止阿拉伯商人东来。入明以后，一切蕃商贡使，甚至因仰慕中华而前来访问的两位国王，都像惊弓之鸟，不敢在刺桐港登陆。这种情况对泉州的海运、外贸、经济当然会有巨大的影响，刺桐港已经名存实亡。

不过，这只是它衰落的原因之一，更重要的是由于明代的朝贡和海禁政策。

洪武初年，明朝设广州、泉州、宁波三处市舶司，专管贡船招谕诸国入贡。泉州只能通琉球，宁波通日本，广州通占城、真腊、暹罗诸国。在朝贡贸易中，贡品只能送给朝廷，明廷再赐中国的产品给朝贡国。朝廷完全垄断对外贸易，不允许任何民间私人贸易的存在。

为了减轻朝贡贸易的负担，出使的兵士和官员也可以在贡船搭载一定限额的货物参与民间的贸易，此为互市。除了贡船，民间的海上交通贸易完全禁止。

闽南百姓依海为生，何况明初的社会生产发展迅速，大量的商品非贸易不能获利，于是他们抓住贡船夹带互市的空子，通过贿赂大量超限夹带和申请增加朝贡次数。

洪武七年（1374），民间私人贸易被发现，朱元璋索性撤销市舶司，下诏"寸板不许下海"。

明成祖上台后，一度放宽了海禁，允许私商贸易，但需抽取极高的税利。同时，他动用国家力量，派遣郑和下西洋，组织兵力货物开展朝贡贸易。郑和的水手中大部分是闽南人，他的副手王景弘就是闽南漳平人。

**人物介绍：郑和**

郑和（1371—1433），本姓马，小字三保，别名马三保、三宝太监，回族，云南昆阳（今昆明晋宁）人，明成祖朱棣的内宫太监，是明代伟大的航海家。从永乐初年起，郑和按照明成祖朱棣的安排转向航海事业。从明永乐三年（1405）起，郑和先后率领庞大船队七下西洋，经东南亚、印度洋远航亚非地区，最远到达红海和非洲东海岸，其航海活动经历37个国家和地区，航海足迹遍及亚、非。宣德八年（1433），他在归途中客死古里（今印度南部西海岸）。

马六甲艺术馆的郑和雕塑

永乐五年（1407），明成祖朱棣颁发关于保护伊斯兰教徒米里的诏令。他颁发的保护伊斯兰教和清净寺的《敕谕》碑刻，至今完好无损地嵌置于泉州清净寺的北墙壁上。

《敕谕》

宣德六年（1431），郑和、王景弘第七次奉命下西洋，五月沿闽江而上抵达南平镇，铸青铜钟布施于寺庙，祈求出海航行平安。铜钟铭文："永远长生供养，祈保西洋往返平安吉祥如意者。大明宣德六年岁次辛亥仲夏吉日，太监郑和、王景弘等同官军人等，发心铸造铜钟一口。"

郑和、王景弘所铸铜钟

郑和（左）、王景弘（右）雕像

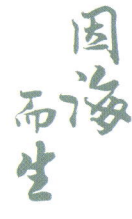

### 人物介绍：王景弘

王景弘（1369—1437），闽南漳平人，我国航海史上杰出的航海家、外交家和军事家。从明永乐三年（1405）至宣德九年（1434）的29年间，他与郑和同为正使，先后七次率领庞大船队下西洋；明宣德八年（1433），在第七次下西洋返航途中，郑和在古里去世，王景弘独率船队回国。次年，王景弘又奉旨第八次出使西洋。王景弘和郑和一样是世界航海史上的伟大先驱，他们的航行铺就了海上丝绸之路，促进了中国与亚洲、非洲之间的经济、文化、科技交流。

位于漳平市的景弘公园

郑和下西洋对传播中华文化和推动中华海洋文明的发展有深远的意义，他于第七次下西洋前在长乐南山天妃宫立碑中记载下西洋的目的："宣德化而柔远人也"。这种不掠夺、不殖民，倡导和平相处的行为，确立了中国的和平的形象，对从太平洋到印度洋沿线国家的影响极为深远。

第三章 闽南文化的灾难与成熟

郑和宝船模型

南京时代宝船厂六作塘遗址图

75

长乐《天妃灵应之记》碑（俗称郑和碑）

明巡海大臣像

明"三保大人"铁刀

郑和团队带去大量瓷器，以德化窑生产的白瓷和景德镇窑生产的青花瓷为最，成为主要的赏赐品。

明德化窑印花双螭耳炉

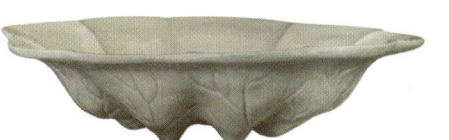
明德化窑荷叶洗

明德化窑堆贴梅鹿高足杯

德化窑白釉福德正神坐像

德化窑寿星

　　为了表示天朝的富庶和恩惠，朝廷往往用高于外国贡品价值的物品或钱钞赐给外国贡使，这完全是亏本生意。这种厚往薄来的贸易造成了很大的经济压力。宣德以后，朝廷就停止下西洋，还把下西洋的海图和许多宝贵的资料焚烧殆尽，说是防止后来的皇帝再起下西洋的念头。令人痛心疾首！

　　成化十年（1474），明廷下令将泉州市舶司移至福州，曾经彪炳于世的泉州港消亡。

# 第三节　月港的兴起

明朝的海禁从洪武元年（1368）到隆庆元年（1567），断断续续近200年，但闽南人走向海洋的勇气和信心永远不能被禁。他们勇敢迎接西方殖民者的东来，并与他们展开了争夺东亚海权和世界海洋贸易主导权的斗争，书写了中国海洋文化悲壮又波澜壮阔的一页。林仁川老师的《血拼的海路：明末清初私人海上贸易》，正是这一历史进程的真实深刻记录。

延伸阅读：《血拼的海路：明末清初私人海上贸易》

这是一部经典历史著作。该书以明廷海禁政策与民间突破管制的博弈为主线，揭示了中国私商在全球化初期扮演的关键角色。明代从洪武海禁近200年，东南沿海百姓以海为生，通过私人海上贸易等方式突破封锁，形成以漳州月港为中心的跨国贸易网络。私商不仅将生丝、瓷器输往日本、马尼拉，更通过西班牙、荷兰商船将美洲白银引入中国，推动东南经济货币化。书中特别剖析了郑芝龙、郑成功家族如何通过整合武装商团主导东亚海上霸权，构建起连接长崎、台湾，以及东南亚的三角贸易体系，促成中国深度参与早期全球经济循环。同时，民间海商集团与欧洲殖民势力的竞合，重塑了东亚地缘政治格局。全书以翔实的史料还原了被官方史书忽略的海洋中国，为重新审视明清经济转型提供了新视角。

《血拼的海路》

伴随这一历史进程的便是月港的兴起，大致可分为四个阶段。

## 一、市舶司迁福州，月港初兴（1368—1474）

实行海禁初期，大部分闽南人是遵规守纪的，除了少数有门路的人官民勾结夹带走私，大多数老百姓弃商经农，推动了闽南农耕经济社会的发展。但这也使晋江流域山林土地开垦过渡，晋江淤塞。许多人远走四方，广东、浙江、江西、海南岛的史书记载，闽南人多在此时迁徙落户。

永乐年间放宽海禁，闽南人乘势而上。郑和下西洋期间，大量闽南人充任水手、兵士和工作人员，既扩大了参与夹带走私的队伍，也扩大了民间对海外市场的了解。尤其是郑和气势宏大的舰队，三言两语就劝退暹罗人入侵马六甲，在东南亚建立了极高的威望，极大地方便了华人在东南亚各国的商贸活动，推动闽南人第一次大批的下南洋。当时在安南出现的"明街"基本都是闽南人经营中国商品的商铺。

同时，民间海商开始聚集于厦门湾九龙江出海口月港造船、收购、贩卖，商品的集散逐渐从晋江出海的泉州湾迁移到九龙江出海的厦门湾，月港开始兴起。

此时距离明朝开国百多年，一些从事私人海上贸易的人衣锦还乡，印证了开海才是致富之路。闽南人民已经从正反两面深刻地认识到"通洋富国裕民"。许多原本遵规守纪的乡绅富户也开始介入和参与，许多卫所官兵也在内心倾向并同情通洋贸易，闽南官民的通洋思想认识基本统一，这推动了其后海商的发展和月港的进一步兴起。

## 二、月港成型（1474—1522）

15世纪，西方还只是在大西洋航行，葡萄牙人要一直到1488年才到达好望角，达·伽马到1498年才到达印度，佩德罗·卡布拉尔到1500年才发现了南美洲，1511年葡萄牙人攻下了马六甲并将其据为桥头堡，随后才来到中国。

在此之前，整个东亚都处在郑和宣威（郑和下西洋）而维系的和平发展环境之中。但在15世纪这个人类海洋文明大发展的重大历史机遇期，明王朝漫不经心地把它丢掉了。

可闽南人并不甘心丢掉这个机遇，依旧前仆后继地走向海洋。

成化、弘治年间（1465—1505），月港的海外贸易迅速崛起，出现了"货物通行旅，资财聚富商，雕镂犀角巧，磨洗象牙光"的繁荣景象，成为闽南一大都会，享有"天下小苏杭"的盛誉。

正德十二年（1517），漳州平和发生农民起义，著名的大儒王守仁奉命从江西派兵平定，事后为了安定地方，设立平和县，留下江西官员镇守，并挑选兵众在衙门充当杂役和管理庙宇。这些江西兵众中有不少是会做陶瓷的，于是他们开始仿制景德镇的青花瓷。

恰好葡萄牙人在这时来到了中国沿海，在澳门没站住脚，但他们结识了很多闽南的海上私商，并在他们的引导下于1518年来到九龙江口的浯屿，开始了与平和青花瓷的商业贸易。其中最著名当属享誉西方的克拉克瓷。

**人物介绍：王守仁**

王守仁（1472—1529），又名王阳明，明朝著名的理学家、军事家、教育家，提出"致良知""知行合一"和"知行并进"说，其所创立的阳明学在历史上有着极高的地位。王守仁与孔子、孟子、朱熹并称孔孟朱王。在宁王之乱中平定叛乱，军功卓著。

王守仁

因海而生

明漳州窑五彩麒麟火焰开光花卉纹盘

明平和窑红绿彩"天下一"大盘

明开光红绿彩军持

第三章 闽南文化的灾难与成熟

明平和窑绿彩人物纹盘

明漳州窑青花花卉纹盘

**延伸阅读：克拉克瓷**

　　1602年，迟到的荷兰人为争夺中国市场与葡萄牙人发生冲突，荷兰舰队在马六甲海峡伏击葡萄牙"克拉克"商船，捕获了10万件青花瓷。由于产地不明，这批瓷器被命名为"克拉克瓷"。克拉克瓷具有传统的中国风，在功能、装饰题材、绘画手法上又有西洋韵味，后经考证，这些瓷器主要产自漳州平和窑。

平和窑罐

葡萄牙人和后来西班牙人的到来，带来了闽南商品的欧洲市场，激起了闽南海商突破海禁的愿望。月港海商与海外各国的私人贸易以空前的规模和速度发展起来。嘉靖之际，月港进入前期最繁盛的阶段。

### 三、嘉靖年的"倭乱"（1522—1566）

明廷一直有开海和禁海两派。对于葡萄牙人和西班牙人的到来，也一直有接受通商和不接受通商的两派。从嘉靖年开始，禁海派占了上风。

嘉靖二十六年（1547），朱纨任浙江巡抚兼提督福建军务。他厉行海禁，禁止民间私自进行海外贸易，限制沿海居民下海捕鱼和沿海交通往来，大力打击海上民间贸易。

同时，随着民间海上贸易的发展，出现了许多拥有十几艘，甚至几十艘船的海商集团，许多海商被逼成为海盗。如家财巨万的月港海商洪迪珍，明廷不仅派兵追捕，还将他的家属抓起来，完全断其生路，他只好转而进行武装反抗，成为福建沿海"倭寇"的重要首领。

明廷调兵遣将，爆发了一场震撼中外的"倭乱"战争。对于这场战争的性质，过去绝大多数史学家都认为是抵抗外来侵略的御倭战争。但近年来许多学者研究证实，嘉靖时所谓"倭寇"有90%以上不是日本人。倭寇的基本队伍是中国东南沿海居民，其中影响最大、人数最多的十四股倭寇首领都是中国闽浙粤海商首领。这场战争不是民族战争，而是明王朝闭关锁国镇压民间海商集团的战争，镇压的对象不是倭寇，而是以私人海上贸易商人为主体，联合其他各阶层的人共同反对明王朝海禁政策的东南沿海商民。

嘉靖时期这场"倭乱"，完全是由于明朝政权实行严厉海禁政策、压制新兴的私人海上贸易、迫害海商而引起的。这是嘉靖"倭乱"最根本的原因。

## 四、隆庆开海（1567—1644）

这一场惨烈的海禁与反海禁、压迫与反压迫、剥削与反剥削的斗争，使更多的人认识到"市通则寇转为商，市禁则商转为寇"。明朝第十二位皇帝朱载垕即位后，迫于压力，于隆庆元年（1567）采纳福建巡抚涂泽民"请开市舶，易私贩为公贩"的建议，宣布解除海禁，开放福建月港为通商口岸，允许民间和私人远贩东西二洋，史称"隆庆开关"，也称"隆庆开海"。朝廷在月港新设海澄县，将原来的海防馆改为督饷馆，征收商税。这是中国海关的鼻祖。隆庆开海促进了民间海外贸易的繁荣和东南沿海地区经济的快速发展，使大量白银流入中国，月港因此被称为"天子南库""闽南小苏杭"。

海澄城隍庙位于漳州市龙海区海澄镇东南，坐北朝南，明隆庆五年（1571）建，祀奉的是汉代忠烈人物周苛。城隍庙为三进殿，主体为硬山式建筑，广场宽敞，规模颇大，木雕艺术优雅别致，亦颇壮观。

海澄城隍庙

海澄城隍庙碑

晏海楼，也叫八卦楼，建于明朝万历年间，屹立在海澄城区东北角，是一座军事瞭望塔，当时因月港的繁华诱使海匪和西方殖民者前来劫舟夺货，甚至焚屋杀人，造成东南海疆长期不安宁，明朝廷始在县城东北角上建一座两层的瞭望台，寄寓"波平海晏"的愿望，取名晏海楼。

葡萄牙人、西班牙人、荷兰人纷

晏海楼

至沓来。1592年，从月港输往美洲的货物总值已经超越西班牙对这个地区的总输出。进入17世纪以后，由西班牙大帆船从墨西哥运载前往菲律宾购买中国丝绸和南洋香料的白银，每年约128吨，而这些白银大部分都是经由月港商人的手中而流向了中国。不过数年，明廷发现月港已经成了"天子南库"，而倭寇销声匿迹。

西班牙银币

在这样的背景下，闽南海洋文化也有许多了不起的创造。最具代表性的是航海技术上的针路簿、张燮的《东西洋考》，还有海沧金沙书院的《古今形胜之图》及其培育聚集的一批人才。

延伸阅读：针路簿

针路簿是闽南地区舟师间流传的一种航海导航手册，被称为"针簿""针谱""针经"。它是走船人积累的航行经验记录，是船舶出洋时重要的航海指南。针路簿最早起源于民间。民间航海者凭借口传心授等方式，逐渐形成针路簿的内容，并加以流传。明代著名民间学者、漳州诏安人吴朴编著了《渡海方程》，该书于嘉靖十六年（1537）刻印出版，是中国最早刻印的水路簿，记录了古代东、西两洋的海路、针经和吴朴对海事、海防卓见。但该书已佚，后人从他另外一部著作《龙飞纪略》中了解该书的一些内容、思想。

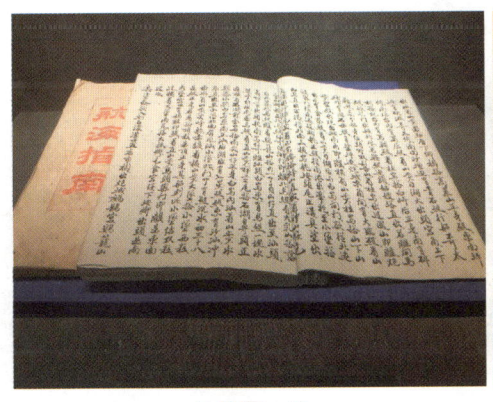

针路簿一组

《龙飞纪略》

### 延伸阅读：金沙书院

大航海时代，葡萄牙商人来到我国东南沿海地区，在海沧金沙社区（今海沧区后井村）一带建立金沙公馆，直接和本地人开展贸易活动。但当时明朝实行海禁政策，福建巡海道副使柯乔和漳州府龙溪知县林松出面劝说葡萄牙商人离开，并于明嘉靖二十七年（1548）将金沙公馆扩建为金沙书院，并邀请理学名儒林希元担任书院首任山长。这里成为培养视野开阔、胸怀世界的"海洋学堂"，走出了众多具有海洋视野的人才，他们主张开放海禁、进行自由贸易。

林希元在书院首批学子周一阳、陈应选的协助下，重新刊刻了《古今形胜之图》，周一阳之孙周起元与黄道周、张燮都是好友，周起元曾为张燮所撰写的《东西洋考》作序，并主持修建圭屿塔，大力支持开拓海上航路。

金沙书院（一）

金沙书院（二）

金沙书院（三）

金沙书院群雕

延伸阅读：《东西洋考》

漳州人张燮撰写，于明万历四十五年（1617）出版。这部著作涉及明代月港海外贸易和交通、历史、地理、经济以及海洋航线的基本情况，是月港与东西洋各国贸易的通商指南。即使今天，这部佳作也是研究中外关系史、经济史、航海史、华侨史的必读资料，是我国与西方航海力量在海外接触的最早资料。

延伸阅读：《古今形胜之图》

明嘉靖三十四年（1555），金沙书院制刻《古今形胜之图》。该图是目前有据可考的最早一张传入欧洲的中国全境图，是欧洲汉学研究的起源文献之一，现珍藏于西班牙塞维利亚市西印度群岛总档案馆。它不仅包括了中国的地理概况，还展现了中国人眼中的东亚和整个世界，是早期海洋文化交流的重要见证，是大航海时代全球海洋文献四大珍宝之一。

回望历史，明代约200年的禁海与开海之争，其本质是开放还是封闭？人民是否有权利追求合法的经济利益？

联想1978年的改革开放之初，我们看到，关于是否开放、打破束缚人们的思想和体制桎梏，东南沿海地区一批富有冒险精神和勇于实践的闽南人在500年前已经进行过探索和实践，这在当今仍有启示意义。

# 第四节　闽南文化的成熟

人都是在苦难中成长成熟的。闽南文化的成熟体现在明中晚期形成的闽南民间信俗体系中，这确立了闽南民系从海洋文化中凝炼的核心精神与共同价值，呈现了对中华海洋文化的独特诠释，丰富了中华优秀传统文化的核心价值观。

自明以后，闽南文化开始对中原传来的信俗，做了独具特色的改造；同时又创造了难以胜数的各种各样的民间神明和习俗，或者对中原传来的民间习俗做了适应闽南社会生活的解读和创新；且在明代中后期最终形成独具特色的一整套民间信俗体系及其仪式，并世代传承。

## 一、创新"送王船"习俗，凝聚和传承走向海洋的共识

明代近200年的海禁，成为闽南人民血与火的悲歌。

"匪过如梳，兵过如篦"，多少家破人亡！一湾残尸沉浮，海水也为之变色的景象，是今人无法想象的惨烈。大海的惊涛骇浪，台风、黑水洋，让无数闽南人葬身海底。闽南俗语"十去六死三留一回头""行船三分命"正是历史的写照。闽南沿海多少望夫石、姑嫂塔，记述的正是无数出海人家悲惨的故事。人们开始畏惧走向海洋。

石狮宝盖山姑嫂塔（也称万寿塔、关锁塔）

因海而生

为了鼓舞自己和子孙后代走向海洋的勇气和信心，为了慰藉死难家属的心灵与精神，闽南沿海民间于明代创造了祭祀不幸葬身海洋者的大型仪式"送王船"。

"送王船"原本是长江流域流传的送瘟习俗，宋代流传到福建。现今福州、莆田、宁德、泉州还有福建省级非遗"送王船"送的正是瘟王。瘟王是传播瘟疫之神，面貌狰狞可怖，人们对其敬而远之。其"送王船"仪式，多在"端午"举办，仅由少数人于夜晚悄悄将船送之水际。其时，家家户户关门闭户，静声熄灯，不敢探头观望。

闽南人在明中后期借鉴送瘟船的形式，创造了仪式仪轨和意义完全不同的"做好事""送王船"。他们想象上苍支持走向大海的子民，派遣"代天巡狩"的王爷乘着王船来保护出海人和沿岸百姓的平安。王爷个个英武帅气，都是为人民建功立业英勇献身的英雄，如翔安后村送的是英雄岳飞，思明沙坡尾龙珠殿送的是为民牺牲的池王爷。王爷的王船在海上惊涛骇浪，每3—4年必须造一条新船，迎接王爷及其兵将归来休养、犒劳，并更换新船。所以一般每3—4年的秋

季东北季风起要举行一次"送王船"仪式。

那些走向大海不知所终的遇难者,闽南人称之为"好兄弟"。他们漂泊海上,孤苦伶仃,于是在迎王的同时还要"竖灯篙"召唤海上的"好兄弟",好吃好喝招待他们,然后请他们登上王船,参加王爷"代天巡狩"的队伍去海上保护人民,建功立业便可转世为人。闽南民间因此称"送王船"为"做好事"。

海沧钟山"送王船"盛况

因海而生

马来西亚马六甲"送王船"

"做好事"是对弱势群体的悲悯、关怀和施予善行；同时也使心向大海的闽南人坚信自己即使在海上遇难，依然有人关心自己，依然可以转世成人，生生不灭，如此鼓舞他们走向大海的勇气和信心。这种仪式呈现的理念，支撑着闽南人与海洋保持了千年不辍的紧密联系。因此，"送王船"于2020年被联合国教科文组织批准列入"人类非物质文化遗产"代表作名录。项目全称：送王船——有关人与海洋可持续联系的仪式及相关实践。

"送王船"这一习俗世代传承，并且随着闽南人的过台湾、下南洋，传播到了台湾地区，以及东南亚许多国家。

"送王船"世界非遗授匾牌

"送王船"仪式具体有以下七个步骤。

1. 迎王。

厦门同安吕厝华藏庵迎王

2. 造王船。

厦门沙坡尾龙珠殿造王船开斧仪式

传承人钟庆丰造船

传承人陈水浪为王船彩绘

3. 树灯篙。

漳州进发宫树灯篙

厦门翔安后村村树灯篙

4. 祀王。

2016年厦门同安吕厝华藏庵中马联合祀王

马来西亚马六甲勇全殿祀王

漳州保泉宫祀王

5. 普度。

厦门湖里钟宅"送王船"普度

漳州进发宫"送王船"普度

6. 巡境。

马来西亚马六甲"送王船"巡境

马来西亚马六甲勇全殿组团参加厦门沙坡尾"送王船"巡境

马来西亚马六甲清华宫参加2024"送王船"巡境阵头

漳州进发宫水上"送王船"巡境

漳州石坑保泉宫"送王船"妇女为王船扫地开道

同安吕厝"送王船"阵头蜈蚣阁

7. 化吉。

厦门同安吕厝王船化吉前祭祀

马来西亚马六甲勇全殿王船化吉

厦门厦港沙坡尾王船化吉

## 二、改造和创新"普度"习俗

普度是佛教的"盂兰盆节",俗称"七月半",早在东汉就传到了我国的北方。但祭祀只在七月十五,最多前后两三天,估计在唐宋间传到闽南。

农历七月的普度是闽南的重大节日之一。从初一开地狱门到三十关地狱门,三十天里大家轮流做普度。普度祭祀的是无家可归、无家人祭祀、整年关在地狱的孤魂野鬼,用我们今天的话就是一群弱势群体。但闽南人从来不把七月叫"鬼月",也不叫那些孤魂野鬼为"鬼",而是把他们称为"好兄弟""门口公""老大公"。我们对"好兄弟"是平等、尊重的,从来没有居高临下地对待他们。

到了明代,闽南人认为这些可怜的无人祭祀的"好兄弟"整年被关在地狱,只有七月才能到人间来,如果仅仅是七月半祭祀,那他们这一天会撑死,而其他的日子就会饿死,就会和民间抢食。于是,从明代起,闽南的普度改为七月的每天各街道各乡镇轮流做普度,让"好兄弟"在七月的每一天都能够享受人间的美味。这种为弱势群体换位思考的智慧,展现了闽南先人的悲悯情怀。

普度用的祭品

中元普度放水灯

"拜拜"

不仅如此，闽南七月不能结婚、不能开业、不能盖房子、小孩不能游泳，因为这些"好兄弟"就在我们身边，会"作祟"，会"掠猴替"（闽南话"捉替死"）。

按道理如果他们害人，理当"以牙还牙，以眼还眼"，但老祖宗恰恰相反。他们规定，在七月各街区要做道场，请和尚、道士演打城戏《目连救母》，打破地狱城，烧很多纸钱，给这些"好兄弟"作为"买路钱"，从正道回归人间。

他们若害我们，我们反而帮助他们，这是一种"以德报怨""化怨为和"的精神。这对我们现在提倡和谐社会、世界和平都是非常重要的。

冤家宜解不宜结，冤冤相报何时了？闽南人"化怨为和"的精神十分可贵。我们的先人把这样崇高的精神用最盛大的节日、最隆重的仪式、最美味的佳肴，悄无声息地代代相传。他相信子孙后代能够在七月的盛宴里、隆重的超度法会中，体会"化怨为和"的宽容和悲悯。

常有人问：以德报怨，何以报德？先人则告诉我们"施恩不图报"，做好事不是为了获得报偿。例如你拾到一个皮包，内有一万元，还给人家，还要人给你一千元作为报酬，那不叫德，那是做生意。市场经济不能变成市场社会，一切以金钱来衡量人类的良知，善行就会遗失人间。但德不是没有回报的，当你真诚地帮助了他人，无偿地付出，你将收获心灵的快乐、人格的升华，你将得到最大的福报。厦门万石植物园万石莲寺山石上"为善最乐"四个字，是明代闽南的先人镌刻在石头上永远警醒我们的教诲。闽南民间信俗的核心精神正是闽南先人教化子孙的传家宝。所有这一切在明中晚期的一两百年里形成了一个庞大完整的闽南民间信俗体系，并深刻地影响了其后闽南人、闽南文化的发展。当然，这也深刻地影响了厦门文化的发展。厦门后来诞生的伟大人物，如郑成功、陈嘉庚、陈化成等，无不是受这一文化的哺育，更成为中华文化核心价值的典型代表。

"为善最乐"石刻

自明代中晚期开始，闽南家庭的厅堂里最尊严的正中位置要安

因海而生

放长条形的中案桌。桌上摆着两座龛，一座供神像，一座供祖宗牌位，香炉也是分开的。

闽南人常年供奉、顶礼膜拜的这两座龛体现的正是中华文化的核心理念之一：尊天敬祖。

尊天，就是"天人合一"的理念，就是对大自然的敬畏和感恩。我们今天的历史发展，正是源自"天人合一"的理念。

敬祖，就是追远报本。中华文化五千年传承不息，正是一代代秉持了追本的理念。

在佛龛中，道教的天公玉皇大帝，佛教的南海观音，民间信俗的土地公、灶君公，还有儒家武圣关公画像，正体现出中国文化儒道释一体、和而不同的理念。

"送王船"所呈现出来的不畏强暴、永远走向海洋的精神，普度所呈现出来的以德报怨、化怨为和的精神，已经升华为中华海洋文明宝贵的精神，并成为闽南文化对中华文化的传世贡献。

尊天敬祖、天人合一、追远报本、和而不同、走向海洋、不畏强暴、化怨为和的理念贯

穿了闽南民间信俗体系。

总之，一个庞大复杂，充满闽南人无数奇妙的想象力，与闽南百姓日常生活、民风民情密不可分，意涵深远的闽南文化精神系统，在历经宋代的辉煌、元代的冲击和明代200多年血与火的抗争之后，终于确立形成，标志着闽南文化的成熟。可以说，不了解闽南民间信俗体系，就很难了解闽南人、闽南文化。

闽南佛龛

# 第四章
# 厦门文化的孕育

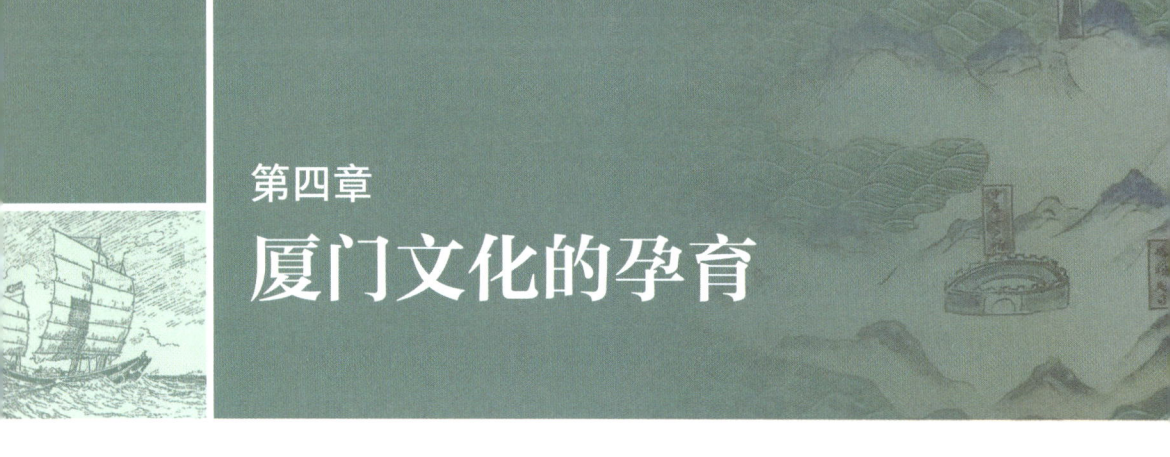

洪武二十年（1387），明廷设海防卫所。闽南设漳州镇海卫和泉州永宁卫。

永宁卫

卫指挥使司下设前、后、左、右、中五个直属千户所。永宁卫还辖崇武、福全、金门、高浦等千户所。

洪武二十七年（1394），永宁卫迁移中、左两个千户所移驻嘉禾屿，并筑厦门城，此后以"中左所"作为厦门岛的代称，厦门

第四章 厦门文化的孕育

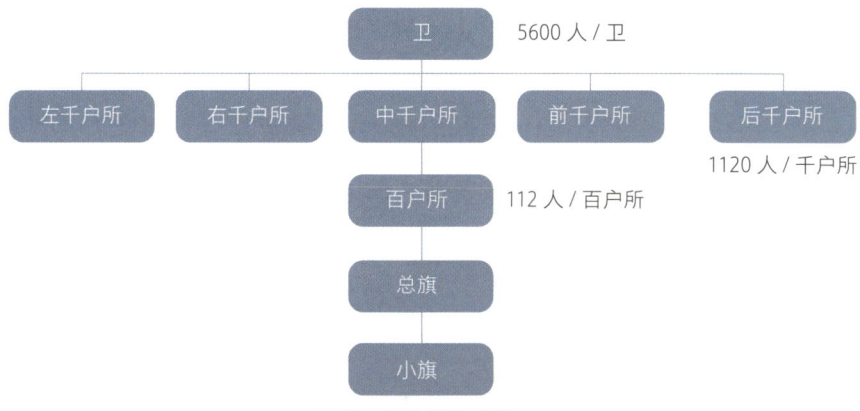

明代卫所制组织架构

港口城市的历史开始了。其孕育过程可分成四个阶段。第一，洪武二十七年（1394）至景泰二年（1451），中左所海防巡检稽查；第二，景泰三年（1452）至嘉靖四十五年（1566），浯屿水寨迁入中左所，主掌海上贸易的管控；第三，隆庆元年（1567）至天启三年（1623），隆庆开海，深度介入海上交通贸易，并成为抵御西方殖民者和海上武装贸易集团的重要海防要塞；第四，天启四年（1624）至郑成功夺取厦门（1650），成为大厦门湾、台湾海峡海防军港，并深度介入东西洋海上交通贸易。

永宁卫城隍庙

111

## 第一节　中左所——厦门文化的摇篮

### 一、洪武二十七年（1394）至景泰二年（1451）

中左千户所城图

《重修厦门城墙碑记》　　　　　　　　　厦门城遗址

因海而生

厦门古城墙（组图）

文化即人，人即文化。厦门文化的孕育就从这中左所第一批厦门人开始。他们是泉州府五县"民户三丁抽一"的兵卒及其家属。

明实行军户屯田制，兵士携家属同赴守地，自给自足，世代为军籍，自成体系。所以明代同安县是管不着厦门城的军户。

*《海澄县志》记载*

中左所的官兵及其眷属来自泉州五县，他们对闽南文化的传承与生俱来。明代军户自养的政策，这使得他们很自然地参与到闽南人走向海洋的经济链条之中。当时，民间海商将私人贸易港口从泉州湾转到厦门湾九龙江口，这与厦门岛上军户的参与大有关系。他们成为闽南人民走向海洋的利益共同体和反抗明王朝海禁的同盟，并在实践中代代相承地形成了通洋裕国富民的理念。这就奠定了厦门人、厦门文化思想理念的基础。

## 二、景泰三年（1452）至嘉靖四十五年（1566）

明初除陆上的卫所，还设有海军水寨。负责闽南沿海的浯屿水寨就在九龙江口的浯屿岛。水寨兵员"拨永宁、福全卫所兵二千二百四十二人，合漳州卫兵二千八百九十八名戍之"，同样是漳泉二府各县三丁抽一的军户。

原本水寨和中左所还相互制约，景泰三年（1452）浯屿水寨迁厦门，两批人联起手来参与和保护民众走向海洋。明代不少文献都记录了官民联手通番，"武官逻卒也阳托捕盗之名，而阴资煮海之利，奸弊相通，禁防尽废"。

浯屿岛上的碑刻

明正德十三年（1518），葡萄牙人在闽南海商的带路下，从澳门

浯屿开渔船队出海

来到因水寨撤离而防务空虚的浯屿，开始了和月港的丝瓷交易，第一船就获利20倍，于是他们把浯屿当根据地。葡萄牙人带来了大批的订单，闽南人以质优价廉的丝绸、瓷器、糖等商品迎接西方大航海带来的经济全球化。月港贸易迅速繁盛。

今天看，如果没有这两批早期的厦门人对父老乡亲反海禁充满同情和暗中的支持，葡萄牙人的生意怎能成？

到嘉靖末年，这些来自泉州、漳州两地的军户已在厦门城共同生活了近200年，漳州话和泉州话就在这座小城里融合了起来，形成了"不漳不泉，亦漳亦泉"的厦门话。后世城区和郊外禾山几里之隔，话音大差，正是由此而来。

### 三、隆庆元年（1567）至天启三年（1623）

隆庆开海后，贸易大门被打开，源源不断的东西洋订单需求充斥着整个九龙江口。

我国传统的海上丝绸之路，从中国东南部的泉州、广州等港口出发，经中南半岛和南海诸国，穿过印度洋，到达阿拉伯海和东非沿海各国。但是从隆庆开海后，私人海上贸易飞速发展，闽南海商从江、浙等地采购的生丝和丝织品大批运抵吕宋，对接西班牙人开辟的太平洋大帆船贸易，从而形成一条新的海上丝路。中国商品运往美洲各地，并越过大西洋，远销到西班牙等欧洲国家。漳州月港成为新、旧海上丝绸之路的连接点和起始港，不仅促进了中国丝绸等商品的出口，还带来了西班牙殖民地大量白银的流入，对明朝财政和社会生产生活等方面产生深远影响。

此时厦门因贾舶盘验、船舶候风出航的中转作用，军户更深入参与了月港贸易，又因神前澳、曾厝垵水深港阔的优势吸引了不少海商入驻。厦门作为商品交易的市场开始兴盛，城大市小的情况迅速改变。

巨大的经济利益掀开了东亚海权的争夺战。实际上，这就是西方殖民者东来与我们争夺东亚海洋贸易的主导权。

荷兰人在巴达维亚城建立的殖民地

荷兰七省号战舰

第四章 厦门文化的孕育

荷兰航舰

西班牙盖伦船

第四章 厦门文化的孕育

葡萄牙克拉克帆船

因海而生

1602年,海上新霸主荷兰人夺走葡萄牙人占据的马六甲。1604年,荷兰人首次入侵澎湖,两次直逼月港,均被明军依托厦门击退,但后来荷兰人还是占据了澎湖。明廷拒绝与荷兰通商,派沈有容、南居益坐镇厦门,大兵进逼,沈有容率兵成功"谕退红毛番"。

澎湖马公镇天后宫的"沈有容谕退红毛番韦麻郎等"石碑

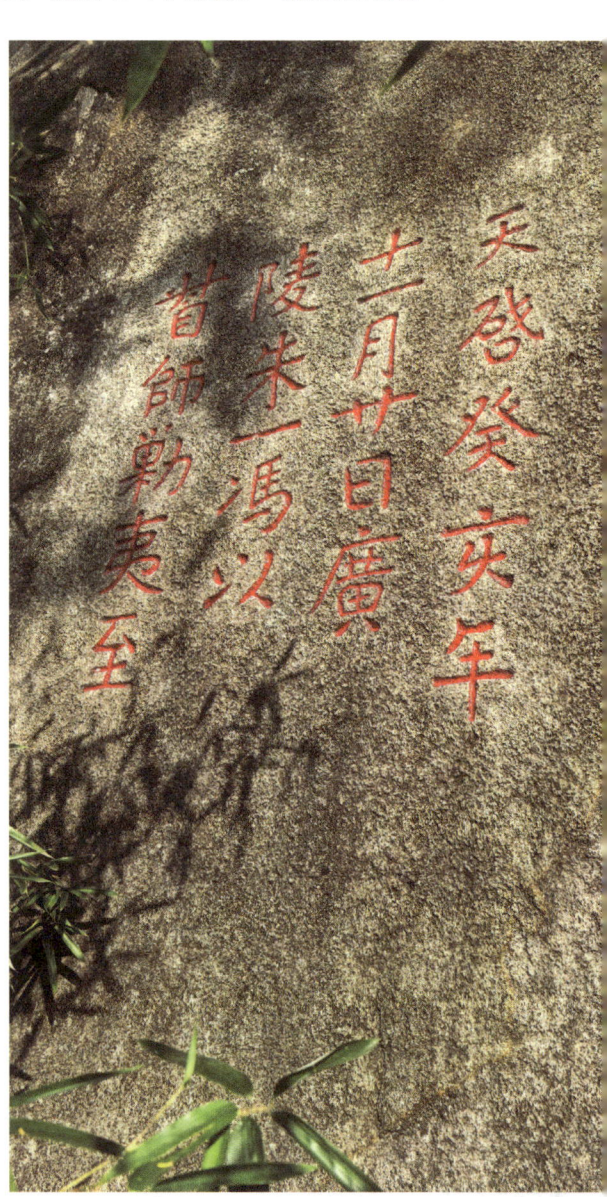

朱一冯剿夷石刻

1622年荷兰舰队再占澎湖，并直逼厦门，被总兵徐一鸣击退，退回澎湖。1624年福建巡抚南居益大军兵临澎湖，荷兰殖民者难以抵挡，悻悻退出澎湖，转而占据台湾南部。1626年，西班牙人也赶紧派兵占领了台湾北部鸡笼、淡水等地。

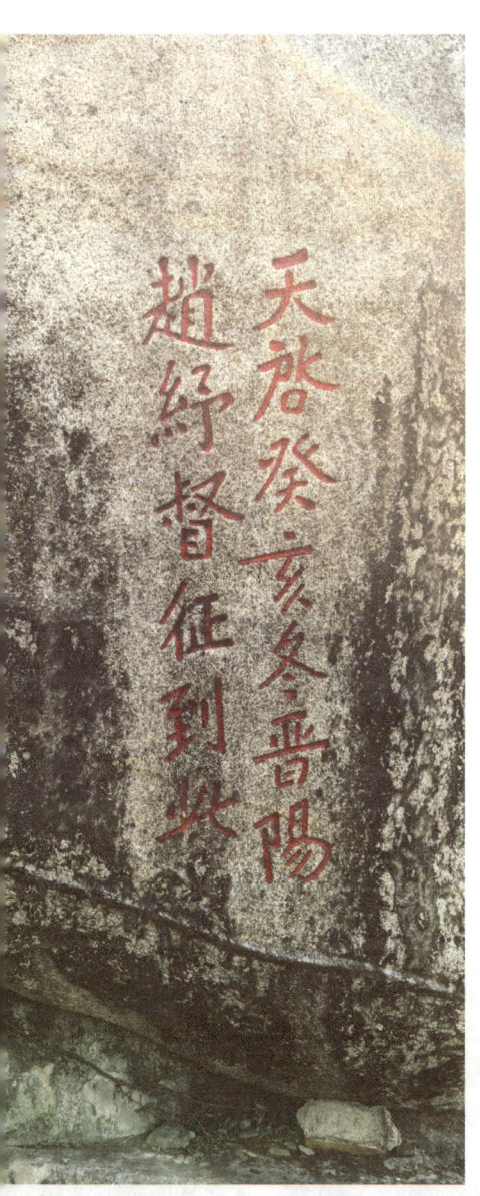

赵纾攻剿红夷题名刻 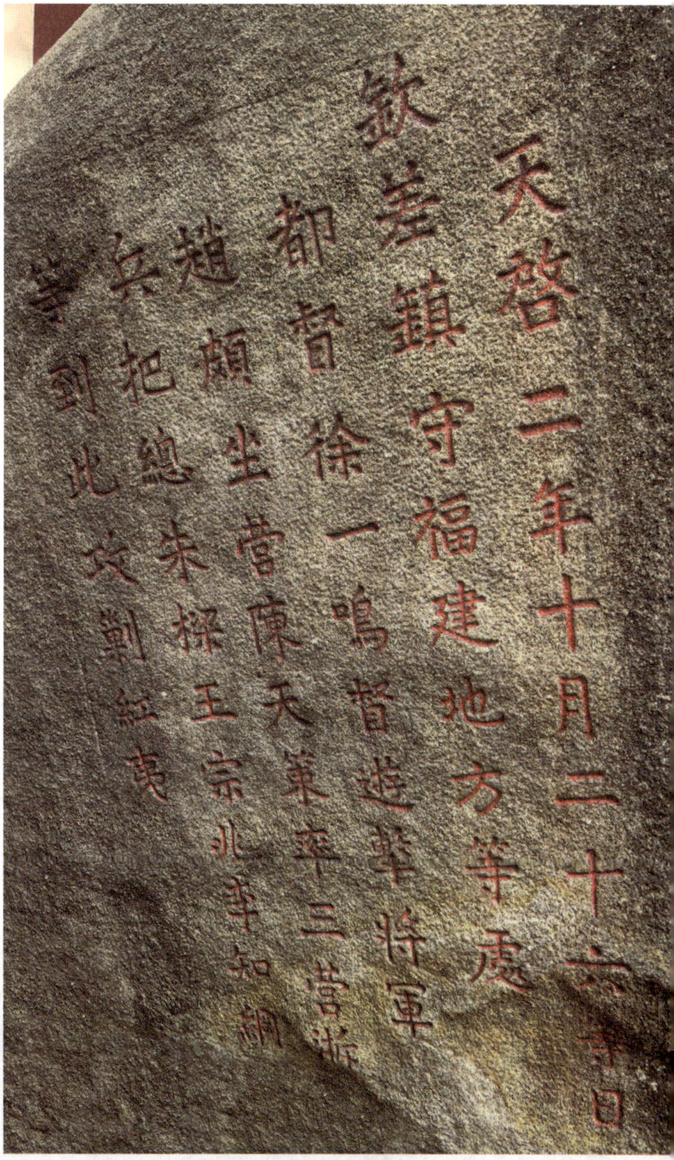　　　　　　徐一鸣等剿夷石刻

因海而生

天启二年（1622），荷夷入侵厦门海域。

厦门海防重镇的作用日益突显。为了安全，月港的海商更多把商品贸易地转往厦门。厦门市场的份额不断增大，开始由海防卫城缓慢地向海港城市转变。

抗击红夷入侵战果复原场景

弗朗机古铜炮

## 第二节　争夺东亚海权

在西方虎视眈眈的严峻形势下，明廷对开海禁海反复无常，水师长期被视作看家护院的家丁，完全没有认识到海洋商贸关键在于海权。

在当时的背景下，中国东南沿海地区相继涌现出颜思齐、李旦等海商集团。经过激烈的竞争和战斗，最终形成拥有雄厚海商资本和强大武装力量的郑氏海商集团。郑氏海商集团的创始人郑芝龙，是大航海时代与西方航海势力相抗衡的杰出人物。

### 人物介绍：开台第一人颜思齐

颜思齐（1589—1625），字振泉，漳州海澄县青礁村（今属厦门海沧区）人。少时在月港开设裁缝铺，为人仗义，练就了一身好武艺。一次，他因不堪忍受官宦家奴的欺辱，怒而反抗将人打死，背上命案，逃亡日本。他疾恶如仇，与郑芝龙等28位海商结拜成生死兄弟。1624年，颜思齐谋划推翻德州幕府统治失败，率船队与郑芝龙等人抵达台湾，在笨港登陆。登岛后，他率众人伐木辟土、构筑寮寨。颜思齐将垦民分成十寨，发给银两、耕牛、农具等，并招募大批闽南移民前往台湾开拓荒地，由此开启了台湾最早的大规模拓垦活动，极大地推动了台湾社会的发展。颜思齐是"开台先驱"，被尊为"开台第一人"。

颜思齐雕像

因海而生

思齐馆

1624年，以颜思齐为首的海商集团在台湾诸罗（今嘉义）登陆并安营扎寨，经营海上贸易，开发台湾。同年，在明朝军队大兵压境的逼迫下，荷兰殖民者由澎湖退至台湾，在台南登陆，开始了占据台湾的历史，也揭开了颜思齐、郑芝龙、郑成功等海上武装商贸集团和西方殖民者抗争夺回东亚海权和海上商贸主导权的斗争。

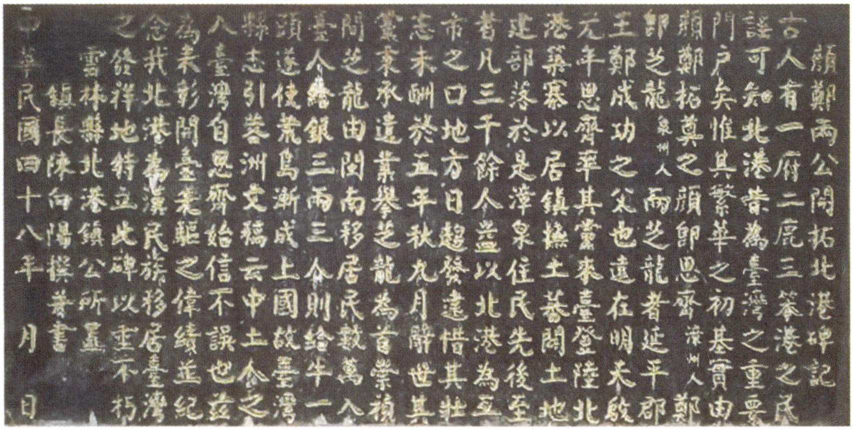

颜郑两公开拓北港碑记

第四章 厦门文化的孕育

颜思齐纪念碑

台湾北港思齐阁

颜思齐开台十寨

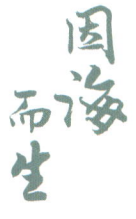
因海而生

郑芝龙出生于泉州南安石井，1610年，15岁的郑芝龙投靠澳门行商的舅父黄程。后来，他独自到吕宋马尼拉闯荡，之后又落脚于日本平户。在平户，他结识了武艺高强的海澄青礁人颜思齐，并以颜思齐为大哥，同另外27位闽南老乡一同结拜为兄弟。天启三年（1623），郑芝龙与一位叫田川氏的平户姑娘结婚；次年，郑成功出生。

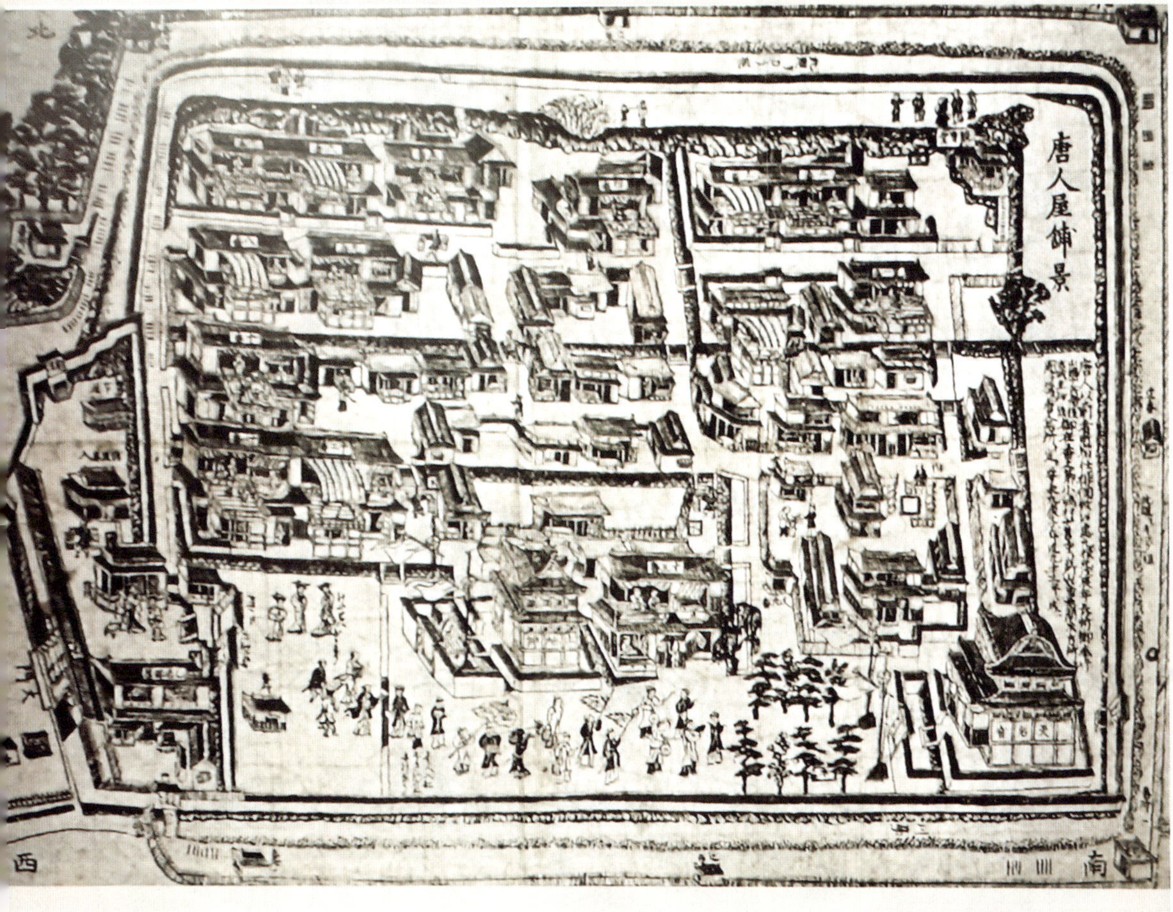

明代日本长崎的中国人聚居的唐人屋铺图

第四章 厦门文化的孕育

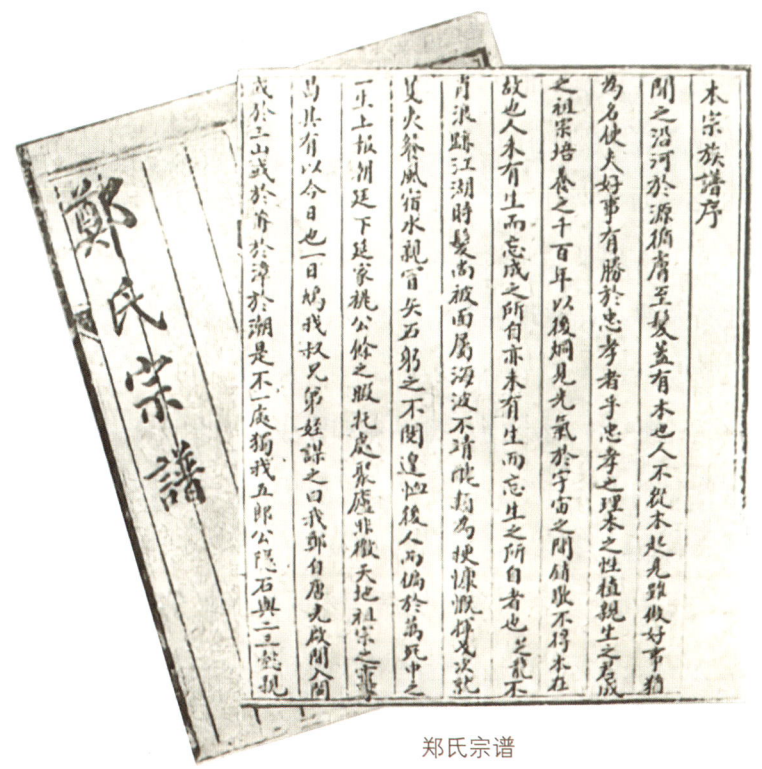

郑氏宗谱

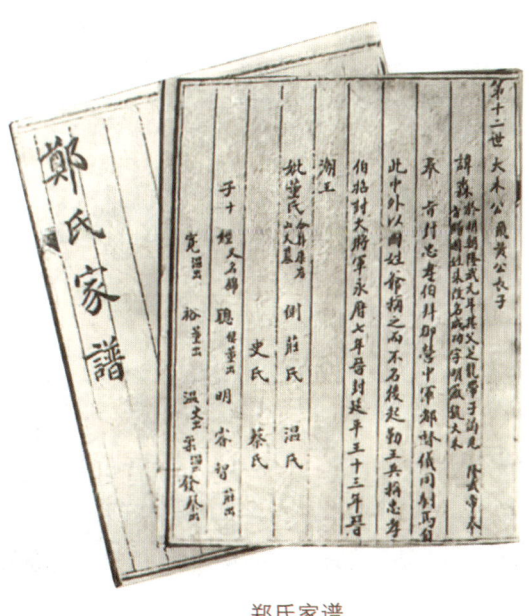

郑氏家谱

唐人屋敷遗迹碑

**因海而生**

郑芝龙极具语言天赋，通晓葡萄牙语、西班牙语、日语、荷兰语。因其高超的语言天赋，他被大海商李旦赏识，成为李旦与各国商人打交道所倚重的主要助手。

郑芝龙一面与李旦经商，一面又与颜思齐结拜兄弟，在当时复杂的局势下，实现了商业领域与江湖势力的双重融入。1624年8月，他随颜思齐从平户前往现在台湾的嘉义一带，组织十寨兵马，开展海上武装贸易活动。

1625年，颜思齐染病亡故，郑芝龙顺势成为十寨之首。与此同时，他接管了李旦的大部分生意，其势力逐渐壮大，该集团就此成为势力雄厚的海商集团。

崇祯元年（1628），郑芝龙的海商集团已拥船千艘。福建巡抚熊文灿招抚了郑芝龙，郑芝龙遂率部众回到泉州安平港。此时闽南地区恰逢大旱，郑芝龙招饥民数万人，用海船载往台湾，让他们开

漆画《颜郑开台》（摄于金沙书院）

荒自给。所有耕牛、种子、农具等生产物资,均由郑芝龙一手供应。这是沿海民众第一次大规模、有组织地移民开发台湾,也由此形成了传统文化、闽南文化向台湾传播的第一个高潮。

郑芝龙礼佛香炉

郑芝龙礼佛香炉局部铭文

郑芝龙回归明朝后，以官军的名义开始扫荡东南海上的各股海盗，并与荷兰殖民者展开海权斗争。1633年，郑芝龙在厦门金门海域大败荷兰舰队，完全控制了东亚及东南亚的海权，显示出中国海商在经济全球化初期与西方殖民者争夺东亚海权和海洋商贸主导权的远见、勇气和强大实力。

郑荷海战图

明朝对郑芝龙的依赖日益加大，可惜郑芝龙的眼界和格局不如儿子。彼时，月港在风雨飘摇中走向衰落，郑芝龙将东亚海洋商贸中心选在安平，这一决策在一定程度上延缓了厦门港从孕育到成型的转变进程。十几年后，他的儿子郑成功推动实现了厦门港崛起这一历史性转折。

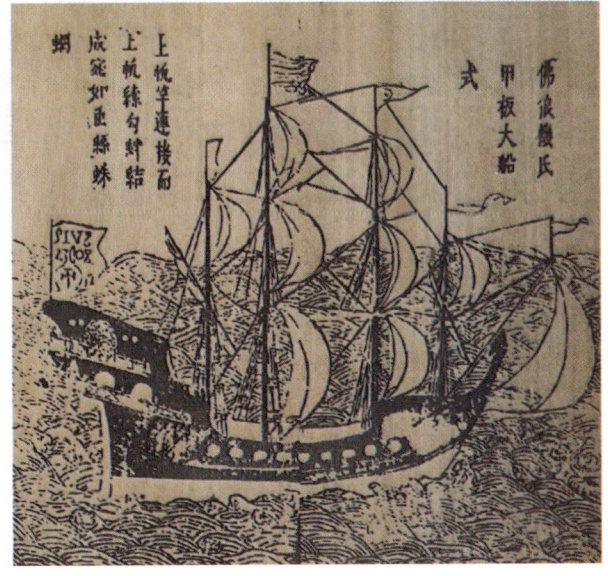

**明式战船及西方夹板船（组图）**

因海而生

明末闽粤两省百姓为表彰郑芝龙功绩在诏安分水关所立的"功罩闽粤"坊

第四章 厦门文化的孕育

郑氏祖坟

因海而生

安海白塔

# 第五章
# 永远的郑成功

从洪武建中左所开始,历经近300年的风雨,中左所始终只是海防哨所、军队营盘、候风泊地,直到郑成夺取厦门岛,并将中左所改为思明州,这座历经近300年风雨的区域才实现蜕变,化茧成蝶,从此屹立祖国东南海疆,名扬五洲四海。倘若没有郑成功,厦门就难以实现这一历史的突变、质变、升华。

鼓浪屿郑成功纪念馆前雕像

在郑成功治理厦门短短的11年里,他奠定了厦门军、商、渔三港合一的港口城市大格局。厦门港承继了泉州刺桐港、漳州月港所孕育的闽南文化精华,汇聚了闽南最优秀杰出的人才,就此开启了闽南文化的厦门港时代。

郑成功是厦门港、厦门文化的开基祖、奠基人。

**延伸阅读:鼓浪屿的郑成功雕塑**

1981年,福建省人民政府和厦门市人民政府决定在厦门建立为海峡两岸人民崇敬的郑成功雕像,要求雕像屹立在鼓浪屿海滨,使过往厦门港的船只和踏上厦门鼓浪屿的人们都能看到郑成功的英雄形象。

郑成功(巨型花岗岩)雕像于1985年8月27日郑成功诞辰361周年落成,屹立在鼓浪屿东南端的覆鼎岩。覆鼎岩高24米,三面临海,一面与鼓浪屿接壤。雕像高15.7米,宽9.2米,重1400多吨,由625块白花岗雕凿嵌接而成。郑成功的石雕像气势雄伟,是目前我国最大的历史人物石雕全像。雕像由中央美术学院教授时宜女士创作。

厦门鼓浪屿郑成功雕像

## 第一节　海之子

郑成功（1624—1662），郑芝龙长子，原名森，字明俨，号大木，明天启四年（1624）七月十四日诞生于日本长崎县平户市千里滨。明崇祯三年（1630），7岁的郑森被接回到故乡南安石井镇。

**延伸阅读：南安石井镇**

石井为宋代古镇，商业发达，文风鼎盛。朱熹之父朱松为石井镇首任镇监。南宋时期，朱熹及其父在福建晋江安海石井镇的讲学教化活动对当地文化教育产生了深远影响，使安海成为"闽学开宗"之地。"二朱"的理学思想强调道德修养和社会责任感，对当地社会风气的改善起到了积极作用，使安海形成了知文重教、崇尚礼仪的良好社会风尚，这对郑成功思想性格的塑造及文化素质的养成产生了极为深刻的影响。

位于日本平户千里滨海岸的郑成功儿诞石碑

位于南安石井的郑氏宗祠

**延伸阅读：石井书院**

石井书院，位于晋江安海镇西鳌头境，前身为宋绍兴年间安海长者黄护为时任安海镇官朱松（朱熹之父）捐建的讲学馆所——鳌头精舍，与泉山书院、小山书院、欧阳书院并称泉州"四大书院"。

安海被称为"闽学开宗"之地，石井书院与朱松、朱熹父子渊源深厚。朱松在此讲学开启安海理学教化之先，朱熹也常来此讲学，使得安海学风日渐兴盛。书院的存在使得理学在当地得以传承和发展，对泉州地区理学的传播和弘扬起到了关键作用，带动了当地知文重教之风的盛行，泉州也因此被誉为"海滨邹鲁"。

位于晋江安海镇的石井书院

此时的郑芝龙已是官商一体、威镇东南的大海商。他重金聘请名儒教习大儿子，又请武林高手教其武艺。郑森15岁时，考取南安县学生员，21岁进入南京国子监学习，拜江南名儒钱谦益为师。

风云突变，清军大举入关。1645年5月，清军占领南京，南明弘光政权覆灭。

闰六月,郑芝龙、黄道周等人在福州拥立唐王朱聿键为帝,改元隆武。隆武帝封郑森为御营中军都督,赐姓朱,名成功,赐上方剑,仪同驸马;后又封为忠孝伯,佩招讨大将军印。此后的郑森遂以郑成功、朱成功、国姓爷等称呼,成为驰骋闽浙粤沿海的海上骄子。

郑成功招讨大将军印

南明隆武政权所铸钱币(组图)

### 人物介绍：黄道周

黄道周（1585—1646），福建漳州府漳浦县（今福建省东山县铜陵镇）人。明末著名学者、书画家。

在学术上，他精研儒学经典，著作颇丰，其思想在当时的学界颇具影响力。在书法领域，他擅长楷、行、草诸体，笔法刚劲有力，风格独特，作品被视为书法艺术珍品。

黄道周更以其坚贞不屈的气节著称。明朝末年，面对清军入关，他毅然投身抗清斗争。虽历经艰难险阻，仍坚守信念，组织力量抵抗。被俘后，面对劝降，他宁死不屈，最终英勇就义。

黄道周本人设计的天地盘

## 第二节 夺取厦门

1646年,清兵入闽,郑芝龙降清,隆武帝逃至汀州被俘,死于福州。郑成功退至金门,写下著名的《报父书》。他慷慨陈词:"从来父教子以忠,未闻教子以贰,今吾父不听儿言,后倘有不测,儿只有缟素而已。"郑芝龙一到福州就被连夜挟持上京,从此被软禁。随后清兵突袭安平,郑成功的母亲田川氏被辱自尽。

郑成功闻噩耗,如晴天霹雳,披麻戴孝赶回安平,料理母亲的丧事。家仇国恨填胸,他来到南安丰州孔庙前,焚烧青衣儒服,向孔子的牌位诀别,决意投笔从戎,为国尽忠。

南安丰州"郑成功焚青衣处"

随后,郑成功倾尽残余的家产,招集父亲旧部在小金门会盟誓师,开始了波澜壮阔的与西方殖民者争夺海权的战斗和抗清斗争。

郑成功在烈屿(小金门)的会盟誓师之地(黄框内)

### 延伸阅读:郑成功与金门

明季,郑芝龙在闽海一带势力强大。天启六年(1626),郑泊于金、厦两岛,树旗招兵,有数千金门人追随郑氏的脚步。郑成功在攻取金厦两岛时曾说:"金、厦本吾家土地。"1650年至1680年这30年间,郑成功父子在金厦造船练兵,吸引了许多金门人入伍投效郑家军。其麾下名将洪旭、林习山即为金门人。

金门延平郡王祠中的毂辘
(郑成功当年所遗留)

### 人物介绍：洪旭与《重修洪本部渡头碑记》

洪旭（1605—1666），字念荩，号九峰，福建同安人（今金门县）。他最初是郑成功的父亲郑芝龙的部将，后来郑芝龙降清后，归依郑成功。洪旭有勇有谋，每次郑成功出征外地，都让他镇守厦岛，全权处理军政。

厦门流行一种说法，说"中秋博饼"是洪旭为激励士气，设计出的一款游戏。此游戏沿袭至今，成为闽南人中秋聚会的保留节目，并成为一种习俗。

在厦门市思明区开禾路洪本部巷33号，有一块古老的石碑，上面刻着《重修洪本部渡头碑记》。这里是明朝末年著名将领洪旭建户部、修造战船的地方，其巷口濒临大海，设有渡口，即"洪本部渡头"，该渡头历经多次重修。

金门洪旭故居

### 人物介绍：林习山

　　林习山，字尔登，号简初。南明隆武二年（1646），郑成功屯驻金门时，林习山追随郑氏起义抗清，先任职楼船镇，后转右卫镇。永历五年（1651），因监守施琅不力，让施琅脱逃投清，故而下罪。但郑成功鉴于林习山战功卓越，故免其罪，后调职。永历六年（1652），林习山复授井宿镇，履随各镇征伐。永历八年（1654），受封忠定伯。永历十三年（1659）春，林习山随郑成功北伐南京，屯岳庙山，在沙场不幸中炮阵亡，享年54岁。林习山前后追随郑成功有14年之久，阵亡后归葬于厦门衡厝乡，被御赐祭葬。

金门林习山故居中的林习山夫妇画像

金门延平郡王祠

金门太武山郑成功观兵弈棋处

因海而生

郑成功起兵后，兵少粮缺、势单力孤，多数父亲的旧部各自拥兵自立。厦门为郑氏旧将郑彩、郑联兄弟占据，在厦门横征暴敛，百姓则深受其害。

经过数年苦斗，郑成功深感根据地之重要。1650年农历八月十五日夜，他率领船队驶入鼓浪屿，第二天到万石岩拜会郑联。郑成功以"屡败之将"自称。郑联瞧不起郑成功，毫无戒心，留郑成功宴饮。

八月十七日，郑成功在虎溪岩设宴回请郑联，郑联欣然前往，酒酣入夜方归。当郑联行至半山塘，郑成功布下的伏兵突然杀出，将郑联刺死。郑成功随即在虎溪岩顶放炮为号，早已潜入城中的各路人马闻号而动，一齐杀出夺下中左所城。郑彩、郑联的部将原本就是郑芝龙的部属，见大势已去，纷纷归顺。从此，郑成功以厦门为根据地，完成了郑芝龙旧部的统一，取得了公认的领袖地位。

厦门中岩寺的"玉笏"石刻（郑联所提，时郑联被南明鲁王封为定远侯）

## 第三节　谋划厦门

郑成功夺取厦门后定下了"固守各岛，以拒来敌；兴贩洋道，以足粮饷；攻取漳泉，以为基业；水陆并进，夺取八闽"的战略方针；又从练兵备战、建政开府、海洋商贸和港口建设四个方面巩固、开发、建设厦门，在很短的时间里，使厦门迅速成为坚固的根据地、东亚商贸中心。

清初郑成功驻兵同安大轮山时使用过的养马槽及用于捣制火药的石臼

郑成功首先在厦门扩军练兵。他的部队分为陆师70余镇，水师10余镇，总兵力达10余万人，大小战船近万艘，还组建了一支全身穿戴铁甲的"铁人镇"。

郑成功常亲临演兵场，督阵操练。当年，郑成功在厦门设立两个演武场，一处今厦门大学的演武场，另一处即现在开元路到洪本部一带的外校场。

外校场路牌

**郑军编制图**

| 军种 | 军队名称 | 附注 |
|---|---|---|
| 亲军 | 左武卫镇、右武卫镇 | 武卫镇原为戎旗镇、武骧镇；各镇下辖左右中前后五协；虎卫镇原为骁卫镇，各镇下辖左右前后四镇并火攻，领兵二营 |
| | 左虎卫镇、右虎卫镇 | |
| | 亲丁镇、提督亲军骁旗镇 | |
| 陆军 | 左提督、右提督、中提督、前提督、后提督 | 各提督下辖左右中前后五镇 |
| | 左先锋镇、右先锋镇、中权镇、前锋镇、后劲镇、北镇 | — |
| | 援剿左镇、援剿右镇、援剿前镇、援剿后镇 | — |
| | 左冲镇、右冲镇、中冲镇、前冲镇、后冲镇 | — |
| | 护卫左阵、护卫右阵、护卫中阵、护卫前阵、护卫后阵 | 后改卫护镇为宣毅镇 |
| | 礼武营、智武营、信武营、仁武营、义武营 | 后改营为镇 |
| | 英兵营、游兵营、奇兵营、殿兵营、正兵营 | 后改营为镇 |
| | 角宿营、亢宿营、氐宿营、房宿营、心宿营、尾宿营、箕宿营、斗宿营、牛宿营、女宿营、虚宿营、危宿信、室宿营、壁宿营、奎宿营、昂宿营、柳宿营、井宿胃 | 后十八星宿拨归镇，不另设 |
| | 金武营、木武营、水武营、火武营、土武营 | 后改营为镇 |
| 水师 | 水师左军、水师右军、水师前军、水师后军 | — |
| | 水师一镇、水师二镇、水师三镇、水师四镇、水师五镇 | |
| | 水师内司镇、水师前镇、水师后镇 | |
| 特殊兵种 | 神器镇、铁骑镇、神机营、火攻营、神威营 | — |
| 附：监军系统 | 监军御史、督阵官 | — |
| | 总理监营 | 下辖大监营、监营若干 |
| | 大监督 | 下辖监督若干 |
| | 监纪同知、监纪通判 | 下辖监纪若干 |
| | 察饷司 | 下辖大饷司、饷司若干 |

第五章 永远的郑成功

郑军将官作战时佩戴的藤盔

郑成功所辖的藤牌兵部队使用的藤编盾牌样式

厦门鼓浪屿纪念馆中的"练胆"石刻

外校场这一带扼守筼筜港口，边上的古营路因是当时郑成功所部营盘所在地，故而得名"古营"。附近的洪本部，即郑成功部将洪旭户部衙门遗址。

古营路路牌

### 延伸阅读：厦门大学演武场遗址

南明永历九年（1655），郑成功命工官冯澄世修筑演武亭，日夜在此督练将士。此地现为厦门市重点文物保护单位。

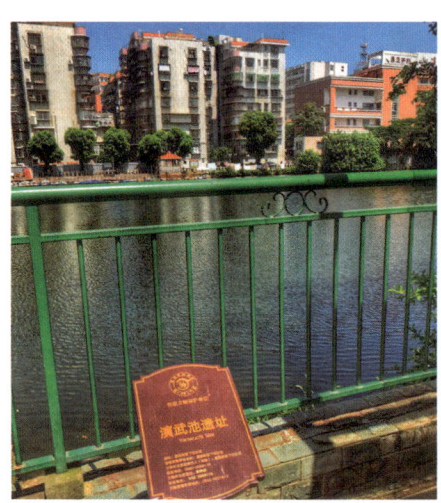

厦门演武池遗址

郑成功麾下最具战斗力的部队当属他的水师。操练水师处除了日光岩的水操台，较为重要的还有今厦门港的水操台和大走马路上二十四崎顶与棋杆巷间的神前澳水操台。

古时的大走马路是一条位于山脊上的古道，是郑成功由鸿山嘉兴寨骑马到达神前澳水操台的大路，约为现在的大中路。大走马路南端称作五崎顶，可通小走马路。小走马路则一直通往镇南关。镇南关鸿山就是郑成功大本营嘉兴寨。

大走马路路牌

小走马路路牌

相传当年郑成功经常带领部属骑马,从大走马路到神前澳水操台和外校场,因此留下"走马路"名称。

郑成功非常重视船舶的制造,任命忠诚能干的金门人洪旭负责造船。

厦门洪本部街路牌

重修洪本部渡头碑记

造船不仅是一条船,而且是一条产业链;不仅需要上好的木料,而且要有船帆、铁锚、大棕绳、升降帆的木滑轮(闽南话称"迦辘"),还要有水罗盘、牵星板,战船上还要有战鼓、铜锣作为行船作战联络的号令。

最好的工匠被请来了，船舶制造产业链的各种技艺一代代地在厦门传承下来了。最优秀的造船人才、技术工匠聚集在厦门这个地方，为厦门留下了宝贵的走向海洋的技艺和传统。

可以说郑成功是厦门造船工业的鼻祖，从厦门许多地名中就可验证，如：夹舨寮、寮仔后、打铁街、竹仔街、绷鼓街、帆寮街、打绳埕、打棕街、车迦辘等等。

郑成功广泛招集收留人才，如陕西人马信、客家人刘国轩等武将，更有江浙名士陈士京、沈光文等。

### 延伸阅读：夹舨寮

厦门夹舨寮是由"夹舨"和"寮"两个词组成的地名。其中，"夹舨"即船帮的制作，"寮"为工场作坊。据考证，明郑时造船厂遗址在此，故名。

夹舨寮路牌

### 人物介绍：陈士京

陈士京，明末清初浙江明州人，原名朱齐木。他是进士出身，曾任给事中、光禄侍卿等职。郑芝龙降清，陈士京支持郑成功坚持抗清，成为郑的谋士。

陈士京于鼓浪屿筑鹿石山房，最终在鼓浪屿离世。其留存著作有《来诗复书》《海年诗内集》等。

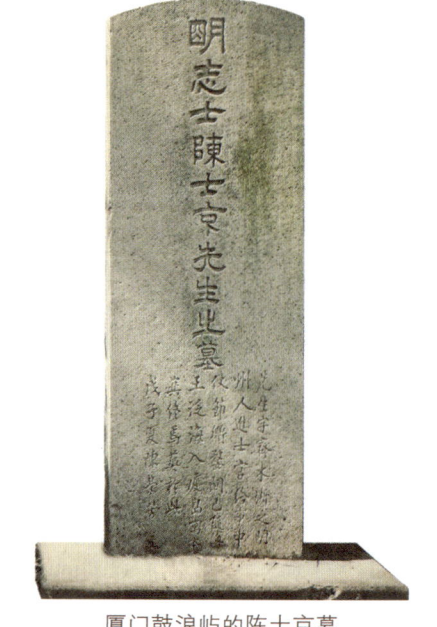

厦门鼓浪屿的陈士京墓

第五章 永远的郑成功

永历九年（1655）二月，郑成功在厦门按郡王礼制设置吏、户、礼、兵、刑、工六官，以及察言、承宣、审理等官，管理人事、财政、典礼、军事、司法、建筑等方面的工作。此外，郑成功还开设了培养文官人才的"储贤""育胄"二馆，分别把有学问的人以及已故将领和侯伯的子弟收进馆内，陆续安插在六官下面历练；同时，改中左所为思明州，先后任命郑擎柱、邓会、薛联桂为思明州知州。这些完备的政权机构，使得厦门成为东南政治中心。

延伸阅读：思明

"思明"是郑成功给厦门起的名字。思明州是与漳州、泉州相当的州府一级的政权。更为重要的是，鉴于郑成功当时实际掌控了台湾海峡乃至整个东亚海域的海权，思明州因而成了这一海域的政治、经济、军事中心。

思明电影院

现在的思明区政府

### 人物介绍：邓会

邓会，字啸庵，福建三山（今福州）人，明末清初时期的贡士，郑成功的部属。1656年至1660年，邓会出任第二任思明州知州。在任期间，邓会致力于地方治理，修筑城池，发展经济，深受当地百姓爱戴。

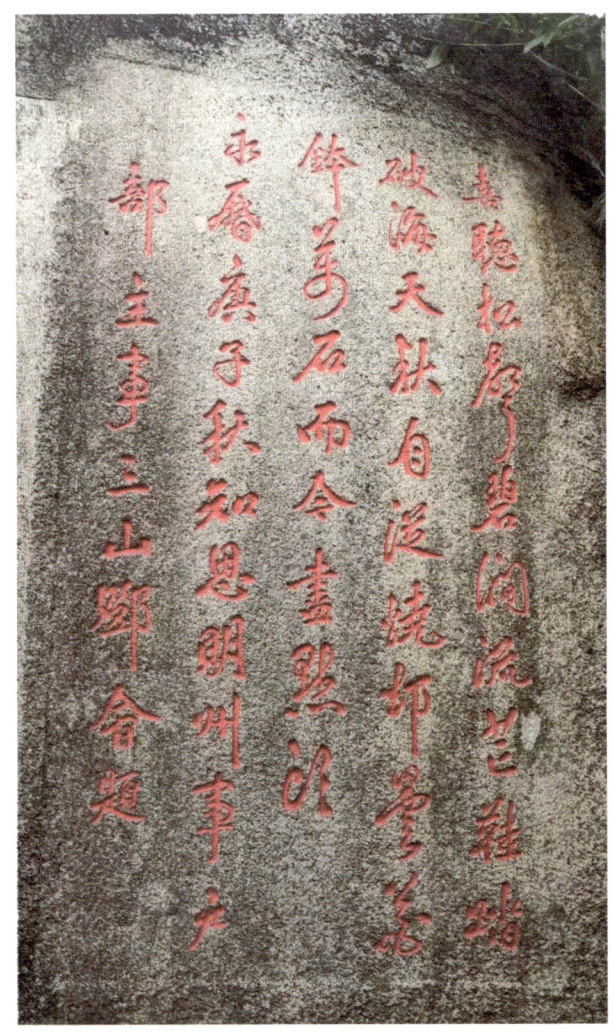

厦门虎溪岩即万石山的"邓会诗刻"

## 第四节 经略厦门

把厦门建成最大的港口和东亚海洋商贸中心,这是郑成功经略建设厦门的宏伟目标。但这个时候,闽南赖于开展海上贸易的商品发生了很大的变化。

支撑闽南海上丝绸之路的商品,主要是丝绸、陶瓷、糖、茶。可是,欧洲在明万历派出了三个传教士到江西景德镇,窃取了中国瓷器制作技艺,对中国瓷器的进口因此而逐渐递减。其后闽南瓷器的主要出口市场成为东南亚国家,出口的产品也转为主要是民间的日常用品,利润大幅下降。

郑成功铸造的"永历通宝"铜钱

漳州窑蓝釉花卉纹盘

明代青花折枝牡丹纹盘

荷兰人察觉到蔗糖有利可图,遂从闽南引进甘蔗到其盘踞的台湾地区,以及印度尼西亚,同时招募闽南的能工巧匠前往定居。这些能工巧匠利用甘蔗生产蔗糖,蔗糖成为荷兰人的商品,为他们赚取了大量的利润。

同安吕厝当年榨蔗的石碾

台湾牛拉蔗车榨蔗汁与一对石碾

另一方面,清初的战争给同安一带带来了巨大破坏,当地制糖产业几乎被摧毁殆尽。

明万历三十年（1602），同安全县总共有人口49903人，清兵屠同安县城，一次就杀害了20000余人。

同安本是闽南甘蔗种植最多、蔗糖生产最多的地方，这时却再也生产不出来了。所以当郑成功经略厦门的时候，正是闽南的生产力最低潮的时候。他需要聪慧的闽南人民创造各种海上贸易的商品，从丝绸到瓷器，从铁锅到蔗糖，当时的闽南人再也生产不了了。

郑成功跳出闽南，放眼全中国创造了山海五路、陆海相连的贸易网络。以当时东亚最大的思明为中心港口，将全国作为厦门港的腹地，金、木、水、火、土陆路五大商行设在京师、苏、杭、宁、山东等处，负责采购各地商品，把苏杭等地采购的湖丝、缎匹等货物经过福州、福宁运回厦门。

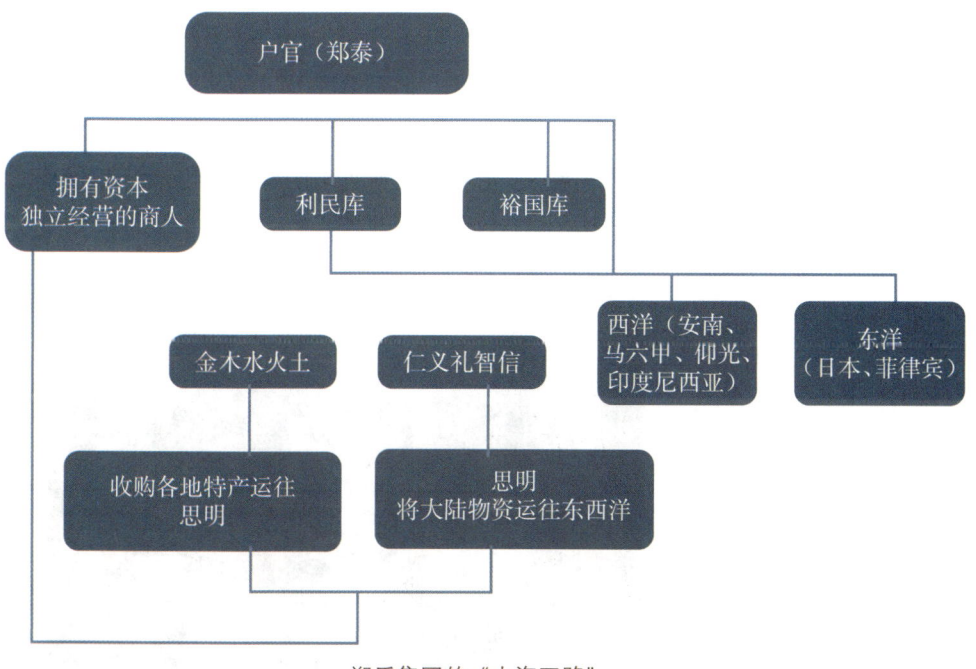

郑氏集团的"山海五路"

郑成功又设立了海路仁、义、礼、智、信五大商行,选址在思明,经营与海外东、西洋的直线贸易和三角贸易。每一字号统辖12艘商船,每艘商船每年缴交的本息有万余两。郑氏商船东达日本、菲律宾等国,西至柬埔寨、暹罗(泰国)、交趾(越南)、巴达维亚(印度尼西亚)等国。我国茶叶也是此时由荷兰商人传播到西欧,厦门从而成为"海上茶叶之路"的第一输出口岸。

清代漆描金人物纹茶叶盒

日本青花彩绘花鸟开光人物棱纹瓶

### 延伸阅读:厦门水仙宫

厦门有条水仙路,它得名于原本矗立在附近的水仙宫。清乾隆三十一年(1766),薛起凤主纂的《鹭江志》载道:"水仙宫在望高石下,坐山向海。祀大禹、伍员、屈原、项羽、鲁班诸神,明时所建。迁界令下,海边诸庙俱废,此独不毁。"

水仙宫供奉水仙五王——大夏圣帝(大禹)、西楚尊王(项羽)、伍盟大夫(伍子胥)、白盟尊王(鲁班)、屈原大夫,对应了金、木、水、火、土、仁、义、礼、智、信。

大天后宫水仙尊王

第五章 永远的郑成功

清代茶叶外销画（组图）

窃据台湾的荷兰东印度公司一度对郑成功所属商船在台湾的商务活动进行刁难，郑成功遂下令各港口船只不得到台湾与荷兰人做生意。禁绝令下达两年，荷兰人贸易一蹶不振，不得不派人与郑成功谈判，以年输银5000两、箭坯10万支、硫黄1000担的代价获得贸易权，所有商船乖乖地缴纳牌饷。

在这样的背景下，厦门港取代了月港、安平港，成为中国其时最重要的对外通商口岸之一。

## 第五节　建设厦门港

筼筜海湾旧称筼筜港，位于厦门岛西部，曾是一个与大海相连通的港湾，舟楫在筼筜港可直抵江头。1654年，隐元和尚与38名弟子东渡日本，便是从江头出发，还留下了"江头臂把泪沾衣，道义恩深忍难时"之诗句。这说明至迟在郑成功时代，江头就已经成为远洋外贸商船的码头。

在筼筜海湾口的南岸，郑成功时期就有户部洪旭的洪本部路头、典宝路头、竹树脚路头和打铁路头。渔仔市、夹板寮、外校场都在此附近。厦门的埭头石塔，是筼筜港沧海桑田的物证。

### 延伸阅读：埭头石塔

埭头石塔原名筼筜石塔或凤屿石塔，2003年经文物管理部门修缮保护后，因其位于埭头社所属原海滩地，故被命名为"埭头石塔"。筼筜湖的前身筼筜港原是一个美丽的港湾，埭头石塔原矗立在筼筜港中，作为航标为过往船只指引方向。20世纪70年代筑堤围垦，筼筜港水域面积缩小，变成了筼筜湖，石塔所处位置逐渐改造成了陆地。埭头石塔见证了筼筜地区的沧海桑田，见证了厦门港主港从筼筜港到玉沙波的变迁。

厦门埭头石塔

**人物介绍：隐元和尚**

隐元禅师，俗姓林，名隆琦，明万历二十年（1592）出生于福建福清。1620年，他在福清黄檗山万福寺剃度出家，1637年接任万福寺法座。郑成功十分尊重隐元禅师，其麾下部分将领与隐元关系密切。1654年，应日本长崎崇福寺之邀，隐元东渡弘法。1654年6月，郑成功派人赠予斋金，安排船只，护送隐元禅师一行东渡日本。隐元到日本后开创了黄檗宗，黄檗宗后成为日本佛教一大宗派，隐元被尊为日本黄檗宗初祖。

隐元禅师画像

今日的厦门玉沙坡——沙坡尾

东西对外贸易，光靠筼筜海湾的几个码头肯定是远远不够的。郑成功把自己的中军营盘设置在能够俯瞰厦门港入口的鸿山上，从鸿山顺坡而下，便是天然港湾玉沙坡。玉沙坡位于虎头山下的打石字到蜂巢山之间，这里有一湾如玉带般的海沙坡。当时，每有商船出港，都会来此地取用数百石海沙压舱做重，但海沙丝毫不减，终年不竭。玉沙坡以从厦门港由北往南流入澳仔港道的溪流为界，分为沙坡头与沙坡尾。

郑成功在此地建水操台、演武池、演武场，筑演武亭，玉沙坡自此成为厦门军港，成为厦门海防枢纽。

神前澳在厦门岛的"四大澳"中居首位，就在今天大同路这一带，距离厦门城最近。厦门港交通核心位置由筼筜港向深水航道"鹭江水道"转移。随着厦门城外街市的逐步形成，商船也大量地汇集到神前澳来靠泊。这也为后来清初填澳建成十三路头，并将海关总口设立于此奠定了基础。

其时十几万兵将，还有造船、打铁等工匠，加上他们的眷属，其消费形成市场，市场催生厦门成为闽南最大的渔港。

当时除筼筜港南岸美仁社、北岸牛家村两个历史悠久的渔村外，闽南各路渔船云集，形成后来的内港、外港、外海三路渔船帮。故有"筼筜渔火"入厦门八大景。

"筼筜渔火"

厦门作为军港、商港、渔港三港合一的格局就此奠定。

## 第六节 收复台湾

清顺治十八年（即南明永历十五年）三月二十三日（1661年4月21日），郑成功率领300余艘战船、25000余将士从思明出发。四月初一，郑成功军队从鹿耳门航道直趋禾寮港登陆，攻占赤崁城（今台南）。四月初四，郑军对"热兰遮城"（今台南安平）实行围困，同时部署军队屯田开拓台湾。闰七月，郑军在"热兰遮城"外的海上大败从巴达维亚前来增援的荷兰船队。郑成功在海战中有两套必杀技，其一"以大欺小"，仗着福船高大坚硬，乘风乘潮，如泰山压顶般将对手的小船犁翻。

### 人物介绍：何斌

何斌，生卒不详。南安人，本郑芝龙部下，通晓荷兰语，留台任荷兰通事。暗中协助郑成功收缴大陆往台湾商船之税，又偷绘鹿耳门至禾寮港航道图，冒险于1661年元宵夜孤舟前往厦门嘉兴寨，并献图郑成功，促成郑成功顺利收复台湾。复台后，何斌当向导、任翻译，推动郑军与台湾当地居民携手战荷。郑成功说：你真是上天送给我的好帮手啊！

郑成功纪念馆收藏画作《何斌献图》

南音《何斌献图》

因海而生

而对于荷兰人高大的坚船,郑军则"以小欺大",用小艇火攻。数十艘有如龙舟的小船装满火药燃料,船头装着带有倒钩的铁钉;每艘数十名水手快桨如飞,船如箭矢插入荷兰船舷,水手们点着火药燃料,齐声呐喊,纷纷跳入水中,四散游开。荷兰人只能眼睁睁地看着火越烧越大。

郑军使用的投掷火器(俗称"国姓瓶")

郑军用小艇火攻荷兰船队油画

第五章 永远的郑成功

十二月十三日（1662年2月1日），绝望的荷兰东印度公司驻台湾"总督"揆一宣布投降，双方签订18条缔和条约。台湾终于回归祖国，郑成功兴奋不已，赋诗"十年始克复先基"。

荷兰东印度公司台湾长官揆一向郑成功投降（1662年）

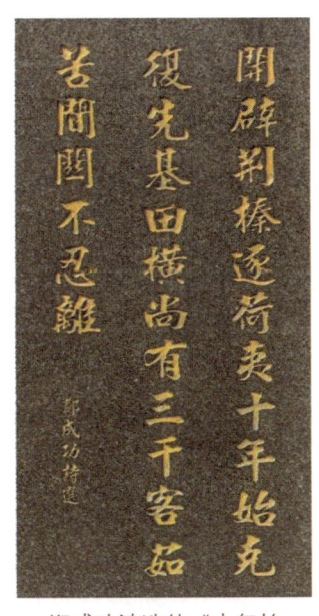

郑成功诗选的"十年始克复先基"诗句

位于台南赤崁楼的郑成功议和图塑像

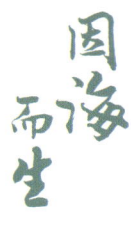

郑成功不仅收复了台湾，而且在台湾推动了中华文化的全面播传。

人是文化的创造者，又是文化的产物，大陆人民移垦开发台湾的历史，实际上也属于中华文化在台湾传播的一部分。

位于台南市的郑成功塑像

如果说郑芝龙招募数万灾民开垦台湾，开启了开发台湾的第一个高潮。那么1661年郑成功率兵收复台湾，则掀起了中华传统文化在台湾传播的第二次高潮。

郑氏父子经营台湾23年，组织大批军民迁台拓垦，主要有四部分：其一，郑氏军队；其二，沿海居民不愿内迁者，东渡台湾；其三，多次安排在台将士的眷属来台；其四，将罪犯降虏迁往台湾拓垦。在当时，台湾人总数15万—20万，凭借郑氏在台湾确立的统治地位，中华文化得以在台湾岛上成为主导文化。

在治理台湾的20多年间，垦殖一直是郑氏的首要事务，因而进展迅速。以台南为中心，南北两路的垦殖点成片分布，相连成一线。中华文化由此广泛传播于台湾的西海岸地区。

据陈义达《台湾县志》记载，明郑时所建的佛寺有四所，关帝庙七所，真武玄天上帝庙七所。此外，祀奉观音的佛寺、祀奉福德正神的土地祠、祀奉城隍爷的城隍庙、祀奉保生大帝的保生大帝宫等，也在这一时期纷纷建立。

这么多庙宇，每逢神诞节庆，便要搭台唱戏，娱神娱人。各种小吃及诸如捏面人之类的小手工艺亦奔赴庙会。舞龙、舞狮等各种阵头更是必不可少。

康熙五年（1666）正月，台湾第一座孔庙在今台南市落成，后人称之为"台湾首学"。随后，郑氏又下令各村庄设学校，开科举。建孔庙、倡儒学，这一系列举措不仅能教读识字，更将中国传统文化的核心即儒家精神灌输到台湾民众之中。

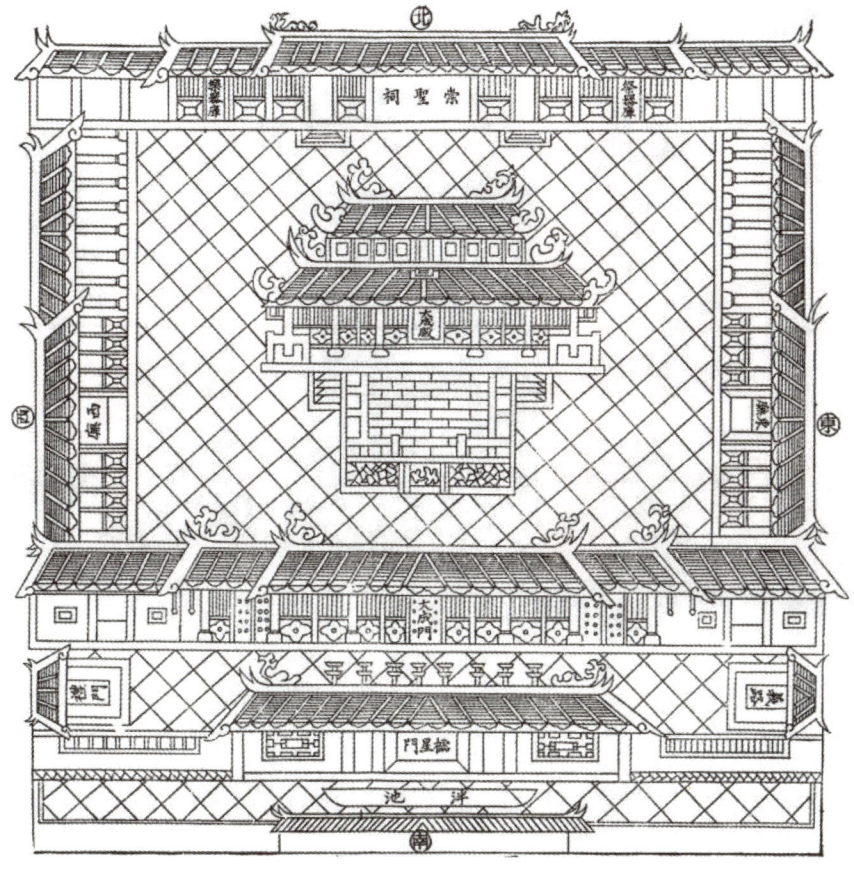

台湾首学平面图

**延伸阅读：台湾的第一座孔庙**

郑氏时期，陈永华辅助郑经在台湾推行科举制度，规定天兴州和万年州每三年举行两次考试，考中者依次经过府试、院试、太试，一轮轮地淘汰选拔。陈永华于台南大南门兴建了先师圣庙，并设置讲学堂。公元1684年，巡台厦道周昌、知府蒋毓英等先后重修圣庙，并易名为"先师庙"。先师庙设置台湾府学后，300年间素有"台湾首学"之称。这是台湾的第一座孔庙。

因海而生

郑经时建的台湾第一座孔庙

郑氏手下多孤臣宿儒、饱学之士。其中最著名的除陈永华外，还有沈光文。沈光文，浙江鄞县（今鄞州区）人，后世称之为开台湾文教风气之先的人。在明郑时期，像沈光文这样深入民间、教习子弟、启迪民智的，传有800余人，见诸记载的有叶亨、徐孚远、沈佺期、辜朝荐、纪石青、黄臣以、陈元图等。这些人还留下了许多描写台湾风土及抒发当时台湾军民情怀的诗文，创作了台湾第一批文学作品。这些忠心不二的知识分子，为中华文化在台湾的传播所建立的功勋，是难以估量的。

## 人物介绍：陈永华

陈永华，字复甫，福建同安人，其父陈鼎为明末举人兼同安教谕。1648年，清军陷同安，陈鼎拒降自缢，陈永华奉母逃离后安葬父遗体，从此立志弃文从戎。

陈永华20岁时受兵部侍郎王忠考推荐，与郑成功交谈，后被任参军。1659年，郑成功谋划北征事宜，陈永华倡言北伐。1661年，陈永华随郑经东渡台湾，郑成功死后，他辅佐郑经，历任多职直至东宁总制使，掌台湾治理大权，于政治、经济、文化等多方面施展才华，贡献巨大。

厦门鼓浪屿郑成功纪念馆的陈永华印章

陈永华尤为重视教育。1666年，他提议"建圣庙，立学校"，该提议获批。随后，台湾首座文庙得以建成，设国子监，聘大陆知识分子前来讲学，各地设各级学校。为促高山族子弟入学，他规定高山族子弟入学可免徭役。这一举措使得教育在台湾逐步普及至山区，故而陈永华被誉为"台湾文化教育的奠基人"。

台南陈永华旧墓

因海而生

**人物介绍：沈光文**

　　沈光文，1612年出生于浙江鄞县。沈光文出身书香，年少便学业有成。明亡后，他投身抗清，尊奉南明多个政权，官至太仆少卿。1651年11月，沈光文携带家眷自金门出海，欲入泉州，过围头洋时突遇飓风，漂泊到台湾南部，"遂寓居焉"。时台湾被荷兰占据，他便隐姓埋名，以汉文教授子弟，传播中华文化。1661年，郑成功收复台湾，对沈光文以客礼相待。沈光文寓台30年，创作诸多诗文，著有《台湾舆图考》等。1688年，沈光文逝于台南善化里，因其贡献突出，台湾众多书院将他与朱熹并祀，尊其为"台湾孔子"。他对台湾文化教育影响深远，在台湾文化发展史上留下浓墨重彩的一笔。

　　郑成功复台后，定赤嵌为东都明京，建立了仿照明制的"六官"皆备的政权；设承天府，辖天兴、万年二县。这种完备的政治体制是中国大一统文化的一种深刻的反映。这种政治架构的确立，对台湾的影响是极为深刻的。中华文化全面地在台湾传播。

　　郑成功收复台湾并非孤立的行动，而是他与西方殖民者争夺东亚海权的一个战役。可惜，病魔突降，不幸英年早逝。清康熙元年即南明永历十六年（1662）五月初八，郑成功在台湾病逝，时年39岁。

厦门东坪山郑成功弈棋雕塑

台南赤崁楼城（郑成功当年在台湾的行政中心）

收藏于厦门鼓浪屿郑成功纪念馆的郑成功油画

## 第七节　永远的郑成功

对于厦门，郑成功除了留下了日光岩的水操台、复鼎石上的雕像、西林的纪念馆，还有"思明"的乡愁，更为厦门文化奠定了第一块基石。

思明南路

### 一、厦门的眼界与格局

他站在厦门这个孤岛，无论看任何问题，总是会想到漳州和泉州，想到台湾，想到南洋的华侨，想到所有的闽南人，乃至整个中国的时局变迁，整个世界的发展潮流。因为郑成功在300多年前开创思明州、厦门港的时候,就是这样的视野,这样的眼界,这样的格局。这是厦门文化的传统,是城市的传统,不能更改,更不能丢弃。只有不了解或忘记了这个传统的人,才会有小岛意识。

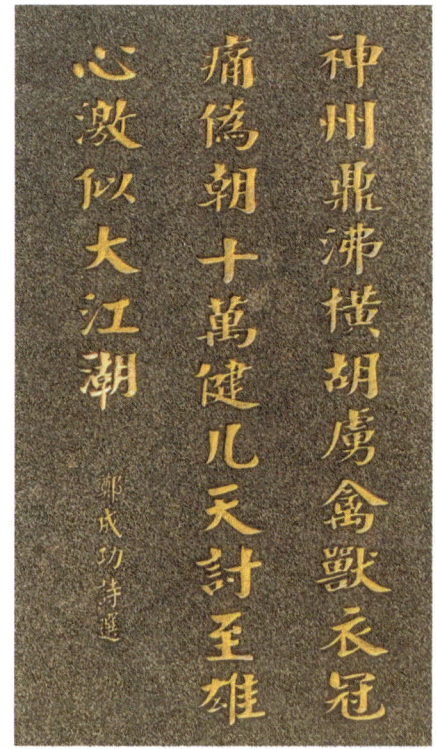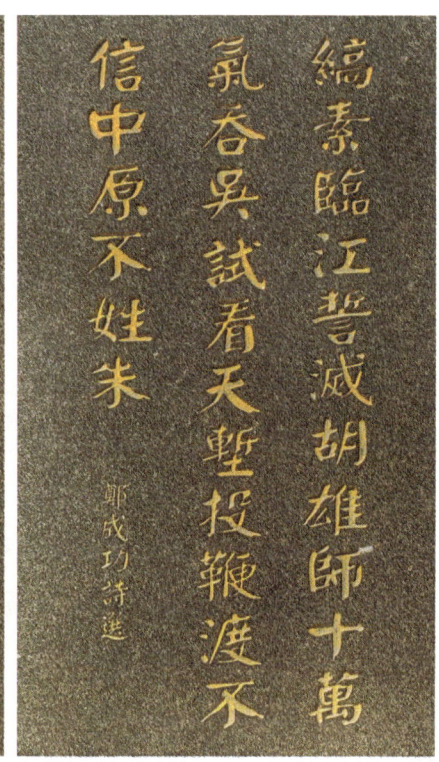

郑成功诗选

## 二、厦门的品德

厦门人最敬重、最推崇的是对国家、对民族、对百姓忠诚的人。看看厦门民间被百姓建祠立庙世世代代供奉祭拜的开漳圣王陈元光,双忠王张巡、许远,三忠王文天祥、陆秀夫、张世杰,延平郡王郑成功,忠愍公陈化成,无一不是忠贞不贰、坚韧不屈的英雄。郑成功孔庙焚青衣、移孝作忠、海上誓师的壮举,拒绝随父亲投降的《报父书》,驱逐荷夷收复台湾的千秋伟业,在厦门家喻户晓,深入人心。从郑成功开始,忠贞不渝的爱国情怀,成为厦门人民

品德的第一追求。

## 三、观念

闽台一体的观念始于郑成功，根深蒂固，成为他驱逐荷夷收复台湾的充足理由。正是基于这一观念，他不但收复台湾、开府设县，将中华传统的行政体制移植到台湾，而且把中华文化全面地播传于台湾。郑氏父子经营台湾23年，将中华文化全面地、大规模地播传于台湾，使中华文化成为台湾的主导文化。从此，奠定了台湾地区以中华传统文化为基础的文化格局。

郑成功对台湾的开发和文化传播，也奠定了厦门和台湾永远割断不了的渊源与缘分，并且把闽台一体的观念深深地根植于厦门人民、闽南人民的心田，世代相传。

## 四、气度

海洋开拓了郑成功的视野，使其具有放眼世界的气度。他不仅善于与世界各国通商，让各国财富为我所用，而且善于吸纳世界各国创造的文化和先进的技术，壮大自己的实力。在郑成功的军营中，有勇悍的黑人亲兵；郑军水师建造的战舰吸取了荷兰甲板船的优点，使用的火炮许多是从西洋诸国直接购进的。中外文化开始在这里交融并蓄，奠定了厦门海纳百川的气度。

## 五、传统与追求

郑成功以思明（今厦门）为重要基地，大力发展海上贸易，积极拓展军事力量，奠定了厦门军港、商港、渔港三港合一的港口城市大格局，组织了"山海五路"、以海引陆的海洋贸易网络。所有这些不朽的历史伟业，正是由于他将闽南人世世代代的伟大传统发扬了下去，即通洋富国裕民！

他为厦门创造了成为当时国家，甚至是世界最大港口、最大海洋贸易中心的梦想和追求！

一个城市的梦想和追求,是这个城市文化的核心。你从哪里来?你到哪里去?你们想要把这座城市建设成什么样?这是凝聚一个城市所有人民的文化力量,也是城市文化自信的核心精神,更是城市永不止息的前进动力。

第五章 永远的郑成功

厦门鼓浪屿郑成功纪念馆

厦门中山路纪念郑成功的"泽被甘棠"牌坊

回首历史,郑成功为厦门文化的繁荣发展添上了浓墨重彩的一笔。他是伟大的爱国者和杰出的民族英雄。他收复台湾的壮举,在中华民族反侵略史上谱写了光辉的篇章,为亚洲人民反对殖民主义侵略、争取民族自由和独立的斗争做出了卓越的贡献。他不仅是收复台湾的英雄,也是开发台湾的功臣,被台湾人民誉为"开台圣王"。同时,他也是厦门港、厦门城市、厦门文化的开创者、奠基人!他是厦门这座英雄城市第一座,也是永远的丰碑。

因海而生

鼓浪屿的郑成功纪念馆雕塑

鼓浪屿的日光岩

# 结　语

　　回望历史，无论是刺桐港、月港还是厦门港，其兴盛衰弱都脱离不了世界和国家的时代潮流。西方15世纪开启的大航海时代，推动了17世纪的工业革命。当中国面临人类千年未有的大变局，明清两代的帝王沉湎于农耕社会的一时富足，闭关自守，坐井观天。如果说明代的统治者到了晚期还有所醒悟，稍稍地打开了面向大海的窗户，清代统治者则更加保守封闭。

　　隆庆开海，月港和安平港的兴起，可以说这是闽南海洋文化、中国海洋文明在农业时代最后的挽歌。明朝被动的开港仅

2024年在厦门举办的纪念郑成功诞辰400周年暨收复台湾362周年大会

局限于南中国海,连穿越马六甲的勇气和念头都没有,完全失去了宋元当年那种扬帆万里、气吞五洋的气魄,也失去了郑和下西洋的天朝气派。从攻势转为劣势,勉强守住而已。

郑芝龙想做蒲寿庚,假设清廷用他,接受他的海权思想、开放理念,大力发展和西洋的通商,是否也可能改写中国的历史?

当然,历史没有假设,而且后来康熙乾隆根深蒂固的妄自尊大、闭关锁国理念也断然不会接受郑芝龙的开放。

那样一个时代,是厦门的悲哀,也决定了厦门、厦门港命运的蹉跎与艰难。重新认识郑成功,就要聚焦于郑成功对海权的重视,对海洋商业贸易的推动,对外来文化的学习和融汇,对世界发展潮流的敏锐把握,从中汲取建设海洋强国的智慧。在这样的前提下,我们才可能真正了解和认识郑成功对于厦门的意义。

从大航海时代开始,海洋经济进入到一个可以给沿海国家带来更多财富并推动社会发展的时代。西方国家认识得早,行动得快,主动推进了从古代向近代的巨变。明清统治者的逆世界潮流而动,造成中国的落后。

以郑成功为代表的东南商民,勇敢迎接世界经济全球化的第一波浪潮,与西方殖民者争夺东亚海权,掌控东亚海洋商贸主导权的水师实力,控制、垄断本国海上贸易通商权。实际上,在郑成功所能控制的区域内,资本主义萌芽得以进一步发展,成为那一时期中国社会内部涌动变革力量的生动体现,为中国融入世界文明发展进程留下了独特且重要的印记。

图书在版编目（CIP）数据

厦门与海. 因海而生 / 蔡心瑀等编著. -- 厦门：鹭江出版社，2025.6. -- ISBN 978-7-5459-2568-5

Ⅰ. K295.73

中国国家版本馆CIP数据核字第2025VL4944号

出 版 人　雷　戎
责任编辑　黄孟林
美术编辑　林烨婧
装帧设计　赖日成

XIAMEN YU HAI · YIN HAI ER SHENG

**厦门与海·因海而生**

蔡心瑀　蔡秀草　胡　捷　胡明宜　编著

| | |
|---|---|
| 出版发行：鹭江出版社 | |
| 地　　址：厦门市湖明路22号 | 邮政编码：361004 |
| 印　　刷：厦门市竞成印刷有限公司 | |
| 地　　址：厦门市同安工业集中区同安园135号 | 电话号码：0592-2200556 |
| 开　　本：700mm×1000mm　1/16 | |
| 插　　页：6 | |
| 印　　张：35.5 | |
| 字　　数：452千字 | |
| 版　　次：2025年6月第1版　2025年6月第1次印刷 | |
| 书　　号：ISBN 978-7-5459-2568-5 | |
| 定　　价：135.00元（全3册） | |

如发现印装质量问题，请寄承印厂调换。

# 厦门与海

李向群　许子贤　扈美丽　陈业元　编著

海峡出版发行集团 | 鹭江出版社

2025年·厦门

顾　问：林仁川　刘登翰
主　任：叶细致
副主任：黄天福
主　编：陈　耕
副主编：陈亚元
编　委：陈　耕　陈亚元　蔡心瑀　梁宏彦　李向群
　　　　胡明宜　蔡秀草　胡　捷　陈文滨　李　晖
　　　　许子贤　扈美丽　李向宏　王玲玲

**本册编著者**：李向群　许子贤　扈美丽　陈亚元　李向宏

# 目 录

前言 / 1

## 第一章　屈辱和抗争 / 1
第一节　鸦片战争中的厦门 / 1
第二节　开埠 / 14
第三节　甲午之变 / 21
第四节　辛亥革命 / 28

## 第二章　下南洋 / 35
第一节　闽南人的"过番歌" / 35
第二节　南洋的华侨社会 / 39

## 第三章　实业救国 / 52
第一节　要想富，先修路 / 53
第二节　实业的振兴 / 60
第三节　繁华都市 / 70
第四节　金融与侨批 / 76

## 第四章　走进现代化 / 83
### 第一节　民间主导的城市建设 / 83
### 第二节　中西合璧的风貌建筑 / 111

## 第五章　百年树人 / 117
### 第一节　人的健康——走向文明的基础 / 119
### 第二节　时代对传统教育的冲击 / 140
### 第三节　教育救国 / 145

## 第六章　红色厦门 / 169
### 第一节　福建革命的摇篮 / 169
### 第二节　抗日救亡的英烈 / 178

## 结语 / 190

## 主要参考文献 / 192

## 跋 / 195

# 前 言

就在清王朝还沉浸在康乾盛世的自给自足和自大傲慢中时，帝国主义的炮舰轰开了清朝闭锁的大门。从此中国的历史掀开了新的一页。

英帝国主义垂涎已久的中国四大商港——广州、厦门、上海、天津，首当其冲，迎来了洋枪、洋炮的血与火的洗礼。当然，这也是工业文明对农业文明的降维打击，是对中国闭关锁国封建农业社会的当头棒喝。从此，厦门人民观念的转变和厦门文化艰难的转型开始了。

在这100多年里，鸦片战争、甲午割台、戊戌变法、辛亥革命、抗日战争和解放战争，一连串历史巨大转折中，厦门人民在帝国主义凌辱欺压中奋起反抗，屡败屡战，绝不屈服，涌现出无数的英雄豪杰，名垂千古。

厦门人民是中华民族最早觉醒，迎接时代浪潮的先驱之一。在这100多年里，他们趁着港口的开放，走出去、俯下身，忍辱负重，向西方学习，吸收外来，更新自身；又坚守自己文化的"教示"，创造出中西包容的嘉庚文化，艰难地迈出走向国际化、城市化、工业化、市场化的第一步，并引领了闽南文化的现代化转型。

民国时期厦门大同路

# 第一章
# 屈辱和抗争

我们必须把帝国主义侵略者和西方国家的人民区分开来，把西方先进的工业文明和西方侵略者的掠夺、强权、傲慢区分开来。许多来自西方的友人来到厦门后，与厦门人民建立了深厚的友谊。在双方的友好交往中，厦门人民学到了许多西方先进的文化。这一段友好交流的历史，我们永远都不能忘记。

但是帝国主义对我们的侵略，施加于我们的屈辱，我们也永远不能忘记。

那些在反抗帝国主义的侵略、压迫、剥削的斗争中冲锋陷阵、英勇牺牲、作卓越贡献的英雄，更是我们永远的榜样。

## 第一节 鸦片战争中的厦门

道光十二年（1832），英国"阿美士德"号来到厦门，停留六天，在厦门岛进行侦察。船主胡米夏［亦作"胡夏米"（Hoo Hea Mee）］提交给英国外交部的侦查报告，认为厦门港港深不淤，商船能直接靠岸起卸货物，最大的军舰也能进口停泊，是中国最繁盛的城市之一。

一位船上的翻译兼医生——德国籍传教士郭士立认为："由于港

口的优良，厦门早就成为中华帝国最大的商业中心之一，又是亚洲最大的市场之一。""厦门无疑是欧洲人前来贸易的最好港口之一。"

道光十五年（1835）、十七年（1837），英国军舰到福建沿海挑衅，被时任福建水师提督陈化成驱逐。道光十九年（1839），英国军舰又开到厦门沿海一带活动，陈化成率领水师同英军交火，赶走了英侵略者。

人物介绍：陈化成

陈化成是同安丙洲人，他在道光六年（1826）、八年（1828）、十年（1830）、十一年（1831）四次任职福建水师提督，到十九年才转任江南提督，后壮烈牺牲在上海吴淞口炮台，并被上海人民奉为上海城隍爷。他的故居就在厦门中山路草埔巷9号，他的家庙陈圣王宫在厦门洪本部，他的墓和厦门人民纪念他不朽精神的雕像就在金榜山下。陈化成成为厦门人民抗击帝国主义侵略的英雄榜样，他对厦门文化的影响是极为深远的。

厦门市金榜山下陈化成墓地及铜像（李蔚摄）

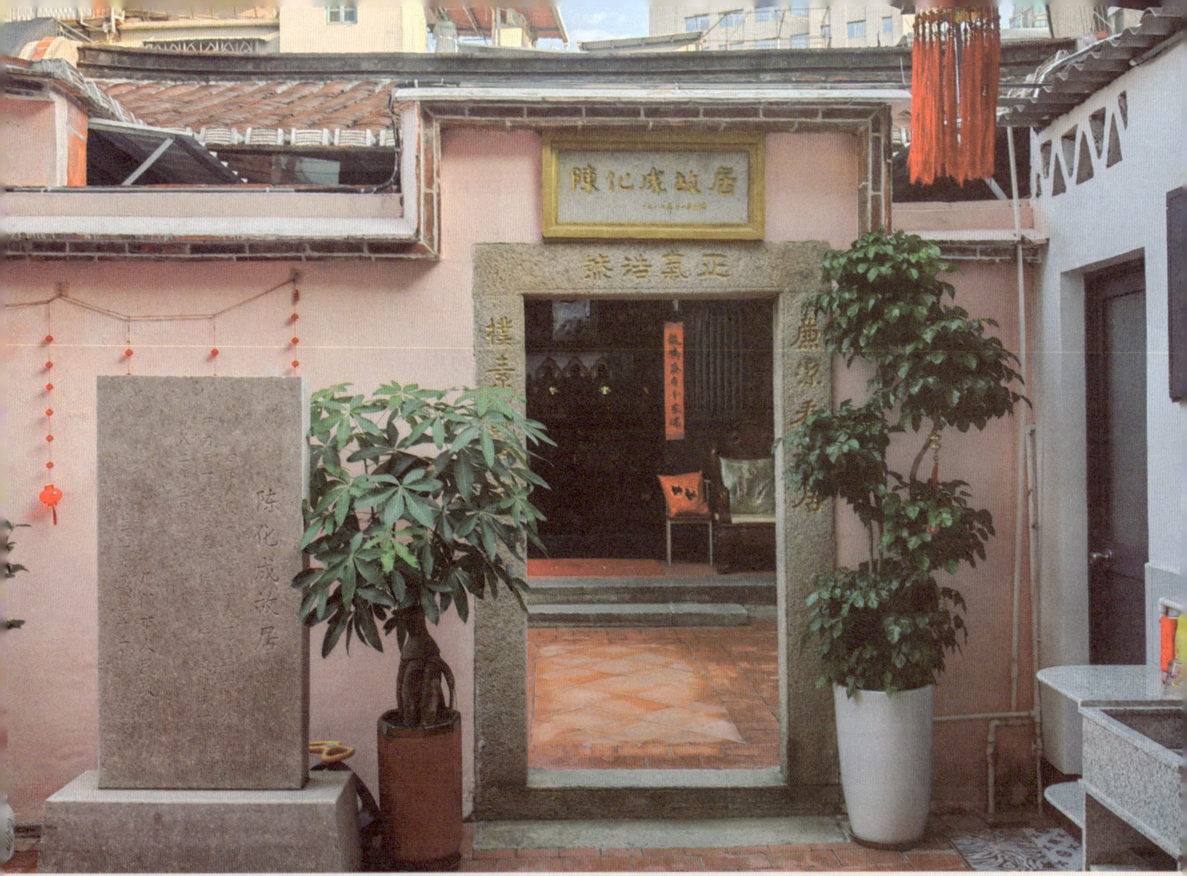


1
2 | 3

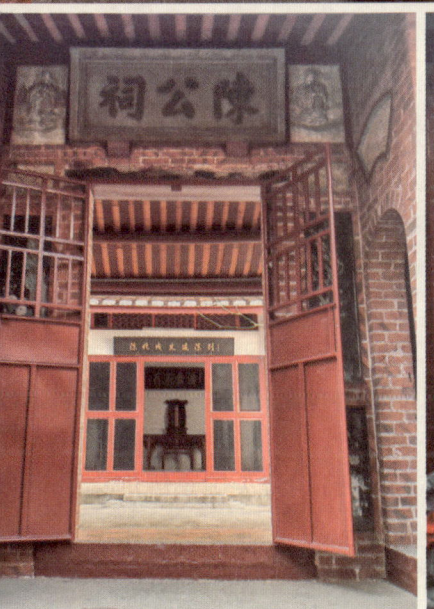

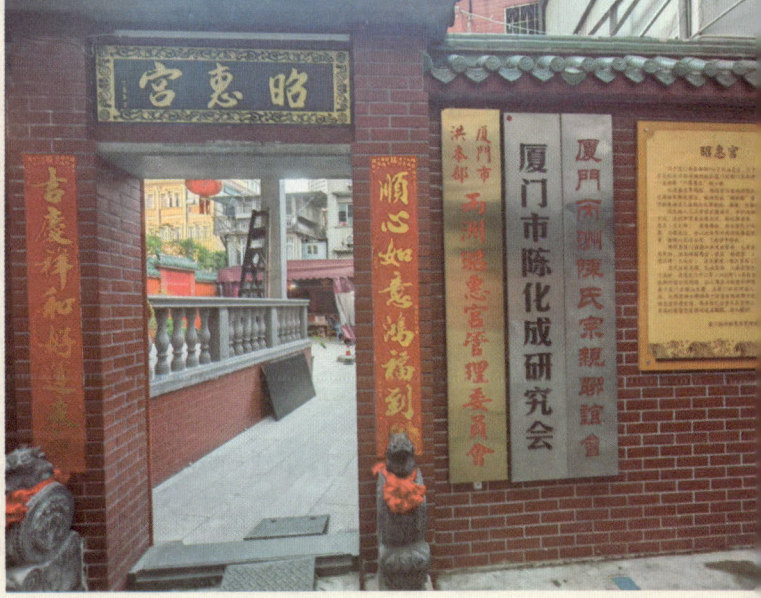

1 厦门市中山路草埔巷九号陈化成故居（李蔚摄）
2 厦门市公园西路陈化成祠（李蔚摄）
3 厦门市洪本部巷昭惠宫（李蔚摄）

道光二十年（1840）六月，英国首先在广东发动侵略战争。

7月22日，英军舰窜入厦门内港，并企图登陆。厦门守军在厦门殿前人、护参将陈胜元的带领下，击退登陆英军。闽浙总督邓廷桢下令发炮，激战三个多小时，英舰被逼退。

8月21日晚上，英军军舰乘夜偷袭，被厦门水师击退。

23日，英舰猛攻厦门港水操台，邓廷桢指挥守军开炮还击，激战多时，英舰灰溜溜地退出厦门海域。

英军进犯厦门的失败鼓舞了全国军民。但定海、天津相继陷落，腐朽的清王朝一心求和。道光二十一年（1841），主战的林则徐、邓廷桢被革职充军，又下令沿海各省撤兵。就在此时，英国军队突然又侵略厦门。

1841年英军进攻厦门版画（1842年作）

颜伯焘代替邓廷桢担任闽浙总督。战斗一打响，英国军舰炮火猛烈，在沙坡头督战的颜伯焘见势不妙，仓皇逃走。诸多清军跟着逃跑，许多坚守炮台的将士血洒疆场。

英国兵舰的洋炮摧毁了厦门港的长列炮台，英国兵占领了厦门兴泉永道的衙门作为兵营。英国军队从海上用炮舰打开了清王朝禁锢的门户。

清同治二年（1863）清朝收回被占为英兵营的道署后所立的《重建兴泉永道署碑记》
（李蔚摄）

厦门古城墙（李蔚摄）　　　　　长列炮台（石壁炮台）之一段（李蔚摄）

道光二十二年（1842），清政府被迫同英国签订了第一个丧权辱国的不平等条约，即《南京条约》，开放广州、上海、厦门、福州、宁波为通商口岸。1843年11月2日厦门正式开埠，同时也沦为中国第一批半殖民地半封建城市。

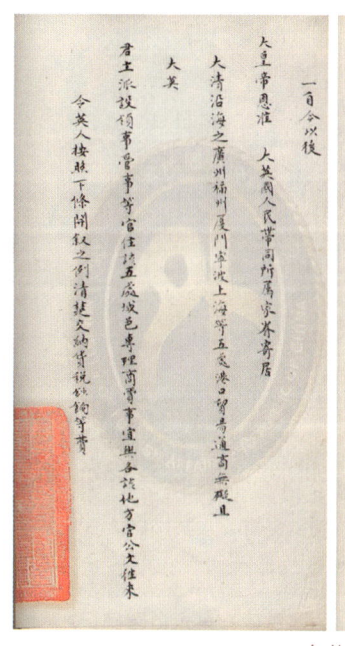
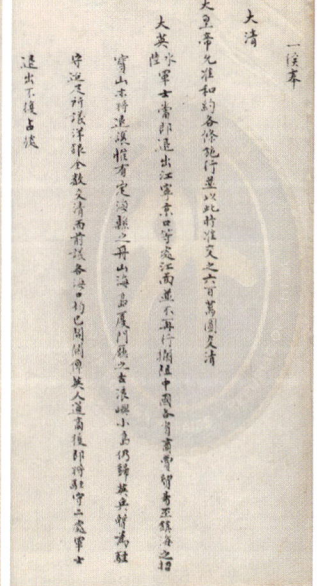
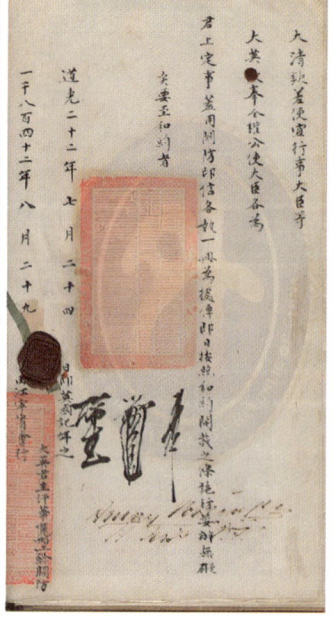

中英《南京条约》中有关厦门的部分

厦门成为五口通商口岸之一,西风强烈地刮进厦门岛。从洋枪、洋炮开始,洋教、洋关、洋行、洋货,而后,领事馆、租借地,食髓知味,由肉入骨,步步紧逼。

西方列强各国商人纷纷在厦门设立洋行,逐渐操纵了厦门的商业、航运和金融。许多商人又成为领事,在帝国主义的庇护下大肆掠卖华工,走私鸦片,为非作歹。

德记洋行的老板英商德滴,贩卖华工,臭名昭著。他在自己银行的隔壁设立一所监牢,专门用来圈禁绑架来和诱骗来的苦力,等候适当的船只把他们当"猪仔"运送到南美去。当厦门人民对其恶行进行反抗时,他对厦门人民进行大规模的屠杀,造成28人的伤亡。他在厦门十年,掠卖数以万计的华工,却身兼西班牙、荷兰、葡萄牙三国领事或副领事。

1873年拍摄的德记洋行

1860年《北京条约》签订后,中国海关管理逐渐被外国势力控制。1862年,英国人华德成为厦门海关首任税务司。直到中华人民共和国成立,厦门海关自主权才完全回归中国控制,前后历时近88年。

1880年的厦门海关税务司署办公楼及海关码头
（查尔斯·威廉·沃森摄）

第八批全国重点文物保护单位——鼓浪屿和记洋行仓库遗址（李蔚摄）

外国商人任意走私漏税，海关却加以包庇，而对中国商人极其苛刻，动辄处以巨额罚款。

鼓浪屿更成了万国租界，由外国人来管理一切。为了加强对鼓浪屿的统治，帝国主义先后在这里设立了领事团、领事工堂、工部局、洋人纳税者会等机构。

领事工堂，是帝国主义获取领事裁判权的具体表现，所有鼓浪屿的事务由领事工堂做最后的裁决。

鼓浪屿会审公堂旧址（李蔚摄）

工部局作为万国租界的管理机构设立于1903年1月,5月正式行使权力。工部局全部由洋人掌控,分设财政、建设和卫生三部,还有印度巡捕将近30人。直到民国以后,工部局才增加了一位华人董事的名额。

鼓浪屿工部局旧照

第八批全国重点文物保护单位——鼓浪屿工部局遗址(李蔚摄)

英国对厦门走私鸦片更加猖獗。厦门商人每年用于购买鸦片的钱高达25万英镑之多。咸丰八年(1858),清政府为了应对太平军起义,对鸦片进行征税。这样,鸦片在厦门就成为合法贸易。

咸丰十一年(1861),厦门进口的鸦片,每年有2200箱。到光绪十四年(1888),向厦门进口的鸦片竟达到6873箱。中国人民的血汗也不知有多少就从厦门这个口岸流入英国鸦片商的手里。这是厦门历史可悲可痛的一页!

日本领事馆更在其地下室设立监狱,用来关押反帝和革命的志士。鼓浪屿成了国中之国,严重损害了中国主权。

鼓浪屿日本领事馆老照片

鼓浪屿日本领事馆旧址

这时候的厦门，外轮自由出入，鸦片毒品横行，洋货大量涌入，严重摧残了闽南的商业、手工业和航运业，大批商铺倒闭，大批手工业者和船员失业。清朝统治者为了满足他们的穷奢极欲和支付赔款，加紧盘剥，各级官吏贪污腐败，人民无以为生。

1878年厦门的海岸（圣朱利安·休·爱德华兹摄）

1852年6月，闽南小刀会在厦门五神庙成立。这个民间秘密团体创始人是陈庆真。陈庆真是厦门禾山殿前村人，出生于新加坡。少年时，他曾参加以"反清复明"为宗旨的新加坡天地会。他与灌口人王泉共同成立厦门小刀会，共12人。小刀会的领导和骨干以闽南归侨为主，其会规、歌诀、口号、隐语和仪式与天地会的相同，是天地会的支派，很快发展到数万人，其势力几乎遍及漳泉各县与台湾。

五神庙旧址（旗杆巷和布袋街之间，现厦门民立小学校园内的后楼处）（李蔚摄）

咸丰元年（1851），陈庆真不幸被捕，被"严刑拷打，立毙杖下"，年仅22岁。王泉等数十位会众也被捕杀。

但小刀会的火种并未熄灭，咸丰三年（1853）三月，太平天国起义军占领南京，全国震动。厦门归侨江源及其弟江发重建小刀会。仅仅几天，入会者近万人。其主体为农民，也有厦门船工、码头工和游民。同安灌口的印度尼西亚归侨黄宝斋之子黄德美及该乡牛皮贩子黄位，也先后加入。

黄德美、黄位、江源在南洋时的合影

起义前夕，因走漏风声，江源、江发等惨遭杀害。满含悲愤的江源嫂与黄位、黄德美于1853年5月13日集合8000余人，公推黄位为大元帅、黄德美为大统领、江源嫂为监军，发动起义，连续攻占灌口、海澄、石码，17日攻占漳州府城和长泰县城。

5月18日，黄位、黄德美率领三四千人乘30艘大帆船，从箔笞港登陆，攻入厦门，守军被打得落花流水。同安、安溪、漳浦、云霄、平和的官溪、诏安的铜山（今东山县）等11个县及府城，在9天里连连被克，起义军发展到3万多人。

清政府调集精兵封锁厦门海面，切断起义军的粮食。同年9月，清军在高崎、五通登陆；11月，城内的地主豪绅充当内应，起义军腹背受敌，弹尽粮绝。

清军入城后，大开杀戒，被"擒斩及坠海者数以万计"，厦门成了一片血海。

黄德美被凌迟处死。黄位等人在海上坚持了5年斗争，最后到新加坡等地避难。

屈辱与苦难的历史，厦门永远不能忘记。

厦门市级文物保护单位——小刀会杀清将郑振缨处（李蔚摄）

## 第二节 开 埠

开埠也给厦门带来了走向海洋和走向世界的新机遇。"五口通商"通的不仅仅是商品,更是厦门和世界工业经济体系的衔接。当太平天国的动乱渐渐平息,清王朝一批中兴大臣开始推动洋务运动,厦门港也迎来了自己新的发展时期。

首先是商品。

西方窃取中国制瓷技艺,到清初已逐渐发展起来,中国出口获利最丰的商品就由瓷器转为茶叶。乾隆年间,广州一口通商政策夺走了厦门茶叶出口的权利。闽南的商人纷纷跑到广州十三行,其中最大的生意也是茶叶。五口通商使厦门重获这个丰厚的商机。特别是之前100多年里,闽南的移民把茶叶的种植、制作技术带到了台湾地区。高山出好茶,台湾的茶叶成为出口厦门最大宗的商品,也成为厦门出口的主力。由于台湾的出口必须经由厦门口岸,台湾乌龙茶在同治十一年(1872)至光绪十七年(1891)间,有98%是经由厦门转口运往美国的,只有2%经由香港地区运往英国。

在出口贸易的导引下,厦门及安溪的许多茶商、茶工、茶农带着成熟的技术到台湾,以茶为业,推动了台湾茶叶畅销世界,获利丰厚,使得晚清时期台湾茶业异常繁荣,许多厦门人到台湾设立茶行。例如李春生。李春生于清道光十八年

李春生

(1838)出生在厦门的贫苦之家,15岁在厦门基督教竹树堂成为基督徒,同时学习英文并接触商机,后进入洋行成为买办,1865年赴台在大稻埕经营樟脑和茶叶等。他是台湾茶叶外销之先驱,被誉为"台湾茶叶之父"。

光绪二年(1876),仅台北大稻埕就有14家厦门人开的茶行,占当时大稻埕茶行总数的一半左右。台湾茶叶整个生产制作过程中的资金也大多源自厦门,即所谓的"妈振馆"(Merchant)。这是在经营茶叶委托贩卖的同时,又以茶叶为抵押进行贷款的一种买办性机构,其总号在厦门,在台北设有分号。

1895年的台北大稻埕码头(小川一真摄)

闽南的茶叶茶商当然也获得很大的发展,但是由于种种原因,到1878年,由厦门出口的台湾地区茶叶反超闽南的本地茶叶。

台湾的蔗糖和樟脑也在这一时期得到了快速发展。当时台湾地区的蔗糖输出从大陆的华中华北扩展到澳大利亚、新西兰和美洲,樟脑主要销往德国、英国及印度。台湾樟脑的出口，在1891年后大量增长，总产量占了世界樟脑产量的70%至80%。而厦门则是台湾蔗糖和樟脑最重要的贸易中转口岸。

由于西方洋货的大量进口，鸦片战争以后，厦门港贸易长期入超。在台湾商品的助力下，从1873年至1894年，厦门港逐步扭转入超，到1894年完全达至贸易平衡。

其次是航海的工具和技术。

1869年从鼓浪屿拍摄的厦门港口老照片（汤姆逊摄）

虽西方的轮船打败了传统木帆船，把厦门港的远洋贸易带入工业时代，但西方轮船公司也无法一手遮天。实力雄厚的厦门华侨商人迅速跟进，相继创办多家轮船公司，穿行于厦门与南洋之间。

轮船不但提高了货运的效率，而且开辟了厦门到新加坡和马尼拉等地安全快捷的客运航线，使厦门成为闽南人下南洋出发和归来的口岸。尤其在这一时期，西方列强推动了南洋殖民地的工业化，甘蔗、咖啡、橡胶、锡矿、油料作物，以及相关的现代工业迅速发展，故需要大批的劳动力。所以，勤劳的中国人成为最好的招募对象。这推动了闽南下南洋的热潮，也使厦门的客栈业、侨批业迅速发展。

从虎头山鸟瞰海后滩（远处是大型远洋轮船）（1900年前后）

西方还带来了电报等先进的通信手段。鼓浪屿的大北电报公司，将厦门和上海及香港的电缆连接起来，厦门与欧美市场的联系更为迅捷灵通；后来又建成了通往福州和鼓浪屿的电报线，开展了泉州、漳州、云霄、诏安等地电报业务，确立了厦门作为闽南通信的中心地位。

鼓浪屿田尾路大北电报公司老照片

电报不但加速了厦门和各大港口的信息交流,还配合钱庄、银行、民信局的汇票、侨批、汇款单、银行支票等加速和扩大了商业信贷、贸易结算、汇兑等新式金融体制的构建,使厦门成为华南侨汇中心,而正是大量的侨汇填平了厦门港在甲午之后的贸易入超。

英国人修建的太古码头,是可以直接停靠万吨轮船的趸船码头。1880年,英商太古公司在岛美路头北侧建造了太古趸船码头,引桥长约53米,靠泊能力500吨。1932年海后滩筑堤完成后,太古公司在此基础上扩建,于1935年建成太古码头,新码头由两艘钢质趸船(各长64米、宽9米)和一座长21米、宽4.8米的引桥组成,可同时靠泊两艘3000吨级货船。1979年,为了厦门香港航线恢复通航的需要,对二号趸船进行改建,由厦门造船厂新造一艘长100米、宽11米、深2.05米的趸船,可供靠泊6400吨级客货轮。这几次的修建把厦门港码头靠泊装卸的水平带入新境界,也催生了厦门无产阶级的中坚——码头工人队伍。

竣工于1935年的太古码头

20世纪初的太古趸船码头

西方的洋海关带来了一整套完善的规章制度和完备的档案制度,把厦门港贸易和港口的治理提升到全新的水平。海关的钟声成为厦门人校准时间的标准。

鼓浪屿升旗山的风球,成为出海人和移民安全出海的提示。

鼓浪屿升旗山老照片

  所有这一切,把厦门海洋经济网络从农业社会带进了工业社会,使厦门成为中国联系东南亚的中心港口,推动着厦门引领闽南文化现代转型。

## 第三节 甲午之变

就在台湾和厦门共同努力扭转了厦门港贸易入超之际，甲午战败，乙未年（1895），台湾被迫割让于日本。

日本侵占台湾以后，采取种种措施隔绝台湾与大陆的联系。

台湾对大陆的贸易，输出降至1.3%，输入降至1.4%。台湾的经济完全落入日本垄断资本手中。这对台湾和厦门的经济利益是毁灭性的沉重打击，这样的打击使厦门、台湾民众对日本殖民者同仇敌忾。

当割台的消息传来，全台人"若午夜暴闻轰雷，惊骇无人色，奔走相告，聚哭于市中，夜以继日，哭声达于四野"。悲愤交集的群众纷纷涌入巡抚衙门，"愿人人战死而失台，决不愿拱手而让台"。

这些在极度痛苦中发出的无比激愤的话，深切地表达了台湾人民在无端丧失国籍时对祖国的依恋之情。

当台湾人民奋起抗击日寇侵略之时，清王朝却袖手旁观；甚至在台湾抗日武装的领袖之一简大狮兵败逃亡到厦门后，清政府竟将他逮捕，并引渡给日寇。

简大狮（1870—1900），原名忠浩，生于台湾淡水，祖籍南靖县梅林镇坎下村田边社，属迁台第四代。

日本军队强占台湾后，简大狮的妻、妹被日军奸杀，母、嫂、子侄多人死于日军刀下。简大狮变卖家财，招募千余名壮士，组成抗日义勇军，二次袭击台北，冲进市区。

在极其艰苦的条件下，简大狮率领抗日义勇军坚持武装斗争整整三年。由于实力悬殊，抗日义勇军全军覆没。简大狮侥幸逃脱日军魔掌，偷渡潜回漳州。日本当局借助外交强势，催逼清廷官吏协助逮捕简大狮。

清王朝派人将简大狮从漳州抓到厦门海防同知府。简大狮写了一份气薄云天、肝胆欲裂的自白书："日本人虽视我为土匪，但清国人应视我为义民。……于今多言无用，但愿在此就戮。生为大清之民，死为大清之鬼！"

腐败的清王朝还是把简大狮送给了日本殖民者，残忍的日本殖民者在台北大稻埕将其杀害，年仅30岁。

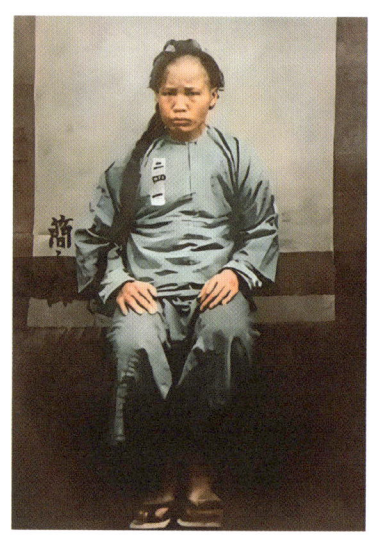

简大狮1900年3月29日英勇就义前的唯一留影

上海《申报》发文："全台无寸土为中国所有，上天公道，列祖列宗英灵，独留一台湾义民简大狮为中国争气，为全台争气，此中国最有志气之人。"

进士钱振锽以"简大狮"为题赋诗："痛绝英雄洒血时，海潮山涌泣蛟螭。他年国史传忠义，莫忘台湾简大狮。"

这种报国无门、哭诉无天的悲愤从此郁结于台湾同胞心中，也深深震撼与台湾唇齿相依的厦门人。

台湾少年团

当时离开台湾迁回祖国的有4000多人,大多定居于厦门。最著名的有台湾首富板桥林家和雾峰林家,以及台湾的几位名士,如林鹤年、施士洁、许南英、汪春源、卢文启、李应辰等。他们其中有很多后来都成了推动厦门走向现代化的杰出人物。

板桥林家的林维源、林尔嘉父子率眷内渡后在鼓浪屿的阖家合影
(来源:鼓浪屿管委会)

林本源园邸——台北板桥林家花园一角(来源:新北观光局)

林尔嘉《创建菽庄记》（来源：鼓浪屿管委会）

雾峰林家原籍漳州平和县五寨乡埔坪村，于清乾隆初年迁居台湾彰化县。林祖密的祖父林文察，官居福建陆路提督，战死后赠封太子少保。太子少保俗称宫保，故林家之后在台湾、厦门鼓浪屿的住宅以及漳州的祠堂均称为宫保第。

雾峰林家第六代林朝栋是1885年中法战争期间守卫台湾的抗法名将。清光绪九年（1883）中法战争，刘铭传与林朝栋在狮球岭督师迎战法军，坚守两个多月，使法军受到沉重打击。后狮球岭炮台陷落，刘铭传退守台北，林朝栋则返回雾峰召集乡勇。

林朝栋

法军向台北逼近，清军节节败退，台北府城岌岌可危。这时，林朝栋率领2000乡勇赶到，予法军沉重打击。其后法军又进攻台北金包里和淡水，均被击退，法军逃回海上，转攻澎湖。法军统帅最终死于澎湖。

林朝栋妻子杨萍因在抗法战争中率雾峰乡勇击败法军而受封一品夫人。

日本侵占台湾前，雾峰林家已经在台湾苦心经营了100多年。当时，林家拥有山林60万亩、水田6万多亩、樟脑厂500多个，以及多座制糖作坊和糖铺，是台湾中部的首富。日本侵占台湾后，林朝栋拒绝日本人的高官厚禄，举家内渡，定居厦门鼓浪屿。（林家在鼓浪屿三丘田与四枞松之间兴建乌楼与红楼两幢英式楼房，人称宫保第）

鼓浪屿宫保第（李蔚摄）

林祖密奉父命在台湾管理家业。1904年，林朝栋去世。林祖密欲将在台湾的家产变卖后返回大陆，但遭到日本当局的阻挠，他们故意将价钱压得很低。林祖密不为所动，以十分之一左右的价格变卖名下的财产，毅然回到鼓浪屿。

中华民国成立后，林祖密向国民政府内务部申请中华民国国籍。1913年11月18日，国民政府内务总长核发了"许字一号"的执照，林祖密成为恢复中国国籍

林祖密

的第一位台湾同胞。

林祖密始终暗中支持台湾同胞的抗日斗争。据记载，台湾罗福星发动的苗栗起义、张火炉发动的大湖抗日以及余清芳领导的噍吧起义，都得到过林祖密的秘密资助。

1915年，林祖密加入孙中山领导的中华革命党，先后资助革命经费约50万元。1917年7月，孙中山在广州发动护法运动，林祖密在厦门、漳州组织闽南军响应；孙中山正式委任林祖密为闽南军司令，并授予少将军衔。1921年，林祖密被调任为孙中山大本营参议兼侍从武官，参赞戎机。

1922年，林祖密回到闽南，创办实业、建设家乡。他成立疏河公司，疏浚九龙江河道；购买荒山和田地，发展近代林业、开办近代农场；开办漳平梅花坑煤矿，又投资铺设程溪至漳州的轻便铁路。

1925年8月，林祖密被北洋军阀师长张毅杀害，牺牲时年仅48岁。

雾峰林家，满门忠烈！

## 第四节　辛亥革命

从旧民主主义革命到新民主主义革命，厦门人民在争取站起来的解放斗争中从来没有缺席，从来都是冲在最前头。

闽南第一位民主革命英雄是厦门海沧区霞阳村人杨衢云（1861—1901）。

杨衢云　　　　　　　　　杨衢云雕像

1892年3月，杨衢云联络在港府书院和洋行中求学、任职的爱国青年共17人，在香港成立了辅仁文社。这是中国近代史上第一个由新型的知识分子组成的具有政治革新意识的政治团体，比孙中山创立资产阶级革命团体兴中会早两年又八个月。

1893年，孙中山与杨衢云等讨论成立以"驱除鞑虏，恢复华夏"为宗旨的团体。讨论中，杨衢云推动孙中山坚定了"共和"的理念。

杨衢云是中国近代革命团体中最早明确提出共和制的领导人之一。

1894年11月,孙中山在檀香山联络华侨志士20多人,成立兴中会。四个月后,孙、杨两派联合,香港兴中会正式成立。这是中国最早的资产阶级革命团体。

不久,孙、杨两人筹划广州起义。杨衢云被选为首任会长兼起义后的临时政府总统。

起义失败,杨衢云辞去兴中会会长的职务,拥护孙中山继任兴中会总会长,并全力支持孙中山领导惠州起义,奔走不倦。后因饷弹两尽,又以失败告终。

清政府查知杨衢云为起义的主谋,对其恨之入骨。1901年1月10日下午6时许,数名凶手冲上香港杨家住楼枪杀杨衢云。

孙中山等革命党人在日本惊闻噩耗,即召开追悼会,孙中山主祭。杨衢云安葬在香港基督教坟场。墓碑上未刻姓名、铭文,仅在碑下方刻坟号:6348。此碑被香港特区政府定为革命史迹,不受迁移,永久保存。

杨衢云在香港跑马地坟场的墓地(李蔚摄)

在香港辅仁文社旧址新建的百子里纪念公园
（李蔚摄）

香港士丹顿街13号（原址重建，是以乾亨行为掩护的兴中会会址）
（李蔚摄）

香港中环结志街52号（原址重建，杨衢云住处和遇刺处在原二楼）
（李蔚摄）

早年与孙中山一起生死与共革命的还有杨衢云的老乡，厦门海沧霞阳人陈粹芬。

1892年秋，时年19岁的陈粹芬侨居香港屯门，结识了26岁的孙中山。他们志趣相投，相见恨晚，结成伴侣。

1895年广州起义失败后，陈粹芬以妻子身份掩护孙中山流亡海外，协助处理日常事务。1907年，孙中山在广东等地策划了四次武装起义，陈粹芬始终伴随左右，出生入死。

孙中山陈粹芬合影

民国成立后，陈粹芬悄然隐退。1914年，陈粹芬只身南渡，定居马来亚庇能。1960年秋，陈粹芬病逝，享年87岁。

陈粹芬女士葬礼上的孙氏家族后人

马来亚的厦门华侨陈楚楠是南洋同盟会的创始人之一,他是孙中山的得力助手,被派到南洋各地建立同盟分会。至1908年,南洋各地的同盟分会和外围组织有上百个。厦门华侨中的知名人士如:林文庆、陈嘉庚、陈先进、庄希泉、林镜秋、陈延谦、邱继显、陈武烈、李思明、柯朝阳、邱国瓦、林推迁等人都是新加坡南洋中国同盟会会员。

1907—1908年,孙中山在广东、广西、云南等省连续发动七次武装起义,每一次都由陈楚楠等人筹款接济。

孙中山与陈楚楠等在新加坡晚晴园的合影(孙中山左为陈楚楠)

槟城的厦门华侨陈新政是支援辛亥革命筹款活动中的得力干将,他曾为黄花岗起义在华侨中筹款,约筹18万元。

旅居缅甸的厦门华侨庄银安、徐赞周于1908年加入同盟会,庄任缅甸支

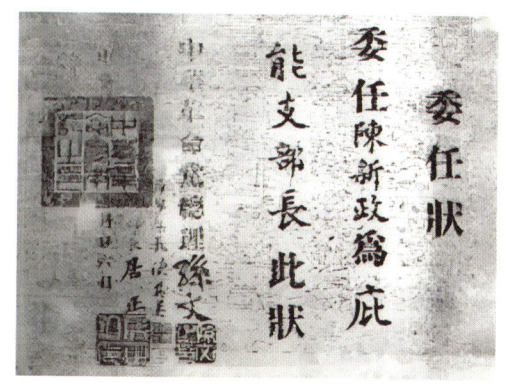

孙中山委任陈新政为中华革命党庇能支部长的委任状

部会长。他们发动华侨集资创办了《光华日报》,大造革命舆论,到辛亥革命时,他们已经拥有会员2343人,其中厦门籍的华侨就有472人。

同安归侨庄育才、陈仲赫、陈延香、陈飚臣、庄惠然、陈少荣等人带领同安和灌口两地同盟会员配合革命军顺利攻占同安县城,宣告同安光复。

1911年9月24日,厦门同盟会推举张海珊为司令、谢成为副司令,组织1700多人的起义队伍直取水师提督衙门,宣告厦门光复。

清末同盟会福建分会部分成员的合影(前排左四为张海珊)

厦门华侨和归侨在推翻封建王朝的民主革命中的贡献难以胜数。

孙中山先生称赞"华侨是革命之母",而厦门华侨是其中杰出的一群。他们代表了厦门人民的觉醒:只有推翻封建王朝,才可能站起来改变中国的落后。

向海飞扬

厦门光复的第二年,厦门从同安县析出成为思明县。县政府设在厦门港海防同知府衙。

那是一个"城头变幻大王旗"的混乱时代,不到五个月,思明县又变成了思明府。再过半年,思明府又被取消,恢复思明县。思明县管辖厦门20多年,直到1935年厦门市正式成立。

建于1930年的同安钟楼(李蔚摄)

思明在风起云涌的辛亥革命斗争中重生,它恢复的不仅仅是一个城市的名字,更是郑成功放眼世界、走向大海的胸怀和眼光。正是在中国人民推翻封建王朝的历史转折中,厦门才获得了引领闽南文化转型发展的历史机遇。

# 第二章 下南洋

打开厦门鸦片战争之后的历史篇章,无处不在的是华侨,站在历史潮头的是华侨。

根据统计,在20世纪30年代的东南亚华侨在世界华侨总人口中占79.2%,40年代则高达96.1%。而在东南亚华侨中,闽南人占的比重又相对大,其中,菲律宾华侨有85%以上是闽南人,印度尼西亚华侨中闽南人占46.6%,马来西亚华侨中闽南人占31.6%,新加坡华侨中闽南人占59.6%,缅甸华侨中闽南人占25.9%。

厦门是闽南华侨告别故土唐山最后的港口、最后的一眼,许许多多的华侨都把厦门看成他们的故乡。更由于厦门城市的安全、繁华和机会繁多,许多华侨归来便定居于厦门,如林菽庄、黄奕柱等。

## 第一节 闽南人的"过番歌"

闽南的歌仔册流传着许多"过番歌",唱出了当年过番的酸甜苦辣,是闽南人下南洋真实生动的写照。

闽南人过番并不是自鸦片战争开始。早在宋代,就有许多闽南海商"留番""住番"在东南亚一带。

1405—1433年,郑和七下西洋,当时船队的主力中就有许多人来自闽南。虽然随行留在南洋的只有少数，但郑和和平的宣威，使南洋诸国对中国，对来自中国的百姓和平友好。这对后来中国人的下南洋奠定了良好的民心基础。

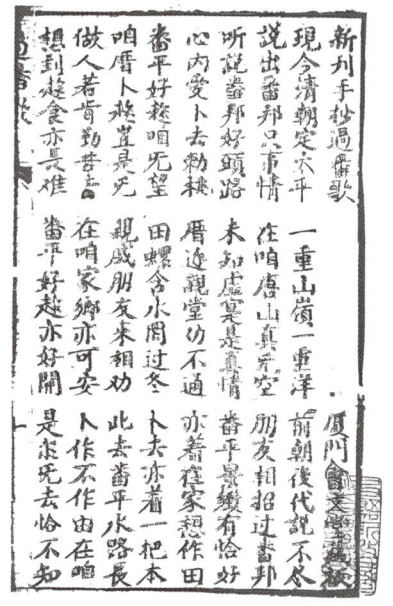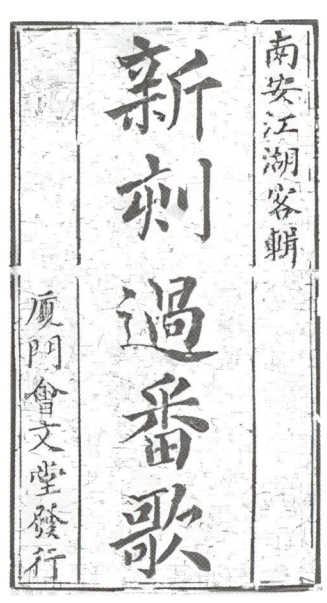

清末时期厦门会文堂发行的《新刻过番歌》（目前所知最早的文字版本）

明成化年间（1465—1487）开始，生计无着的闽南人大批地下南洋。安南的主要港口会安，在明代出现了中国商人聚居的明街。街长三四里，两边中国商家，大都是闽南人。

闽南人的足迹遍及南洋各国，比较集中的是菲律宾、印度尼西亚、马来亚、安南、缅甸、文莱等。许多发大财的华侨，总要回故乡盖大厝，置田产，到了晚年，便思落叶归根。

这些衣锦归乡的华侨对故乡的影响巨大，人人心向往之。于是只要有机会，尤其是闽南一带有天灾人祸时，便三五成群，呼朋唤友，或投父兄、寻姑姨，或投邻里、寻故友，纷纷出洋。

厦门杏林新垵邱姓族谱记载，元末明初，有个名叫邱毛德的人到南洋居住。这大概是厦门迄今可考的最早出洋侨居记录。

明代张燮《东西洋考》和道光年间的《福建通志》上，可以看到万历和天启年间，有同安人陈甲、林福经商定居日本的记载。

延伸阅读：华侨苏鸣岗

1602年，荷兰东印度公司开始殖民印度尼西亚，逐步推行"以华制华"政策。万历四十七年（1619），荷兰人任命同安籍华侨苏鸣岗为首位"甲必丹"，以协助荷兰殖民者管理华侨和"解决其他一切困难"。

苏鸣岗的墓碑上刻着："明•同（安）邑，甲必丹苏鸣岗墓"。至今仍然屹立在千岛之国的印度尼西亚的土地上。

明末清初，中国南方近半个世纪的战乱，大批难民、被清兵打散的官兵、不愿臣服的明朝遗臣纷纷避走南洋，掀起了移民东南亚的高潮。

清朝的闽海关设立后，厦门港成为往南洋的官方发舶中心，随船偷渡海外的屡禁不止。到鸦片战争前夕，东南亚的闽南华侨总数已达52万人。鸦片战争以后更是掀起了移民的高潮。

1895年割台和1900年庚子赔款，厦门人民掀起一波又一波下南洋的高潮。厦门海关进出口旅客统计表显示：1894年从厦门出口的旅客85961人，1895年猛增到114030人，进出口相抵差3万人；1900年后，每年出口都在10万人左右，1906年猛增到427857人，进出口相抵差13万人。其后，出去的人就一直持续在30万—40万人，直到1911年辛亥革命以后，进出口的人数差距才逐渐缩小。到1914年，进口的旅客达46万，超过了出口的旅客38万。到1930年达到高峰，进口619362人，出口588678人。从这些数据可侧面看出厦门人民在甲午以后、庚子以后对清王朝彻底失望，纷纷出走。而在辛亥革命以后，厦门人民则纷纷归国投身到祖国、厦门的建设之中。他们的爱国情怀可见一斑。

当时出洋分为两种，一种是亲友帮忙，自付旅费，称为"自由移民"；另一种是"契约华工"，称"苦力"或"猪仔"。

向海飞扬

"猪仔"运达后，须剥光衣服，实行拍卖，与牛马无异。

从厦门港过番的大多数是"自由移民"。厦门当时是福建最大的华侨出洋中心。即使是"自由移民"的华侨，他们的过番也是充满着坎坷和艰辛。

许多人以为下南洋当"番客"就是飞黄腾达，其实闽南人的下南洋充满了腥风血雨。华侨的历史是一部血泪史。闽南人在向南洋的播迁中，充满了苦难和灾祸。但是，敢于拼

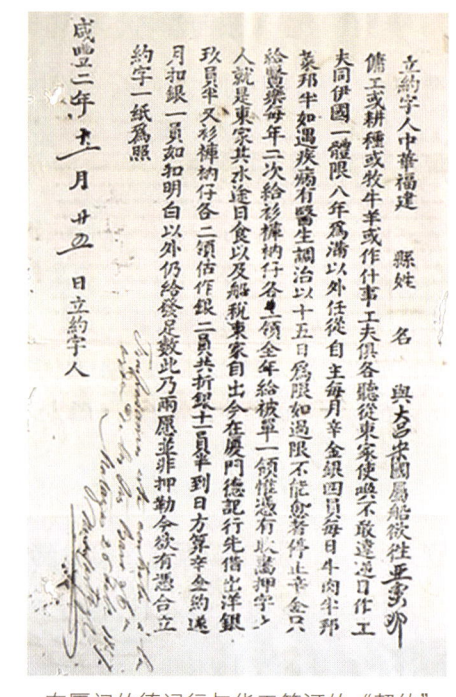

在厦门的德记行与华工签订的"契约"

搏、敢于冒险的闽南人数百年前赴后继，终于在南洋开垦出富饶的家园，开拓出属于闽南文化又一块新的天地。自明以后，数百年间，闽南人下南洋从未停息。现今闽南人口1500万左右，而东南亚一带祖籍闽南的华侨华裔则有2000万之多。

漂洋过海的华工

## 第二节　南洋的华侨社会

西方殖民者占据东南亚各国，对华侨和当地人采取分而治之、以华制华的政策。如英国人就把马来半岛上的华人集中居住的马六甲、槟城、新加坡三地定为"海峡殖民地"，单独管理。

马来西亚马六甲最古老的宫庙青云亭，是17世纪初由漳州人郑芳扬和厦门人李为经为首修建起来的。他们两人作为青云亭第一和第二任的首领，被荷兰人任命为"甲必丹"，负责马六甲华人事务的治理。

马来西亚马六甲最古老的宫庙——青云亭

马来西亚青云亭内身穿明代服装的李为经画像

这就使得华侨在侨居国相对集中居住,日常事务由华人自己管理,俨然成了侨居国大社会中一处处中国形态的小社会。

在这样的背景下,闽南人从家乡带到南洋的闽南文化,从方言到民俗、从民间戏曲到衣食住行等等,无不得到完整的留存。

在南洋许多华人聚居的城市,如马来西亚的马六甲、槟城,新加坡,菲律宾马尼拉的王彬街区,印度尼西亚的泗水等等,其街道招牌是用各种字体的汉字组成的,满街通行的是闽南话,店铺老板员工多是闽南人,各种闽南的神仙庙宇随处可见,庙宇前甚至还有闽南的高甲戏在演出,各种岁时节庆无不遵照闽南民俗。

20世纪60年代的泗水唐人街区

繁华了600多年的马六甲的唐人街鸡场街

马来西亚槟城最古老的华人庙宇之一观音亭（建于1728年）

向海飞扬

菲律宾马尼拉王彬街头的王彬像

新加坡天福宫

印度尼西亚爪哇岛三宝垄市的郑和庙

马来西亚马六甲"送王船"仪式活动

在南洋华侨社会中，成立了许多同乡会、宗亲会、会馆。这些社团组织依托地缘血缘的力量，无形中成为华侨传承中华传统文化、闽南文化的中心。

马来西亚马六甲龙山堂家族的一个宗乡会馆

新加坡福建会馆（创办于1840年）

华人将儒家传统带到南洋后,始终将教育视为传承文化的根基。从早期的私塾、书院到近代西式学校,华文教育体系逐渐成为华侨社会学习先进知识和弘扬中华文化的重要平台。这一传统催生了众多具有历史意义的华文学校。例如:菲律宾中西学院,此为南洋最早的华文学校,由中国首任驻菲领事陈纲于1899年4月15日在马尼拉领事馆内创立;马来西亚尊孔独立中学的前身——尊孔学堂,于1906年在吉隆坡诞生;新加坡华侨中学(原名南洋华侨中学),由著名侨领陈嘉庚倡导,于1919年3月21日创办。这些百年学府,共同见证了海外华文教育从传统向现代转型的发展历程。

菲律宾中西学院

马来西亚吉隆坡尊孔独立中学

向海飞扬

新加坡华侨中学

华侨很早就学习西方，了解新闻传媒的重大作用，创办了许多华文报纸，成为传播西方先进知识、沟通海内外信息、凝聚华社民心的重要路径。

延伸阅读：叻报

《叻报》是福建帮华文报纸的"开山鼻祖"。此报纸是青云亭亭主薛佛记的孙子薛有礼于1881年12月在新加坡创办。《叻报》的发行，开创了华人办报的先河，自此华文报刊层出不穷。

《叻报》

薛有礼父子合影

邱菽园（海澄县人，现厦门市海沧区新垵村，在新加坡先后主持《天南新报》《振南日报》《星洲日报》等多家报纸，一生著述丰富，被誉为"南侨诗宗"）

邱菽园在海沧区新垵村的故居（李蔚摄）

华团、华报、华校,成为华侨社会三宝。

早期闽南侨乡出洋有一种民俗:年轻人必须先结婚,等有孩子后才能出洋。这个长子长大了是要出洋去继承家业的。出洋的丈夫在南洋还可以娶妻生子,孩子到了六七岁就送回中国来读书,长大后或者留在家乡建功立业,或者去南洋接管财产。

早期华侨出洋皆为单身男性,多与当地马来女人结婚。他们的后代,男孩子称"峇峇",女孩子称"娘惹",也称土生华人或侨生。他们讲的语言称为峇峇话,并非单纯的闽南话,掺杂着马来语或泰语。他们仍保留着中华文化传统,即重孝道、序长幼、男主外、女主内,在信俗上延承汉习,但在日常生活、饮食习惯和服饰等方面,则融合了大量当地的马来文化。一般来说,峇峇和娘惹是明代以后才形成群体,在马来西亚吉兰丹、马六甲,印度尼西亚泗水和新加坡等地有许多峇峇、娘惹,也有许多优秀的峇峇、娘惹成为社会精英。如青云亭的"甲必丹"和亭主都是峇峇,著名的大学者辜鸿铭、厦门大学校长林文庆,也都是峇峇。

峇峇和娘惹的结婚照

辜鸿铭

林文庆

峇峇、娘惹是跨国度、跨族群、跨文化的命运共同体。他们是中国人和马来人在早期面对不同文化，相互包容、相互融合、美美与共的一种实践。对于我们今天构建人类命运共同体可以有很多启示。

峇峇和娘惹的家庭合影（一）

峇峇和娘惹的家庭合影（二）

在数百年持续不断的传播中，闽南文化深刻地影响了南洋文化，同时也受到了南洋文化和西方文化深刻的影响。更多的华侨华人并没有落叶归根回到原乡故土，而是就在当地落地生根、开花结果。他们和不同族群的人一起生活，体会着不同文化，这使他们拥有一种朴素的文化自觉：坚持自己、欣赏他人。他们吸收着其他国家的文化的营养，并将之与自己的文化融合，形成一种新文化。峇峇娘惹文化对于今天人类命运共同体的建设，有着发人深省的启示。

过番下南洋，让无数闽南人开阔了眼界、打开了胸襟。无论是走出去的看和学，还是走回来的说和听；无论他们是富有还是穷困，都知道了海的尽头还有广阔的世界，天外有天。于是闽南人的眼界更高了，胸怀更宽了，智慧也开窍了，理念也在不断地更新，其走向海洋的决心和信心更加坚定不移。

今天我们回望先人下南洋的历史，不能不敬佩先人的智慧。他们不但在南洋积累财富，而且学到了走向工业化、城市化、国际化、现代化的本领，为后来厦门的现代化、闽南的现代化做出了杰出的贡献。

## 第三章
# 实业救国

辛亥革命的成功激发了海外华侨回国创业的热忱，回国华侨人数逐年增多。但革命成果被袁世凯窃取，中国很快陷入了军阀割据的动乱中。当时闽南兵匪一家、土匪猖獗，发生了许多归乡华侨被土匪、军阀绑票、勒索、杀害的事情。福建的军政府虽把厦门视为肥肉，但也忌惮着华侨的影响力和鼓浪屿公共租界的众多列强，故厦门相对安定。同时，厦门毕竟交通便利、市场繁荣，许多华侨选择在鼓浪屿、厦门居住和创业。这样从漳泉、台湾地区，以及南洋各地而来的闽南各路精英会聚在厦门，开辟了闽南文化现代转型的中心舞台。

厦门总商会原址

**延伸阅读：厦门总商会**

1904年厦门商务总会成立，林尔嘉为总理。商务总会原址位于今中山路22—24号的黄则和小吃店旁边，与海外联系密切，财力雄厚。1916年，厦门商务总会更名为厦门总商会，全面介入厦门城市建设、民众教育、社会治安、民生救济等各项社会事业，尤其是在发展工商业、促进对外贸易方面作出了不少成就，成为辛亥革命以后带领厦门走向现代化的主导力量。

## 人物介绍：林尔嘉

林尔嘉（1874—1951），字菽庄、叔臧，别名眉寿，原名陈石子，晚年号百忍老人。他是厦门抗英名将陈胜元五子陈宗美的嫡生长子，6岁时过继给台湾板桥林家。1895年，他随养父林维源及家族定居鼓浪屿。因怀念儿时故居台北板桥林家花园，林尔嘉在鼓浪屿修建了菽庄花园。生长在富商家庭的林尔嘉，自幼聪敏好学，是民国年间在闽台两地负有声望的人物之一，也是一位爱国人士。

林尔嘉雕像

一个城市的进步最直观的就是它的容貌，即城市格局、建筑风貌，但这一切都必须建立于它的经济实力之上。经济最重要的因素是人，归根结底，一个城市的转变依靠的是人，是城市居民的体质、修养、理念、追求等等。

厦门现代化进程正是从实业救国、城市改造更新和教育救国展开的。

实业救国正是我们今天所讲的：以经济建设为中心。若没有坚实的经济基础，一切都是空中楼阁。

## 第一节　要想富，先修路

"要想富先修路"。这个在今天无人不知的真理，闽南人早早就将其铭记于心中。不过闽南的路，是海路，是通洋。所以，闽南人需要开辟航路，抛弃落后的福船，引进西方的现代轮船，和西方轮船公司竞争。

当时垄断厦门海运的是英、荷、日等六家外国轮船公司。但他们都需要依靠国人做买办，招徕生意。海外华侨曾不断推动清政府批准在厦门成立海外招商轮船局或华侨轮船局，但始终没有得到允许。

辛亥革命后，华资经营的航运业才开始得到了迅速的发展。特别是第一次世界大战时，许多在中国经营的外国轮船被征调到欧洲战场，华资经营的航运业得以迅猛发展。

在南洋航线上最早开设航运业的华资企业是宗记公司。它是由仰光华侨林振宗于1912年设立的，航行于厦门与仰光之间，总吨位达万吨以上。接着是新加坡华侨林秉祥设立的和济公司，航行于厦门与滨城之间。

1915年，爪哇华侨黄仲涵、周炳喜等设立"建源"号，拥有两三千吨级的轮船六艘，航行于厦门、汕头、香港地区，以及泗水、三宝垄、新加坡之间，成为当时华商在南洋群岛航线上拥有轮船最多的企业。1917年后，香港"谦德"号、"亚洲"号也加入厦门至新加坡航线，进一步促进了中国与南洋之间的海上贸易。厦门合福庆船务公司创始人是同安的吴氏兄弟，曾经代理荷兰渣华轮船公司的厦门业务，其旧址位于思明区的海后路46号。

黄仲涵

**人物介绍：黄仲涵**

黄仲涵（1866—1924），字泰源，祖籍厦门市集美区灌口镇李林村，出生于印度尼西亚三宝垄。其父为印度尼西亚著名侨商黄志信。1893年，黄仲涵继承父业，并创办大型糖厂，取得了巨大的成功被誉为"爪哇糖王"。1924年，黄建源名列世界第十四位富翁。他热心公益事业，曾创办了数所学校，并支援辛亥革命。

厦门合福庆船务公司原址

航行于国内沿海航线的轮船公司就更多了。拥有百吨以上轮船的轮船公司就有六七家,拥有百吨以下轮船的公司高达22家。航线近的有福州、福清、兴化、泉州、汕头,远的则航行到宁波、温州、上海。

1911—1921年,在厦门经营航运业的较大的华资公司,从1家增加到9家,拥有轮船从4艘增加到27艘,总吨位从695吨增加到33716吨,总资本从10万元增加到382.4万元。可见这十年间的华资怀着振兴祖国航运业的愿望,推动厦门航运业的飞速发展。

辛亥革命进一步打开了中国的大门,在厦门,甚至是闽南,有更多的人在思明的码头登上了出洋的轮船,走向海洋,去看外面的世界;也有更多的华侨带着实业救国、教育救国的梦想,从海外归来,在思明的码头登上故乡的土地。

招商局的"海享轮"

从1911年到1930年,除了1912和1915年出国人数有二十六七万次,其余年份,每年都有三四十万人次;1925—1930年,每年都在60万人次左右。进来的旅客也是基本上每年都有三四十万人次,最高峰在1926年,达到624000人次;1927、1928、1930年都是在56万人次以上。

华侨登岸情景

厦门水路运输繁忙场景

这么多人进出,当然也大大促进了航运业和相关的各行各业的繁荣,如旅社、钱庄(兑换货币)、搬运等。

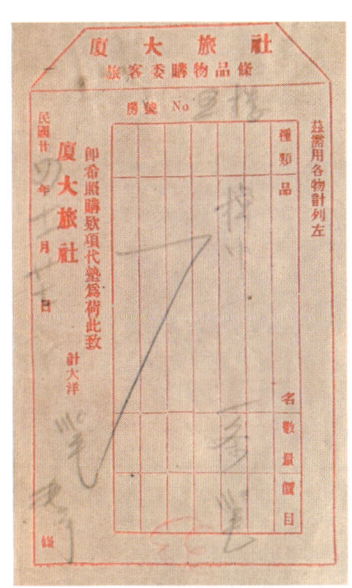

厦大旅社旅客委购物品条

民国时期侨联旅社广告

延伸阅读：大千旅社

大千旅社由缅甸华侨曾上苑创办，1932年9月12日开业，外层是欧陆风格的五层钢筋混凝土大楼，是厦门当年最大的旅社之一，国民政府主席林森曾于1933年在此下榻入住过。位于海后路的大千旅社原址，现在是春光酒店。

大千旅社原址

延伸阅读：天仙旅社

天仙旅社是新加坡华侨吕天保于1933年创办的，位于中山路210号，著名爱国民主人士李公朴、作家郁达夫都曾下榻过这家旅社。2024年，这家老字号修缮后重新开张。

天仙旅社原址

## 延伸阅读：钱庄

钱庄是近代银行未兴起前金融业的台柱，经营存款、放款、汇款等金融业务，大钱庄资金雄厚。清末至新中国成立前，厦门有大小钱庄七八十家，最多时近百家。钱庄同业公会成立于清末民初，在振邦路有自建会所，在全市各行业公会中排名前列。

20世纪二三十年代厦门钱庄公会会董的合影

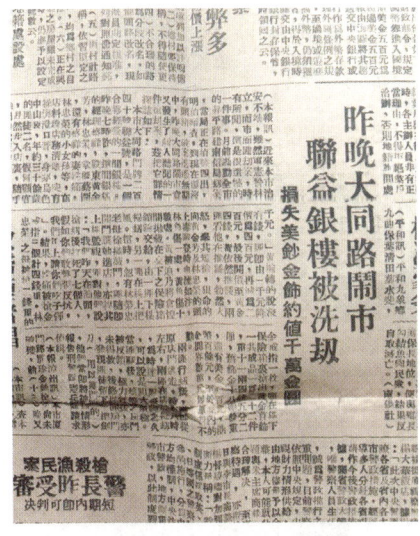

民国中央日报厦门报道的联益银楼（钱庄）被洗劫案

位于镇邦路67—101号的英商和顺洋行原址

## 第二节 实业的振兴

实体经济是工业社会的基础。从1875年到1949年,华侨投资在厦门开办的工商企业共有2600多家,其总资金额占全省华侨投资总额的62.88%。厦门是福建华侨投资用于振兴实业最多、最集中的地区。华侨在厦门主要是兴办侨批业、进出口业、服务业、交通运输业、公用事业、轻工业、机械工业等。

20世纪30年代,厦门的工厂有70多家,其中纺织业12家、食品工业21家、公用事业3家、化学工业16家、铁器制造业16家、造船业6家、轻工业2家。其中比较著名的有淘化大同罐头食品有限公司、中华糖果饼干厂、吴记制造机器厂、华康烟厂。

**延伸阅读:淘化大同**

创办于1913年的厦门大同酱油厂,主要产品有酱油和水果、酱菜罐头,厂址在虎头山下。1927年,大同酱油厂与淘化罐头食品厂合并,改名为淘化大同股份有限公司。1994年,"淘化大同"番号恢复,成立厦门淘化大同实业公司;2014年更名为厦门夏商淘化大同食品有限公司,隶属厦门夏商集团有限公司。

淘化有限公司商标

厦门夏商淘化大同食品有限公司

与此同时，和百姓生活息息相关的公共事业也在兴起。

1911年，厦门本地商人黄庆元、陈祖琛、叶鸿翔等人选择厦门港沙坡头的海边荒地为厂址，创办厦门电灯电力股份有限公司。

1913年，黄庆元等创办了厦门电灯公司。同年，公司第一台300瓦小型汽轮发电机投产发电，此公司成为厦门第一家电力工业企业。

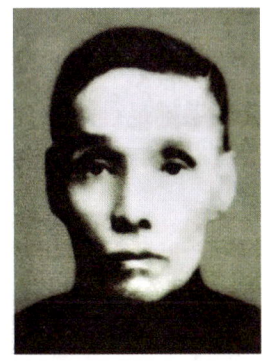

黄庆元

人物介绍：黄庆元

黄庆元（1869—1937），字世金，祖籍福建泉州，出生于厦门。16岁起在厦门富商黄书传的仁记洋行当伙计，深得其赏识，并为黄庆元资助开了建源钱庄。1902年，黄庆元被推选为首届厦门钱庄公会会长，后又历任厦门商会协理、会长等职务，厦门市政会副会长、厦门三堂（慈善机构）董事、厦门同文中学董事长、厦门电灯电力股份有限公司董事长、厦门自来水公司副董事长、厦门淘化大同股份公司董事等。黄庆元为厦门市政的建设和民族工业等作出了积极贡献。

厦门电灯公司

20世纪20年代，厦门市政建设和工商业日益发达，吸引不少华侨投资扩展电力事业。1926年，厦港电厂一台1500千瓦的机组投产，供电范围扩大到全市区及近郊。

厦门和鼓浪屿都是海岛，四面皆海，居民饮用的淡水靠雨水、井水，或水贩从海澄县九龙江等淡水区用船运来的"船仔水"，这样既不方便又不卫生。1921年，为解决厦门与鼓浪屿的用水问题，由黄奕住、黄庆元等人发起，募股筹资110万银圆，兴建厦门自来水公司。1926年，厦门自来水公司首次供水，不仅水质洁净，价格也低于"船仔水"。1927年，厦门自来水公司全面供水，不仅供应市区，也供应往来于厦门的各国商船。这些商船在试用厦门自来水的过程中，经过多国仪器的化验，确认厦门自来水在东亚堪称最佳，厦门自来水公司也因此获得"远东第一水厂"之美誉。

### 人物介绍：黄奕住

黄奕住（1868—1945），出生于福建南安，由"剃头匠"做起，直到开商行、做国际贸易等。1910年成立"日兴行"，并先后在印度尼西亚、新加坡等地开设分行；后资产日益壮大，成为印度尼西亚前首富及糖王。在厦门等地实施"工业救国"的梦想，创办银行、自来水公司、电话公司，铺设电缆、兴建码头、开发房地产等。黄奕住对福建家乡的文化教育事业也作了许多贡献，是爱国华侨、民族企业家、社会活动家、慈善家。

黄奕住

商办厦门自来水股份有限公司

原鼓浪屿自来水公司水塔（修建于1930年代）

原鼓浪屿自来水公司旧址（现为摄影陈列馆）

1907年，林尔嘉创办电话公司——厦门德律风公司，服务范围限于厦门岛。后来，日本人德广创办了川北电话公司，服务范围在鼓浪屿。1919年，黄奕住先后买下了这两家电话公司，增资扩容，铺设厦鼓海底电话电缆，并取名为厦门电话公司。1933年，厦门、鼓浪屿的电话用户已达2500户，电话普及率为2.1部/千人，位居当时全国前列。

从辛亥革命到抗日战争这20多年，只是厦门现代化的起步阶段，资本的重点在于城市化、市场化和交通运输，对工业的投资和技术、管理人才的准备都非常薄弱。技术含量高的大机器生产的工厂几乎没有，大多数工厂的雇工都很少，工人队伍中最多的是搬运工人、店员和船员。厦门的经济建设在这一时期最为突出的是商业、金融、交通和基础设施建设，尤其是城市的现代化改造更新建设。

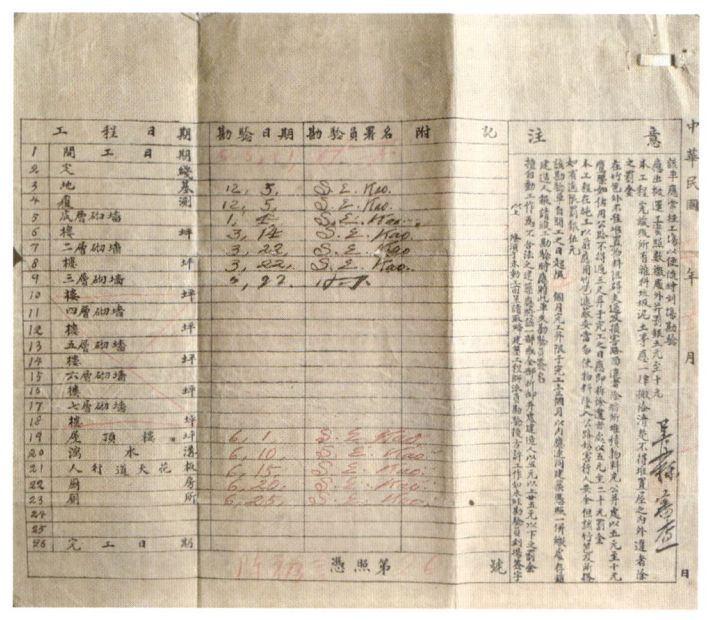

工程建筑勘验单

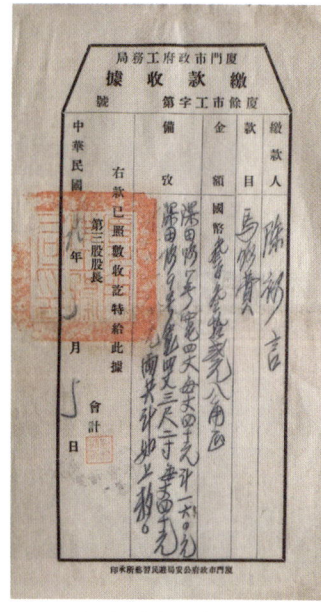

厦门市政府工务局收据

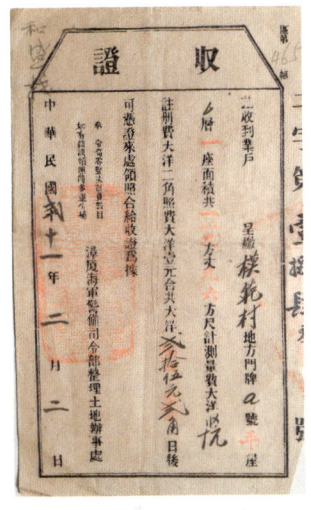 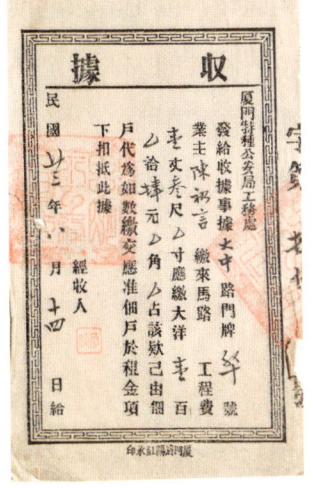 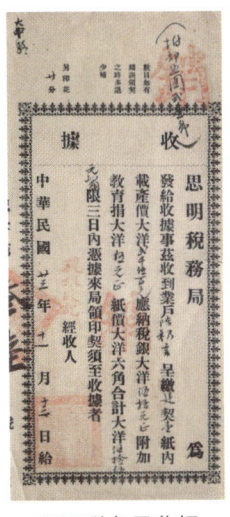

漳厦海军警备司令部整理土　厦门特种公安局工务处收据　思明税务局收据
地办事处收据

　　1921—1931年这段时期，厦门市政改革，对于房屋地产的投资非常有利，许多华侨把资金投资于厦门房地产业。

　　例如菲律宾侨领、泉州人李清泉。1927年，李清泉在厦门成立了李岷兴公司。与多数地产公司不同，李清泉更注重参与市政建设，

**人物介绍：李清泉**

李清泉

　　李清泉（1888—1940），原名回全，福建晋江金井镇人，菲律宾华侨巨商，有"南洋木材大王"的美誉。1919年，31岁的李清泉当选为菲律宾中华商会会长，成为该会史上最年轻的领导人，并创纪录地连任六届。在任期间，他推动中菲贸易，改善华侨待遇，成为菲华社会最具影响力的领袖之一。此外，李清泉还曾担任菲律宾基督教青年会名誉会长、闽侨救乡会会长、菲律宾华侨教育会会长、华侨国难后援会主席等要职，是菲华社会的主要领导人。

并特别专注于港口的建设。他于清末就读于香港圣约瑟书院,亲见香港如何发展成一个国际性的大商港,并从中学习和认识到,码头的建设对城市走向海洋的重要性。

李清泉仿照香港中区的做法,在厦门海边买下从今天的鹭江道到沙坡尾一带的大片土地,开始了填海造堤、修筑码头工程。

1928年10月第一段新堤之一

1928年由虎头山顶西北俯瞰已成的海堤状况

1930年10月同文货栈区海堤水石填放情形

1931年第一段鹭江沿堤景观

按照李清泉的设想,码头完工后还要在鹭江道建设百货大楼,把鹭江道的开发和对岸海沧嵩屿的开发结合起来。后期还要建设造船厂、水泥厂、机械厂以及制糖、造纸、锯木、卷烟、罐头、豆油、酿酒等加工厂,并以漳厦路矿计划中的对闽南、闽西的农、矿开发作为支撑。他和黄奕住三次联合提倡整理漳厦铁路路政,以利闽西矿藏输送厦门,开辟海外市场,结果都无疾而终。

延伸阅读:漳厦铁路

1905年,福建华侨筹资组建铁路公司,开始修建福建省第一条铁路——漳厦铁路。该铁路原计划从海沧嵩屿通至漳州,全长约45公里,共设厦门、海沧、嵩屿、石美、江东桥、漳州6站。1910年,修建工队完成长28公里的厦门嵩屿至漳州江东桥段工程,并开始通车,但后因资金等问题不了了之。漳厦铁路是福建省的第一条铁路,现福建省博物馆内收藏着"漳厦铁路"的石碑。

漳厦铁路(设在嵩屿的车站)

"闽变"之后，华侨投资厦门的信心顿时丧失，厦门的地产热潮随之结束。李清泉勉力完成了填海筑堤工程，并于1936年在第一码头至英商太古码头沿线建成了包括通航鼓浪屿的轮渡码头在内的九个码头。但是，抗战随后爆发，李清泉尚未来得及看到这些建设展现成效，厦门就已落入日军手中。

没有站起来，就不可能建设，就不可能富起来。这是历史一再告诫中国人民的经验与教训。

## 第三节　繁华都市

1929年厦门岛内有商店6000多家。1931年到1933年厦门十大最主要商业营业额，绸布业排名第一，杂货业和参茸业分别列第二、第三。

南泰成环球货品大商场（创办于1921年）

厦门捷克百货位于大同路97号的原址

建成百货商店位于大同路72号的原址

位于大同路66—68号的瑞芳参行原址

正大参行位于横竹路1号的原址（现为胜思茶铺）

这是每年近百万华侨在厦门港口进出带来的繁荣。带出洋的闽南土特产礼品，带回漳泉老家的布匹、首饰、补品、食品等礼品，都是在厦门采购的，其销路可想而知。

当然，厦门商业的繁华并非仅依靠华侨强劲的购买力。1936年，厦门的渔业产值竟占厦门GDP的46%。除了鲜鱼，各菜市场随处可见售卖鱼干、虾干等海味干货的摊贩遍布各菜市场。实力雄厚的干果商行遍布城区，经营着南北货与内地特产的贩运生意。仅咸带鱼一项，每年都大量销往闽西、闽北等地区。

厦门绸布业龙头——同英布店创办于1903年。十年后，卓全成继承父业，接掌店务，将其发展成民国时期厦门最大的丝绸商行。1914年，第一次世界大战爆发，导致欧洲进口的呢绒、哔叽等纺织品价格暴涨，加之外汇汇率大跌，同英布店因此获得意外巨额利润。外加当时福建军阀混战，各地军阀为扩充兵员强征壮丁，急需大批军服供应。同英布店货色齐全，交货迅速，订单自然源源不断。

### 延伸阅读：虎标永安堂

虎标永安堂始创于缅甸的首都仰光，创办人为福建永定爱国华侨胡文虎、胡文豹兄弟，经营万金油、八卦丹、头痛粉、清快水等中成药，被誉为"万金油大王"。1933年在厦门中山路建高五层三店面的分行大楼。1936年，胡文虎的"星系"报业在厦门创办《星光日报》，也以永安堂大楼为报社社址。

虎标永安堂

由以上内容可见，厦门作为四面环海的港口城市，占尽了天时地利，获得了商业的繁荣。

南洋兄弟烟草有限公司于20世纪30年代设在厦门大史巷的分公司

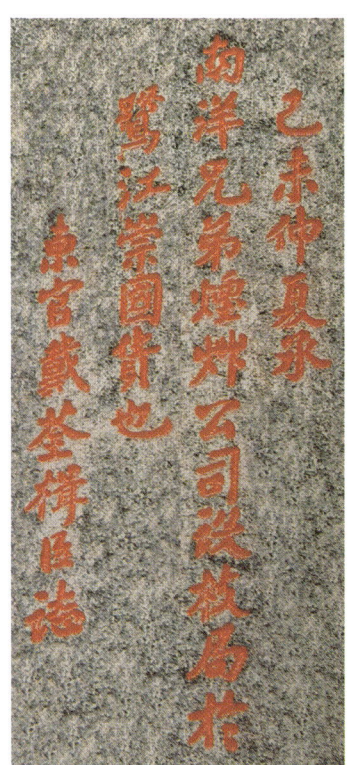
南洋兄弟烟草公司纪事题刻

20世纪20年代厦门华南制革厂

但也有没落的行业。例如曾经辉煌的茶叶行业，在清末民国时期因受到国内外各种因素的影响而进入衰退期。茶叶贸易从早期的出口欧美、亚洲各国，到出口量逐渐减少，后成为卖家以东南亚华人为主的贸易商品。1932年，登记在册的茶叶商号有71家，本地茶商除了出口贸易之外，为了扩大

茶桌仔

茶叶内需，不仅在包装上创新，并将茶叶转型成为批零兼营和茶楼消费等多样化经营方式。"茶桌仔"的商家正是兴起于此时。

### 延伸阅读：茶行与"茶桌仔"

清末开设于二十四崎顶的文圃茶行，其产品文圃茶是当年厦门名牌产品，畅销于闽南、台湾，以及东南亚的闽南华侨聚居区。老板杨砚农精通世界语在厦门的推广作过贡献。

厦门尧阳茶行地址在开禾路123号，是安溪西坪人王淑景于20世纪初开设的，在台湾、香港设有分行，以经营出口外销为主，兼营内销。1988年，王家后人设立了"王淑景王文斗奖学基金"，这是厦门市第一个专项教育基金，用于奖励优秀学生。

"茶桌仔"就是饮茶摊、茶馆、茶楼，独具厦门特色。厦门人爱茶，喝茶早已经融进了日常生活。路边支起一张小桌子，摆上茶具茶配，随时随地可以泡茶。"茶桌仔"的身影在大街小巷、公园小区随处可见。年轻人在老一辈人的耳濡目染下，也爱上了喝茶。

厦门尧阳茶行

## 第四节　金融与侨批

随着工商实业的发展和大量侨汇的涌入，厦门的金融业迅速兴起。厦门在清乾隆年间，已有制钱兑换店出现。当时市面白银和外国银圆一律须兑换制钱，方能使用。鸦片战争后，制钱兑换店逐渐发展为钱庄，其主要业务是买卖外国汇票和处理来自南洋等地的汇款。

厦门钱庄多系侨商开设，1930年有100余家，经理由庄东自兼，业务经营较为灵活，只要有利可图，均可兼办。但随着现代银行的兴起，银行业利率的竞争，到1937年仅剩下19家。

当时厦门的银行业状况良好，银行的数量不断增加。1931年厦门有3家外国银行、4家中国银行，1936年增至16家银行，其中比较出名的有中南银行、中央银行、新华信托储蓄银行、国华银行、中国通商银行等。因为每年从南洋汇来大量汇款，故中外资本不断在厦门开办银行。

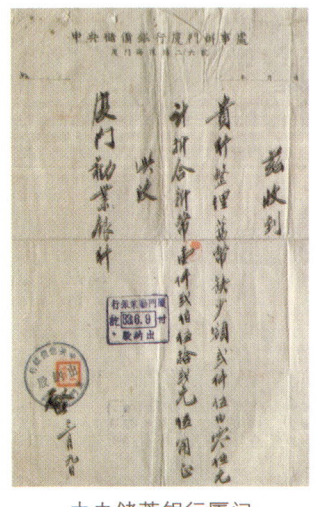
中央储蓄银行厦门办事处的收据

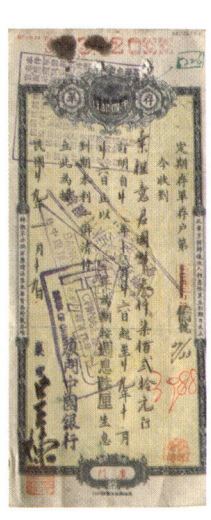
厦门中国银行存单

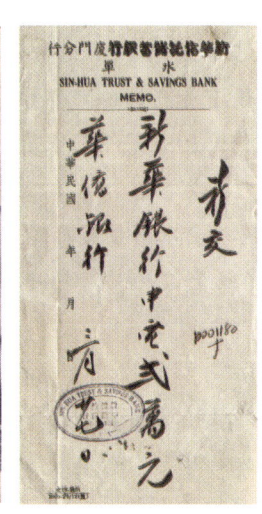
新华信托储蓄银行厦门分行水单

厦门华侨银行汇票

**延伸阅读：中南银行**

中南银行是黄奕住联合胡笔江、史量才于1921年创办的银行，总行在上海。取名"中南"，是中国与南洋互相联络之意。中南银行曾是中国的发钞银行，是近代海外华侨回国投资创办的最大的银行，也是华侨创办的最大企业，在近代中国颇具影响力。1922年中南银行在厦门设立分行。

中南银行位于中山路的原址

中南银行位于鼓浪屿龙头路的办事处（现为历史展览馆）

中南银行民国二十年（1931）厦门1元纸币

中南银行民国十三年（1924）厦门5元纸币

民信局民间称批馆、批局，是经营华侨附有信件汇款的汇兑业。

闽南华侨的侨汇多数由厦门转汇，到19世纪中期，南洋和中国之间航运不便，南洋华侨汇款主要依靠水客（也称客头）递送。后来，由于水客的经营方式落后，往返时间过长，银信回批递送迟缓，收费又高，个人信用亦未尽可靠，故无法适应华侨经常汇款的要求。

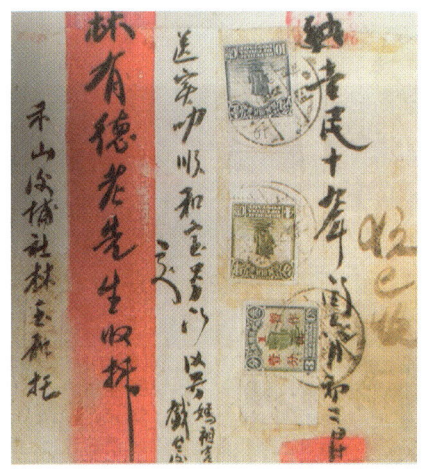
禾山侨批

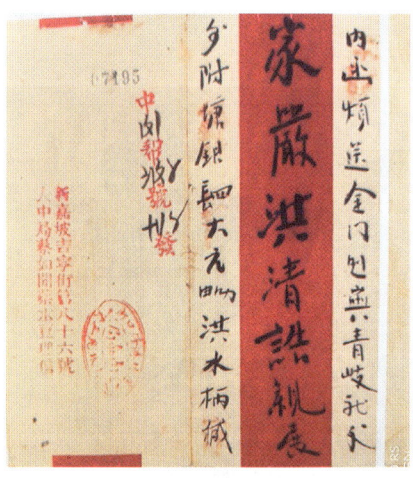
金门侨批

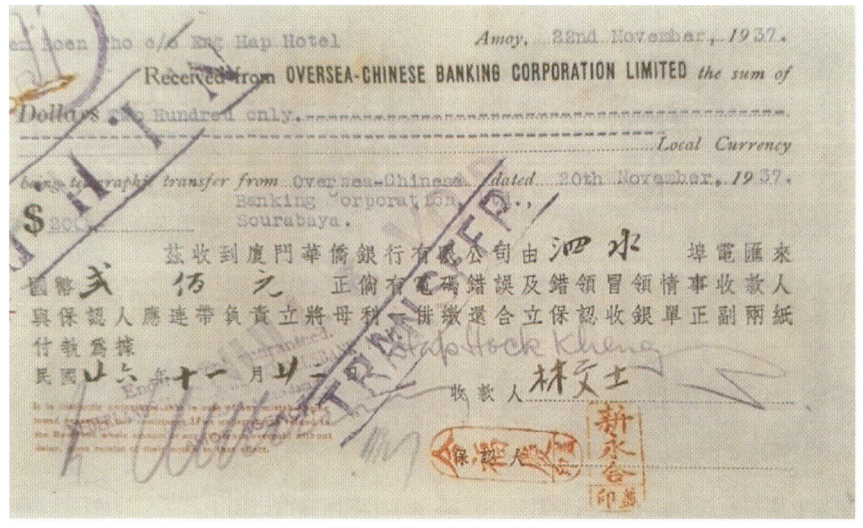
厦门华侨银行电汇票

清末，厦门港口外轮增多，外国邮政和外商银行相继在厦门设立。对批信给予总包邮寄的优惠，为银信业务在国外收汇、国内承转和解付上的分工提供了便利条件。侨汇头寸又可通过银行汇入，信件、回批可由邮政递送，厦门民信局遂应运而生。民国九年（1920），外国邮政裁撤，邮权收归国有，未几又限制民信局，致其衰微以至停业。侨批馆因华侨对民国的巨大贡献，得到特许，业务有所扩展。侨批是海外华侨寄回祖国的连带汇款的书信，是华侨汇款回家赡养亲人、禀报平安的一种"银信合封"。

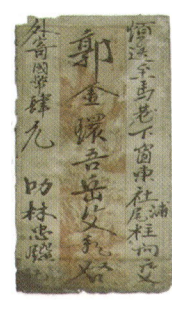
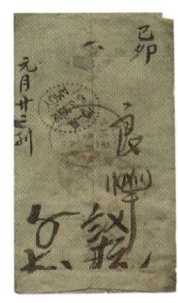
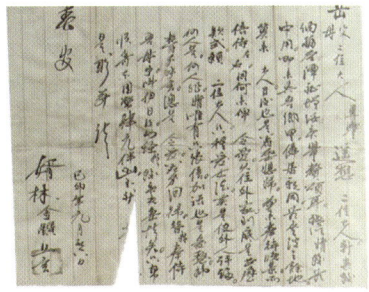
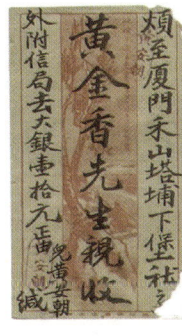
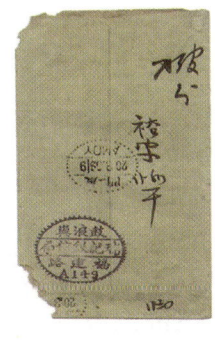
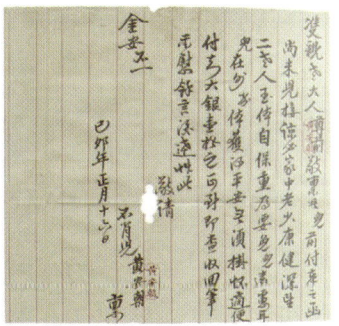
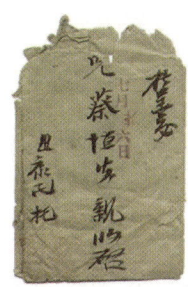

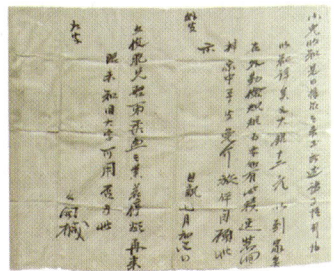

侨批

1915年，厦门侨批馆34家，1921年增至81家，1927年达200家。后经审核批准登记，到1937年，厦门有114家侨批馆，占福建省批信局总数的80%。

鹭江道上民生信局

1845—1949年的100多年间，有数百万闽南人从厦门港出发下南洋。他们下南洋赚了钱，将钱寄回家，就此推动了侨汇业迅速发展起来。

1936年后，日本加紧对中国的侵略，这激起华侨的爱国热潮，他们纷纷捐献钱财和物资，支援祖国抗战，使侨汇不断上升。1940年，侨汇数额甚至高达国币1亿元。

侨汇对于厦门城市经济的发展起到了极大作用。当时，厦门归侨和侨眷所占比例相当多，侨汇是维持侨眷生活的重要依靠。

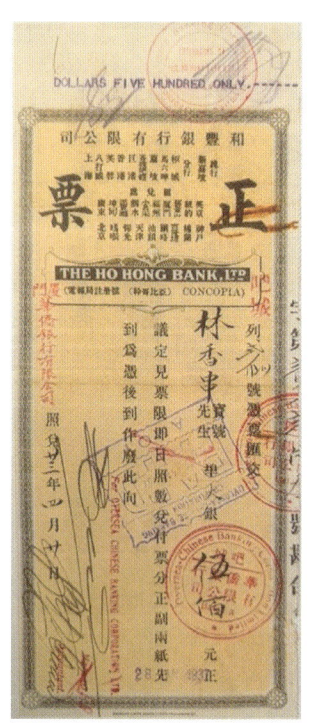

厦门华侨银行汇票

侨汇对于厦门本地的经济发展，更是起到了巨大的支撑作用。当时中国经济落后，对外贸易是进口多，出口少。厦门的对外贸易长期处于入超的状态，全靠侨汇来弥补。

华侨银行于1925年在厦门设立中国内地的第一家分行

华侨银行大楼旁边的侨批文化雕像

华侨银行一楼
（展示厦门侨批文化及相关实物的展厅）

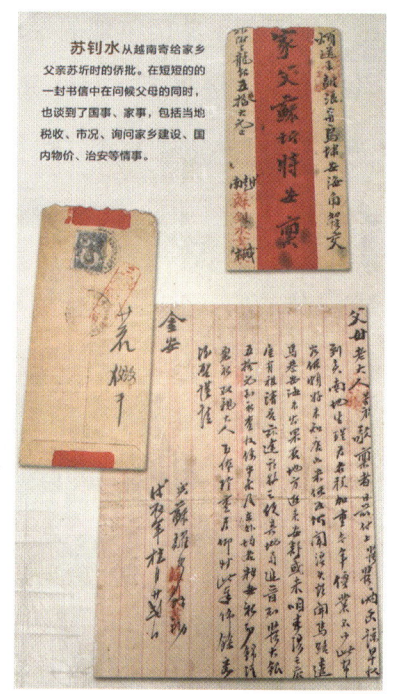

华侨银行大楼一楼展示的侨批

习近平总书记在考察汕头侨批文物馆时深刻指出："侨批"记载了老一辈海外侨胞艰难的创业史和浓厚的家国情怀，也是中华民族讲信誉、守承诺的重要体现。要保护好这些"侨批"文物，加强研究，教育引导人们不忘近代我国经历的屈辱史和老一辈侨胞艰难的创业史，并推动全社会加强诚信建设。

# 第四章
# 走进现代化

## 第一节　民间主导的城市建设

　　一座城市给人最直观的第一印象,当然是这座城市的街道、交通、市容、建筑、公共设施等与城市居民衣食住行相关的城市表象,亦可称之为城市的"文象"。城市文化的转型和进步,总是首先在"文象"中体现出来。

　　厦门城市"文象"的更新是从鸦片战争开始的,西方的教堂,以及西式的建筑给厦门城市的风貌增添新的"文象"。

　　鼓浪屿作为万国租界的国际社区,从1903年起,鼓浪屿引入西方市政建设管理的方法,铺设地下排水管道,修筑海堤,维护公共码头,专人经常清理公共水井、建立公共厕所和垃圾箱,雇用清洁工冲洗排水管道、打扫道路、清理垃圾等等,给厦门人展现了一个现代城市风貌的样板。

1880年代鼓浪屿日光岩全景图

### 延伸阅读：新街礼拜堂

新街礼拜堂为美国归正教传教士雅俾里来厦后建于1848年，被誉为"中华第一圣堂"的教堂。它是近代"中国最早建筑起来的正式礼拜堂"，是近代西方建筑文化最早深入闽南的教会建筑。建筑面积约1000平方米，有希腊式的山花及门廊，门廊由6根圆柱支撑，屋顶上由鼓座及小穹隆顶，最上为十字架，在其时堪称宏伟壮观。

新街礼拜堂（建于1848年，被誉为"中华第一圣堂"）

第四章 走进现代化

旧时鼓浪屿龙头路

现在的鼓浪屿龙头路

民国成立后,南京、上海和天津等地,分别实施了《首都计划》《大上海计划》和《天津特别市物质建设方案》。泉州旅日华侨陈清机首先在安海创办泉安汽车路公司,开辟泉州到安海的汽车线路。随后,漳州市开展市政改良,拓展街道,扩充市外交通路线。全国、周边现代化的脚步震动了厦门。

厦门的道路交通状况一直很恶劣。从厦门市区到厦门港,要由竹子河翻越镇南关山,山路迂回曲折,高低不平,两边山坡皆是坟墓。从市区到禾山,只有一条古驿道,徒步数十里才能到达到五通渡口,后乘船渡海,到对岸的刘五店,再踏上通往泉州方向的道路。而所谓的路,只是崎岖不平的羊肠小道。

1919年,厦门图书馆馆长周殿薰、省立十三中学校长黄孟圭、留学英国的土木工程师黄竹友,与一些开明士绅倡议兴办公路,开辟一条从市区至五通的厦禾公路,以便利与内陆的交通。受厦门商学两界推崇的林尔嘉被邀请来主持此事。从1909年到1922年,林尔嘉连续十余年在鼓浪屿工部局担任唯一的华人董事一职,亲历了工部局改善鼓浪屿道路市容的全过程。

**鼓浪屿复兴路**

林尔嘉认为：只修建一条公路不够，应学习鼓浪屿，统筹规划开展厦门全面的市政建设。

著名侨领黄奕住因不满荷兰殖民者的盘剥以及逼其入籍荷兰，愤而变卖财产数千万归国，从印度尼西亚三宝垄回国，定居厦门，在上海开设中南银行。数十年的商海浮沉，他已经成为具有国际眼光和现代经营理念的资本家。特别是黄奕住在印度尼西亚三宝垄生活期间，目睹了荷兰人对三宝垄市政的成功改造。这些经历深深触动了黄奕住，也使他对改造厦门的市政建设充满了信心。

这两位厦门市政建设领导者的眼光和格局为厦门城市画出了现代化蓝图的规模，得到了大家的拥护。此外，他们还是经验丰富的实干家，知道如何推动这个城市的建设。他们认为，"凡事预则立，不预则废"，城市建设若没有总体谋划是不行的。而总体谋划就要有领头者，协调各方来推动厦门城市的更新改造建设。

于是，他们向厦门道尹陈培锟和思明县县长来玉林等人建议成立厦门市政委员会。来玉林，别号彦士，曾两度担任思明县县长。

1920年春，在厦门总商会的基础上，厦门市政委员会成立，林尔嘉为会长，黄奕住为副会长，会董有洪晓春等数十人。市政会以民间组织的团体，掌握一市市政建设规划的全部权力，这在全国绝无仅有。

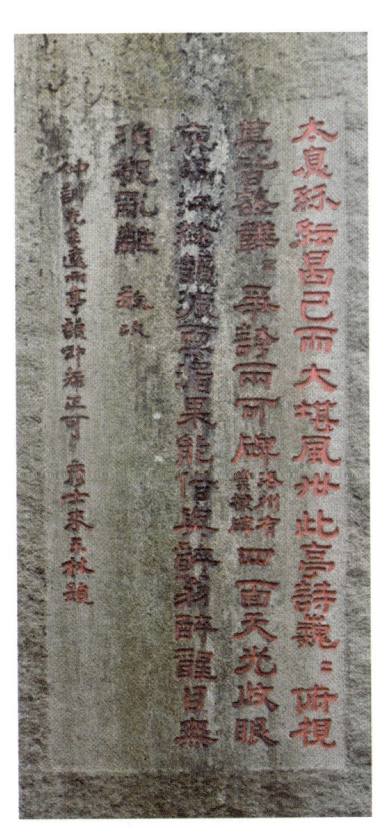

来玉林所题的七言律诗碑刻

另外成立厦门市政局,设市政督办一人,由道尹陈培锟兼任;市政会办一人,由警察厅厅长易兆雯兼任;委员长一人,由思明县县长来玉林兼任,并聘请委员若干人,办理市政会决议事项,为执行机关。

厦门市政会的会所附设在厦门市总商会之内。两年后的1922年,林尔嘉出国,该会由新任会长洪晓春和副会长黄奕住主持。

通过各界合作,发动海外华侨与国内富商投资,开辟马路、填海扩地、兴建楼房、建设公共设施、发展公共事业,厦门城市的现代化迈出令世人瞩目的第一步。

摆在厦门市政委员会面前的是相当艰巨的任务。

当时的厦门只是位于岛西南角的小城,东沿山,西南滨海,北临筼筜港,整个市区面积才3.455平方公里,人口多达十几万人。光绪三十四年(1908),全市大小街巷有220多条。近城的叫内街,靠海的叫外街。最大的一条叫衙口街,从提督衙门到城南门,宽10余米。街道是粗打块石或条石路面,遮盖下水道(沟涵),下水道通溪透海;称"街"的宽3—5米,叫"巷"的宽2—3米;加上占道经营,占道搭建,其狭窄可想而知。

整个市区房屋建设杂乱无章。市政无人管,建设无规划,街道异常狭窄,街市破败不堪。由于市区靠山,街巷曲折迂回,高低不平。不成系统的沟渠,污水随处排泄,雨天到处泥泞。有的街道仅一米多宽,如磁街、史巷、水仙宫、寮仔后等;有的街道长年潮湿泥泞,如水仙宫、担水巷、鱼仔市等。

厦门传统的民居,家家设马桶,全市没有公共厕所,只有一些露天的大粪坑,厦门话叫"屎营",供人们倒屎尿。又因粪便是农家的好肥料可卖钱,故有人在街头巷尾拐弯抹角之处摆放尿缸,供行人小便,到处臭气熏天。

闽南还流传着一种陋习:死猫挂树上,死狗丢水中。几条小溪流和海滩中经常有腐烂狗尸，恶臭难当，行人避之不及。更有垃圾随地倒，甚至倾入河池洼地；堆积如山，河床居然齐岸，又见老鼠四处乱窜。因此，每年春夏期间，经常发生瘟疫，尤以鼠疫和霍乱最为猖獗。

如此破败肮脏的城市，其改造更新的困难可想而知。

最大的困难是经费。旧城改造拆迁费用约为300万元，市政工程款在1000万以上，总计需1300万元，而市政会手里只有2万元启动费。

第一条新马路开元路的拆迁和筑路才开始，启动经费就用光了。计划中的建设公债，认购的很少，仅募得10多万元，只好终止。资金的缺乏拖累了开元路的修建速度。

民国时期的开元路

百年后的开元路

开元路是厦门的第一条马路,1920年动工,全长700米。路面仿英国"麦加顿"式,两旁为带骑楼的商住楼房,1926年改铺水泥路面。它是厦门最先兴建的马路,所以取名开元路,当年市民也称它为新马路,开元路开创了近代厦门市政建设和骑楼建造的先河。

这时,林尔嘉找来了广东惠阳人周醒南。

人物介绍:周醒南

周醒南(1885—1963),字惺南,号煜卿,广东惠阳人。1912年,周醒南任广东公路处处长,参与广东省惠州、广州、汕头市政工程建设。1916年,周醒南从新加坡回到广州,第二年被陈炯明任命为漳州的工务局局长,负责城市建设。周醒南引入闽南华侨资本,修筑漳州至浮宫的公路,拆除漳州城墙,扩建、整顿街道,利用原漳州府署园林修建公共园林,使漳州市容焕然一新。周醒南仿照广州,在漳州的街市改造中引入骑楼,并在旧街的拓展改造中保留了街道原有的牌坊,如至今犹存的香港路"尚书""探花"坊和岳口路的"简易"坊。这在当时影响很大,其办理工务、财务的才干深受林尔嘉的赏识,林尔嘉将其聘为厦门市政会的坐办,相当于秘书长。

周醒南

周醒南献上建设新区之计,顿使艰难的筹款云开日出。他负责制定厦门新区的规划和施工,开辟马路,兴建市场,围筑鹭江道堤岸,并设计建造中山公园。周醒南的设计理念是利用自然、保护生态。

公园选址紧靠市区,充分利用原有自然景观和地理条件建园。园内有诸多山水景色、庙宇古刹和精美建筑等,是闽南最早、最著名的公园。园内又设有体育运动场所、美术艺术学校和通俗教育馆(群众文化馆),集休闲、运动、艺术学习欣赏等为一体,是市民和外来旅客喜爱的景区。

原中山公园南门

现中山公园南门

菽庄花园俯瞰图（来源：鼓浪屿管委会）

### 延伸阅读：菽庄花园

菽庄花园位于鼓浪屿日光岩东南麓海滨，为林尔嘉于1913年仿台北板桥别墅所建私家园林，以其字"叔臧"谐音取名"菽庄"。全园巧妙利用天然地形，借山藏海，分为藏海园、补山园两部分，各造五景；后又修建了小板桥、渡月亭等。渡月亭有联曰"长桥支海三千丈，明月浮空十二栏"。

菽庄花园的设计和建设体现了园林艺术的四个特点——藏、借、巧、美，将苏州园林和闽南建筑相互融合，开创了独具一格的闽南典型观海园林，寄托了花园主人对两岸统一的无限情思和爱国情怀。

厦门通俗教育社

### 延伸阅读：厦门通俗教育社

原中山公园西门内的厦门通俗教育社，1933年建成，上下两层建筑面积1000多平方米，包括具有700观众座位的剧场、图书阅览室、展览室、游艺厅、棋艺厅等6间活动室及会议厅。20世纪50年代，厦门通俗教育社改为厦门市文化馆，后作为厦门市歌舞剧团的团部，现在是厦门市南乐团的南音阁。

厦门中山公园西门内的南音阁

现在中山路、思明路这一带当时是有名的蕹菜河（蕹菜即空心菜），水流不通，积成个大池塘，各种垃圾、死狗死老鼠堆满塘边，令人作呕。而这一片是公地，市政会就从蕹菜河开始，将边上的老城墙拆掉，将通往镇南关的山路削低，都作为土方填河，辟地2.38万公顷，连同城墙基地，所售地价共30万元。

买主多是见过世面的侨商，街道铺到哪儿，他们的房子就盖到哪儿。其中有酒楼、西餐馆、咖啡厅、茶室、理发厅、百货商店，还有戏院、舞厅、高级旅社。到1928年，全区段店屋全部盖完，这一地段马上就成为全市商业最繁荣的地段。房价随之骤增，地价上涨3—4倍，更进一步引起人们对投资房地产的浓厚兴趣，引来了大量的海外侨资。

镇南关原貌

1928年思明北路鸿山寺下开山状况

1930年建筑碧山路西部工作

向海飞扬

1 民国时期中山路
2 民国时期中华路
3 现在中山路

到1936年，市区"四横一纵"主干道（"四横"即厦禾路、大同路、思明东路至思明西路、中山路至中华路，"一纵"即思明南路至思明北路）与商业街道共62条，总长达52467米。城市街巷总数超过了360条，街道两旁耸立起13500余栋的新房。

旧时大同路

今大同路

1 旧时思明东路
2 今思明东路
3 思明南路蕹菜湖新市状况

1 今思明南路
2 旧时思明北路
3 今思明北路

"消闲别墅"（20世纪30年代厦门最早的休闲场所）

1931年竣工的镇邦路（全长366.6米）

镇邦路街景

镇邦路96—98号

1931年竣工的升平路（全长350米）

今升平路

第四章 走进现代化

鹭江道旧景

今鹭江道

此外,厦门还建造大小码头共9个。码头区集中在鹭江道,分为远洋码头、轮渡码头和内河航运码头,做到深水深用、浅水浅用。

厦门轮渡码头(始建于1937年)

现厦门轮渡码头

第一码头（现在鹭江道上最后一个老码头）

在公共方面，招引民间设立汽车公司，开设市郊和市内的公交、轮渡，以及通达漳泉的水陆联运。

1929年洪晓春、张镇世等人组建的厦门公共汽车公司

公共设施方面，共建设菜市场9座，戏院5座，公厕20座，分别供应水、电灯、电话等，邮电、医院、大学、中学、小学、幼儿园等公共设施也一应俱全。

厦门第一市场（位于古城东路，1928年7月建成）

厦门第二市场（位于溪岸，1931年建成，1993年拆除）

厦门第三市场（位于厦门港碧山路，建成不久后就被废弃）

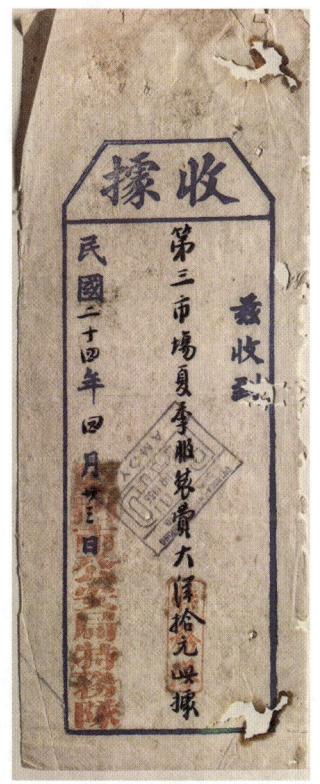

厦门第三市场夏季
服装费收据

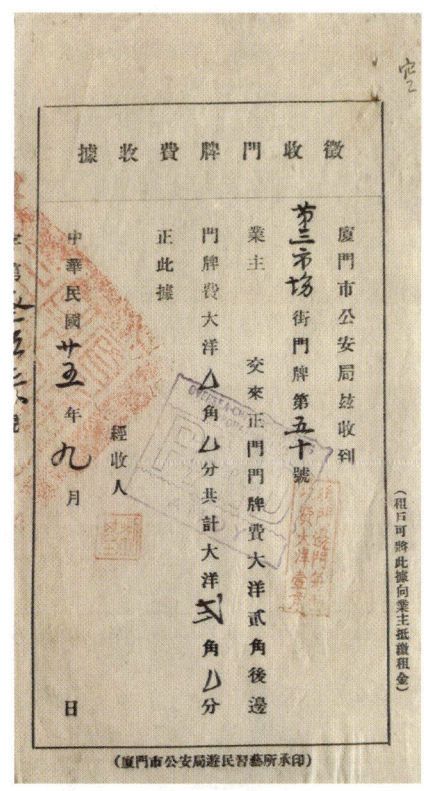

厦门市公安局特务队收第三市场
夏季服装费收据

厦门第六市场（位于泰山路与钓仔路、水仙路交会处）

厦门第七市场旧景（位于市中心）

今厦门第七市场

厦门市第八市场（由开禾市场和营平市场组成）

营平马路市场

**延伸阅读：思明戏院**

思明戏院，华侨曾国办、曾国聪两兄弟于1927年兴建，位于思明东、南、西、北路的交会处。是当时厦门市第一家厦门设备较完善的戏院。1952年，思明戏院改名为思明电影院，近百年来一直是厦门老城区的标志性建筑，也是厦门至今唯一还保留的民国时期建筑的老电影院，许多老厦门人的第一场电影就是在思明电影院看的。

思明电影院

全市卫生大为改观。纵横交错的道路有排水系统相应建成，因势利导，通达大海。城市设置垃圾场和环卫专业队伍，制定郊区农民运载粪便的规定码头和粪车入城的规定时间及相关机制。厦门警察厅下设卫生科，管理清道夫120余名，负责清除粪便和各处消毒等。

## 第二节　中西合璧的风貌建筑

在城市更新的同时，陈嘉庚先生规划建设集美学村和厦门大学。集美学村于1913年始倾资创办，总建筑面积三千余亩。厦门大学于1921年创办，是中国近代教育史上第一所由华侨创办的大学。两所校园均避开闹市，面向大海，风景幽美。陈嘉庚先生为厦门大学建造了73栋楼房，以群贤楼群、建南楼群、芙蓉楼群及博学楼为主体。蓝天白云下飞扬的三曲燕尾脊、重檐歇山顶，彩色的出砖入石，具有闽南红砖大厝风格，蕴存着深厚的文化内涵，体现了陈嘉庚先生的建筑思想、审美情趣和对建筑材料、建筑结构、建筑技艺的独特运用能力。这些独具风格的嘉庚风格建筑，俗称"穿西装戴斗笠"，与市区街市的骑楼、鼓浪屿华侨的番仔楼交相辉映，展现出现代闽南海港城市崭新的风貌。

集美学村

厦门大学

### 延伸阅读：闽南红砖大厝

闽南红砖大厝是厦门建筑的底色，是厦门最普遍广泛的传统建筑。既可做民居，稍加改变亦可为宫庙、祠堂。此建筑汲取并融合了我国中原三合院、四合院的建筑形式和阿拉伯人东传的红砖红瓦，呈现出闽南文化中西合璧、多元一体的典型"文象"。

江夏堂（苏文芹摄）

### 延伸阅读：江夏堂

江夏堂是具有代表性的闽南红砖大厝，是中国历史上最后一位武状元黄培松于1918年建成的江夏黄姓宗祠，位于思明区钱炉灰埕2号，中山路附近。其占地面积达10000平方米，包括祖堂、宗贤堂、拜庭、紫云屏、宗亲会馆、望海亭、江夏小学（后改名为文安小学）和花园。祖堂气势恢宏，为重檐歇山顶，堂顶中央设藻井，闽南民间称之为蜘蛛结网，层层斗拱叠加，庄严肃穆、富丽堂皇。如此繁复富丽的藻井民间极为罕见，呈现出当年工匠的高超工艺。

江夏堂的藻井

**延伸阅读：骑楼**

骑楼是华侨从南洋引入"五脚基"的商住两用建筑。厦门的新城区以骑楼作为街市的主要形式。这些临街的商家，其营业店面连着骑楼，楼上用于居住，乃家用、商用、公用合而为一。骑楼能够防晒、遮风挡雨，走廊连着商店，全天候人行道，方便百姓。连廊连柱、中西合璧、多元共存的建筑风貌，冲破了单门独户的经营生活和封闭观念。骑楼不仅带来厦门建筑的革命，更是中西建筑文化交流与碰撞的摇篮。

骑楼

**延伸阅读：番仔楼**

闽南话"洋人"称"番仔"，番仔楼是清末民初闽南侨乡受西洋住宅建筑影响而建的民居建筑，是一种中西合璧式建筑，别具一格。番仔楼的平面布局有两种趋向。一种是以西洋建筑为主，辅以中式的装饰。其建筑造型新颖，布局灵活多变，厅堂居室宽敞舒展、功能分区合理别致。门窗、外廊及装饰洋味突出，如科林多式的圆形廊柱、绿釉面的瓶式栏杆以及百叶窗等，但也保留了闽南传统民居大厝的特色。另一种则是以传统闽南大厝的形式为主。但无论是哪一种样式的番仔楼，都表现出房主追求西方建筑时尚、保存自己文化传统的希冀。

1 黄奕住于1925年8月在鼓浪屿建成的黄家花园（当时号称"中国第一别墅"）
2 鼓浪屿海天堂构别墅群（菲律宾华侨黄秀烺和黄念忆于1921年所建）
3 鼓浪屿金瓜楼（位于泉州路99号，建于1922年）

鼓浪屿黄荣远堂（位于福建路32号）
（罗锦云摄）

李家庄（坐落于鼓浪屿漳州路40号，
建成于1930年）

厦门终于跨上现代都市的第一级台阶。这样美丽繁华的城市吸引了四面八方的人，到1935年，厦门人口增至18万。其中，祖籍厦门者仅为三分之一多。新厦门人的籍贯以漳州、泉州为主，却也有东北、河北、山东、山西、陕西、甘肃、四川、河南、湖北、江苏、广东、广西、云南、安徽、浙江、江西、湖南、贵州等多个省份和福建闽南以外的地区，尤其是客家、莆田和福州。而在漳泉之中，许多是来自台湾的同胞和来自海外的华侨。来到厦门的也不仅仅是投资的商人、定居的归侨，还有他们从各地招来的员工，从家乡请来的伙计、佣人、花工等等。

而今，转眼100多年过去，当年的新厦门人已经都成了老厦门。他们在今天500多万的厦门人之中，甚至连三分之一都不到。但可以相信，约莫100年以后，这500多万又都会是老厦门人了。

这就是厦门！以她的美丽和包容，招引四面来客、八方精英，各自施展身手，共同建设城市。这个他们亲手建造的城市从此属于他们。在共同的奋斗中，也培养成这个城市开放包容的性格，以及海纳百川的气度。

鼓浪屿日光岩上俯瞰厦鼓无限风光

# 第五章
# 百年树人

文化即人，人是文化的根本，其健康和文明是城市最美的风景，是城市前进的根本动力。100多年前，当西风猛烈刮入中国时，厦门率先接引新风。以教会为中心的医院、学校、建筑、钢琴、足球、企业等西方文化，让厦门人耳目一新。

## 延伸阅读：陈嘉庚

陈嘉庚（1874—1961），福建省泉州府同安县集美社人（今厦门市集美区），著名的爱国华侨领袖、企业家、教育家、慈善家、社会活动家。

1913年，陈嘉庚回到家乡集美，先后创办了集美小学、集美中学，有师范、水产、航海、商科、农林等校区（统称集美学校），以及厦门大学。厦门大学、集美学村各校师生都尊称其为"校主"。

所幸厦门有那么多在南洋和西方人多年共处，甚至留学欧美，深入学习、深刻了解西方文化的归侨。他们深刻了解西方文化先进的东西，他们是中国人民

厦门大学陈嘉庚先生雕像

最早向西方学习的那一批人。他们知道，向西方学习是中国人民走向现代化不可或缺的一课。

同时，他们身上具有那个时代的中国人极其少有又极其宝贵的民族文化自信。因为他们在和英国人、荷兰人的竞争中没有落败，反而占了上风，他们的企业比西方人的企业更占优势。嘉庚建筑就是这种学习他人，又坚守自我，并善于融合的文化创造。

延伸阅读：马约翰

马约翰（1882—1966），我国著名的体育家，在体育理论、体育教学、运动训练等方面都做出了可贵的贡献，博得了人们的尊敬。他终生坚持体育锻炼，身体非常健康，年逾八十，鹤发童颜，仍生气勃勃地工作，被誉为"提倡体育运动的活榜样"。他毕生在一个岗位上孜孜不倦、勤勤恳恳地工作了52年，而且随着时代的步伐不断前进，又被称为"我国体育界的一面旗帜"。

马约翰雕像

当然，面对列强、军阀和封建王朝，这些归侨更加清楚，一切取决于百姓，取决于觉醒的人民！他们不惜毁家兴学，教育救国；他们下决心，让"东亚病夫"变为"亚洲雄风"。

# 第一节　人的健康——走向文明的基础

习近平总书记在党的十九大报告中指出,"人民健康是社会文明进步的基础,是民族昌盛和国家富强的重要标志","要把人民健康放在优先发展的战略地位。"

没有人民健康,就不可能有健康的经济、文化,更不可能走向现代文明。而近代的中国人正贴着"东亚病夫"的标签,缺医少药,营养不良,卫生环境恶劣,人均寿命不到40岁。

厦门海岸停靠的小船
(出自美国康奈尔大学收藏的 *Views of Amoy and surrounding country* 相册)

旧时厦门岛四面环海,水源缺乏,地下水量少质差,盐分重、硬度高,不仅难以入口,用于洗涤也不方便。很多饮用水都是"船仔水",用运水船从湖里的竹坑湖装载而来,弥足珍贵,而水质并不理想。

因此,很多厦门人便无法保持良好的个人卫生,家少卫浴,久久才洗澡洗头,身上常长跳蚤、虱子,头发打结,甚至身上、头上长疮,"生头发尾"极为常见。平常不知洗手,直接生吃地瓜、花生,导致病从口入,滋生病菌,蛔虫病多发。

旧时孕妇产子，都是由旧产婆接生，常使用不干净的剪刀、破碗片、破瓦片做断脐；遇产妇滞产或难产时，也无科学处理方法，而是采取呼神唤鬼的封建迷信方式，当然这往往无济于事。怀孕生子成为高危之事，即便顺利生下孩子，也有潜在的各种风险。早年厦门有句俗语，"不生不值钱，要生性命在水墘（水边）"，这是对妇女命运的真实写照。没有生儿育女，在家里没有地位；要生儿育女，生命随时可能了结。

19世纪末外国人绘制的厦门普通劳工和一对夫妻

厦门的育婴堂和孩子

同时，厦门作为对外口岸，与境外地区往来频繁，东南亚各地流行的鼠疫、霍乱、天花等烈性传染病随船只传播到厦门，来势凶猛，病死率高，严重危害厦门百姓的生命健康。

厦门首次鼠疫流行始于1884年。此次流行鼠疫来自香港，始于梧村，很快蔓延到市区。1889年，疫情传入同安、晋江、龙溪等县。1894最为流行，波及全省。

### 延伸阅读：厦门鼠疫

根据《福建省志·卫生志》统计，从1884年至1951年的68年间，鼠疫在厦门先后流行54年次，累计发病7574例，死亡6379人，病死率为84.2%。

而据《厦门市志》统计，自1884年到1951年的68年间，厦门市鼠疫流行59年次，有2051村（街）次发生鼠疫，发病6.55万人，死亡5.88万人，病死率达89.71%。

版画《耶尔森医生在中国厦门的医院里接种鼠疫疫苗》

厦门的霍乱是由海轮自菲律宾带入的。据《中国国境口岸检疫传染病疫史》载，1882年菲律宾岷里拉霍乱流行，此地有海轮开往厦门，在船上发现霍乱病人，死者多人。其中，两名死者停留厦门港，从而厦门港霍乱暴发。

不仅如此,旧时厦门普通百姓的生活相当艰苦,许多人看不起病。世代相传的迷信理念,又使人们有病求神不求医。

鸦片战争以后,西风东渐,厦门受到其影响。1842年,美国归正教会的传教士雅裨理来厦筹办新街礼拜堂。与他一同前来的还有传教士兼医生的甘明,他们租住在鼓浪屿的住宅(今中华路23号),甘明开始为人施诊。第二年,甘明在厦门寮仔后开设医院。

延伸阅读:竹树堂

竹树堂全称厦门市竹树基督教堂,始建于1849年,次年落成并正式开堂礼拜聚会,迄今已有170多年的历史。现有建筑系1935年重建,以原街名命名为竹树脚礼拜堂。该堂在中国也注意创办教育等事业,1855年2月6日创办小学,1884年开办救世医院厦门分院,1915年建立幼稚园和蒙学堂。1923年,廖清霞、廖悦发两人开始筹备资金建立宗文小学。

竹树堂

1850—1862年，分别有大英长老会和伦敦公会传教士兼医生的马雅各、夏士柏、卡内基等负责医院的工作。

竹树脚医院是大英长老会麦克利士先生于1883年建立的，到1895年转交给美国归正教会，由郁约翰医生管理。

1887年，日本人在厦门望高石设济世医馆。1888年，离美回国的金雅妹也在厦门开设西医诊所。1898年，美国归正教会又在鼓浪屿河仔下办救世男女医院，医院附设医学专门学校，首任院长为著名西医郁约翰。

郁约翰医生

**人物介绍：郁约翰**

鼓浪屿救世医院创办人，郁约翰生于荷兰，6岁时随父母移民美国。济世救人，大爱无私，是郁约翰传之后世的精神印象。他作为一个外国人，却为鼓浪屿人和厦门人献出了自己的生命。他是近代厦门乃至闽南第一所西医医院救世医院和妇女医院威赫敏娜医院的创办者，近代第一所西医医学专科学校和护士专科学校的奠基者。他培养了黄大辟、陈天恩、陈伍爵、林安邦等厦门第一批西医人才。在他的直接和间接的影响下，鼓浪屿医学人才辈出。

1903年鼓浪屿公共租界建立之后，西医在厦门的发展突飞猛进，到20世纪30年代，厦门已有美教会办的救世医院、宏宁医院，日人办的博爱医院、共济医院，中国政府办的省立厦门医院，华侨办的中山医院，私人办的鼓浪屿医院、晋惠医院，地方办的平民医院、同善医院，以及天主教会办的若瑟医院等。此外，还有100多个个体开业医馆。

厦门日本共济医院

### 延伸阅读：救世医院

1897年10月，最先建成的是只接待男性病人的救世医院。郁约翰以他的母校——位于密歇根大瀑布城的霍普学院命名。在向美国总部的报告中，郁约翰描述道："救世医院是一座坚固的砖结构两层楼房，濒海而立，涨潮时三面环水。内设礼拜堂、食堂、厨房、两间仆人房、办公室、门诊室、眼科、暗室、两间储藏室、浴室、手术室、教室、四间学生房、七间病房，共有45张病床。"

鼓浪屿救世医院老照片

西医在厦门不断发展，引进了新的医学理念和治疗方式，令人耳目一新。除了外国人陆续开设西医医院，规模日盛；同时也有许多厦门人接受了西医教育，走上了医学的道路，为民众的健康作贡献力量。其中最著名的当数的"万婴之母"林巧稚和著名妇产科专家何碧辉。

## 人物介绍：林巧稚

林巧稚

林巧稚（1901—1983），福建厦门人，医学家，医学教育家，中国科学院学部委员（院士），生前是北京协和医院妇产科主任，中国医学科学院副院长，与新中国第一代西医金学曙等一同被誉为"中国近现代史上的20位杰出女性"。作家冰心评："她（林巧稚）是一团火焰、一块磁石。她的为人民服务的一生，是极其丰满充实地度过的。"

## 人物介绍：何碧辉

何碧辉（1904—1994），厦门鼓浪屿人。1932年毕业于北京协和医学院，1944年赴美国约翰·霍布金斯大学医学院附属医院及密歇根大学医学院附属医院深造。何碧辉从医60多年，重视理论联系实际，重视实践中的积累。她始终坚持在临床第一线，获得了丰富经验，对妇产科学造诣很深。特别在产钳处理阴道难产上，有独到之处，挽救了不少产妇与胎婴儿的生命。在半个多世纪里，何碧辉献身于妇产科医学事业，为我国妇产科界培养了一大批英才。

著名的妇产科学家何碧辉

当年，厦门西医内科界有许多知名前辈，如救世医院的苏赞恩，鼓浪屿医院的林遵行，厦门中山医院的吴金声、叶全泰等，都是鼎鼎有名的内科高手。外科领域也不乏名医，如林全盛、林谨生博士，以及曾任上海同仁医院外科主任，后受聘为厦门中山医院外科主任的高恩养博士。眼科方面，陈德堂、陈扬靖、许葆栋等堪称圣手。著名耳鼻喉科医师有救世医院的院长黄祯德医生。

黄祯德

人物介绍：黄祯德

黄祯德（1903—1977），福建厦门人，五官科专家，曾任鼓浪屿救世医院院长、厦门市第二医院院长、鼓浪屿医院院长、厦门护士学校校长、鼓浪屿医院卫生学校校长。

著名的妇产科医师有厦门鼓浪屿医院庄谦逊、林碧凤（均是广州夏葛医学院毕业），之后有陈品兰以及省立厦门医院的黄永和、魏光媛（均是福建医学院毕业）。20世纪三四十年代，开业妇产科医生共有23名，其中叶亮彩等人闻名遐迩。

口腔科也很发达，1931年，厦门就有牙科开业医师约30家。

西医传入厦门，不仅陆续开设了西医医院，也开始了初步的医学研究。英人孟逊氏早年来厦门海关任关医，后在厦门业医22年，他对热带病学、病原学颇有研究，曾对传染于厦门地区的疟疾、丝虫病进行调查。

厦门关首任检疫医官孟逊

人物介绍：孟逊

孟逊（1844—1922），英国人。医学博士，中国早期热带病和丝虫病专家。他是厦门首任海关检疫医官，在厦门工作长达22年。在厦门任海关医生期间，他系统研究了厦门地区热带病的病原学特征及传播机制，并坚持每半年写一份海关医学报告，为当地热带病的防治提供了重要科学依据。

厦门救世医院院长郁约翰医生曾在荷兰和英国宣传护理工作,他认为好的医务护理对病人有很大的价值。在他的呼吁下,闽南有了来自荷兰的第一个女护士,名叫米尔曼,她负责护理妇女部的女患者。另一位洋女护士颜仁护士于1920年来厦门,她在学习了汉语之后,便开始在救世医院工作。

延伸阅读:救世医院护士学校

根据杰拉德·F·德庸所著的《美国归正教在厦门(1842—1951)》一书记载:"1925年鼓浪屿救世医院共有四名注册护士——一名在美国注册,一名在丹麦注册,两名在中国注册。由于负责为病人换药、分发药品并协助外科手术的医科学生人数很少,因此,医院的当务之急是加强护士的培训。为了满足这个需求,一所学制三年的护士培训学校在赖仁德护士长的指导下于1924年在鼓浪屿创办。"

救世女医馆

救世医院和博爱医院当时护士多为外籍，间有少数中国实习护士参加医院的护理工作。

1926年，救世医院附设护士学校，培养护理人员，这是闽南第一所护士学校。专业的护理人员对于病人的身体康复具有重大意义。救世医院设立护士学校这一举措，也是厦门医疗事业史上的一个巨大的进步。

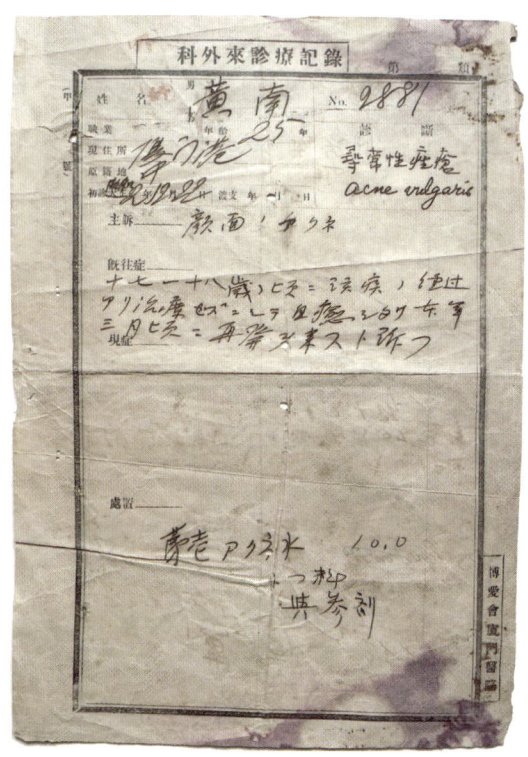

博爱医院诊疗记录单

护士学校医护人员旧照

救世医院、博爱医院均设有医专学校，总共培养毕业生100多名，毕业后分布在厦漳泉及南洋各地行医。

救世医院附设医学专门学校，校长由院长兼任。学制5年，由各科医生兼任教学，从1900—1932年共培养毕业生6届，46人。厦门博爱医院于1919年附设医专学校，校长由历届院长兼任，各科教员由日本医生兼任。学员大都来自厦门旭瀛书院的毕业生。课堂设在医院内，教学纯用日语，前后计有6届毕业生，共68人。

1932年救世医院全体职员

特别要介绍的是于1863年来到厦门行医的马雅各医生。马雅各于1865年从厦门到台湾行医宣教，在台湾建立最早的西式医院，为不少台湾同胞解除了病痛，是台湾现代医疗的开创者，也谱写了两岸医疗文化的一段渊源。

马雅各头像

人物介绍：马雅各

马雅各（1836—1921），1836年生于英国苏格兰，1858年进入爱丁堡医学院学习，并于1863年底以医疗宣教士的身份，踏上中国的土地。19世纪后期在清朝台湾府南部从事医疗传教工作，创建台湾首座西式医院，为台湾医学奠基人之一。

马雅各的长子马士敦是妇产医学博士，在1898年追随父亲的足迹，接受英国长老会的任命，来到厦门行医宣教。他在鼓浪屿学会了闽南话，并收获了爱情，娶了一位叫伊迪丝·莉莱·约纳斯的艺术家为妻。

### 人物介绍：马士敦

马士敦，1871年12月5日生于英国伯明翰。作为马雅各的长子，他继承了父亲的事业，成为一名医疗宣教士。早年他对妇产医学充满兴趣，在伦敦大学学院获得妇产学科金奖，后又在圣巴塞洛缪医院接受临床培训，成为合格的医生。

庆祝马士敦医生奖赏陆海军一等勋章的合影

1902年马士敦医生在乡村巡回诊疗

1899年,马士敦带着新婚妻子前往漳州漳浦的源梁医院(今漳浦县医院),担任医院的外科主任。马士敦医术高超,医德高尚,得到了广泛赞誉,他也为现代医学在漳浦的传播作出了巨大贡献。

1916年马士敦(后排左五)与永春医院的医科毕业生的合影

1919年,马士敦前往北京,成为协和医学院的妇科学和产科学教授,后来还成为英国皇家妇产科学院院士。

1928年,马士敦在协和医学院成为厦门人林巧稚的指导老师。林巧稚的勤奋好学、一丝不苟,以及对病人的精心服务,感动了马老师。他倾其所学,全力指导林巧稚,并使她成为协和医院第一位留院的中国女医生。

两年后,林巧稚在马士敦的推荐下,去英国伦敦妇产科医院和曼彻斯特医学院进修,这使她的医疗水平更上一层楼,成为中国妇产科学的奠基人,为中国妇产科作出了卓越贡献。

除了林巧稚外，马士敦还培养了中国妇产科病理学理论家林崧、闽南著名医生苏加明等等。他在华工作40余年才回到英国，1961年，马士敦以90岁高龄安息。

林崧

**人物介绍：林崧**

林崧（1905—1999），又名启森、肩宇，福建莆田人。学成归国后，林崧长期在京津从医。林崧是中国妇产科病理学的奠基人，一级教授；全国政协第五、六届委员；新光邮票会、天津邮票会会员。曾担任中华全国集邮联合会常务理事、天津市集邮协会副会长。

还有许多和他一样的洋人，都为厦门的健康、文明、进步做出了可贵的贡献，奉献了青春和壮年，厦门应该感恩并记住。

西方文化的到来，不仅带来了西医，更带来了卫生观念的改变、生活环境的提升和体育锻炼的普及，为厦门城市的现代化转型奠定了重要的基础。

鼓浪屿的人民体育场，过去厦门话称"番仔球埔"，最早是英国水兵踢足球的地方。厦门是中国最早学习西方竞技体育项目的地方之一。在游泳、跳高、足球、篮球、自行车、乒乓球、羽毛球等运动项目，厦门曾经彪炳全国，还出了许多世界冠军和世界纪录创造者。

**延伸阅读：番仔球埔**

1872年，美国领事李仙得把通往田尾、港仔后、日光岩的三岔口的一片土地，擅自划界，围筑短墙，铺上草皮，辟成球场，专供外国人使用，这就是"番仔球埔"，当时多作为打网球用。

鼓浪屿的马约翰体育场

"为祖国健康工作40年",这是厦门人马约翰教授提出来的口号,表现出厦门人对健康的深刻认识。这厚积薄发的一句话,曾经深深地影响了新中国一代大学生。这绝不是偶然生发的一句话,这是具有切身体会的马约翰对厦门人民卫生健康经验的精彩总结,并由他贡献给新中国。

不过回望历史,最让厦门人引以为傲的是,在张开臂膀欢迎西医药到来的同时,厦门还坚持了自己的中医药和民间医药传统。直到20世纪五六十年代,厦门老城区家家户户在天井、阳台、窗台都种有青草药,家家父母都知道用青草药治头疼脑热等常见病、多发病,成为厦门人民健康的宝贵传统。

延伸阅读:厦门第八市场

厦门第八市场,通常被叫作"八市",由开禾路、营平路、古营路三条老街组成,包括开禾、营平两大菜市场。八市有着近百年的历史,是许多厦门人的记忆,如今也深受游客青睐。

厦门市民在八市购买青草药

闽南自宋代出了保生大帝以后,历代都有许多著名的医生,名家辈出,如冯大楫、吴澧中、王克念、叶豆仔、翁纯玉、谢宝三等,皆是家喻户晓的名中医。他们面对潮涌而入的西医西药,坚守自己的传统,精益求精,造福百姓,确立了中医药在厦门的威望,使得当时的厦门中西医并行同兴,各美其美。其中最著名的,当属鼓浪屿的叶豆仔叶先生娘。

### 延伸阅读：保生大帝

保生大帝（979—1036），又称大道公，吴真人，字华基，北宋福建路泉州府同安县积善里白礁村（今漳州角美镇白礁村）人，去世后被朝廷追封为大道真人、保生大帝。保生大帝是福建省历史悠久的民间信俗。2008年，保生大帝信俗被列入国家级非物质文化遗产代表性项目名录。

保生大帝雕像

叶豆仔，民间尊称她为"先生妈""斗姑"。叶豆仔40岁时得祖传治疗儿科病症及放筋的图文手稿，并得中医验方手抄遗稿。她博闻强记，过目不忘，常配制各类药散，装瓶备用。斗姑擅长治疗各种小儿常见病，如热症、惊风、白喉、麻疹、"猴损"（重度消化不良）等，皆手到病除。

当时有一幼儿经鼓浪屿救世医院首任院长郁约翰诊为不治之症，不予治疗。患儿之母经人指点，请叶豆仔医生急救。经放筋结合药散治疗后，那幼儿竟逐渐复苏，最后痊愈。郁约翰得知此事后，对叶豆仔佩服万分，登门拜访，向其请教治疗之法；并向鼓浪屿工部局专报，为叶先生娘颁发奖状。斗姑起死回生的医案传为佳话，至今百年，民间仍口口相传。

光绪二十年（1894）鼠疫流行，翁纯玉采用中医疗法防疫抗疫，救活不少人。1898年，小吕宋总领事陈纲之父患血痢，症状濒危，请翁纯玉前去诊治，辨证处方，五天而愈。

人物介绍：翁纯玉

翁纯玉（1855—1933），字兆全，厦门人。学问渊博，精研岐黄。1894年鼠疫流行，死亡日多，他救活不少人。翁纯玉从事中医诊疗50余年，对温病、疫病及内科杂症尤为特长。他生平治学严谨，处方精要，用药轻灵简洁而能起沉疴痼疾。其著作大多失传，仅留有《瘟病鼠疫篇》及一部分手写医案。

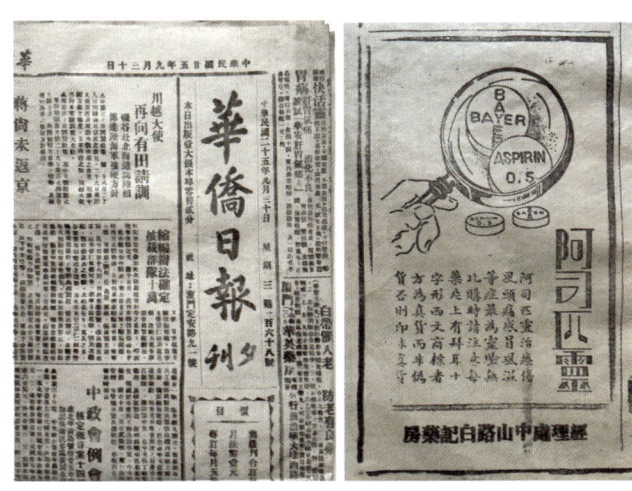

《华侨日报》的白记药房广告

总之，西风东渐，但是厦门中医依然蓬勃发展，人才辈出，包括吴瑞甫、李家麟、周慕卿、陈天恩、高春泽、陈焕章、林孝德等。这些中医高人不仅看病救人、悬壶济世，还善于学习、勤于耕耘，著述颇丰，为中医药的继承发展呕心沥血。

陈焕章图像

人物介绍：陈焕章

陈焕章（1889—1963），著名老中医，擅长青草药治病，热心公益，曾出资修建同安城关轻便铁路工程等；在故居前苗圃培植青草药，种植100多种常用中药材，亲自标签、授徒、教学，并应用、推广于临床；将新加坡的中药种子引到同安，研究药理，首创"一见喜"胶丸。其经验收录在《同安药材》第一集，刊行于世。

吴瑞甫堪称厦门中医界的代表人物，精通医理，医术超群。他还将自己的医学心得和临床经验结集成册，出版面世，包括《伤寒纲要》《中西派学讲义》《校正全济总录》等十余部著作。

吴瑞甫像

### 人物介绍：吴瑞甫

吴瑞甫（1872—1950），即吴锡璜，瑞甫是其字，号黼堂。祖籍福建省泉州南门外塘市乡（亦称南塘）。吴锡璜14岁奉父命学医，并攻读医书，喜涉猎方书，且擅于词章书法。24岁起，开始在厦门行医。1932年7月创办厦门国医专门学校，自任校长，造就后继人才。1934年主编《国医旬刊》杂志。1937年，吴氏又创办《厦门医药月刊》，旨在开展中医学术交流，弘扬国粹。1938年厦门沦陷，吴氏远涉重洋创办中医学会，主办弘扬中医学的刊物《医粹》《医统先声》，被称为"医学大家"。

吴瑞甫虚心学习西医教学方法，于1928年创办厦门医学传习所（1931年改办厦门国医专门学校）。通过集中授课教学的方法，他培训中医学员百余名，可谓一大善举。

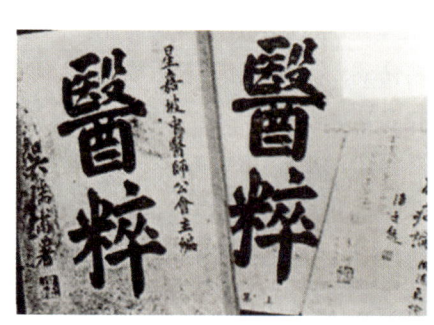

吴瑞甫在星岛创办的医学杂志

《吴瑞甫全集》

1929年，国民党当局以中医"不科学"，通过"废止中医"议案。生死存亡之际，以吴瑞甫为代表的厦门中医界奋起反抗，先后撰文捍卫祖国传统中医药学。吴瑞甫不仅亲自撰文捍卫中医药学，还主办《国医旬刊》；时任厦门分社社长兼思明国医研究所副所长孙崧樵主编《鹭声医药》；盛国荣等等名医也纷纷撰文发声。厦门中医药界同仁齐心协力，为挽救传统医学奔走呼号，最终力挽狂澜。在全国强大舆论压力下，国民党立法院被迫撤销取缔中医的决定。

到20世纪30年代，厦门开业的中医，记录在案者不在少数。1930年有叶丽川等中医146名；1931年有翁纯玉等中医（含草药、麻风、接骨、喉科、中药等）162名；1936年，有据可查的厦、禾、鼓中医88名。有不少人始终心存救死扶伤之念，有识之士也不断为中医的生死存亡大声疾呼，使中

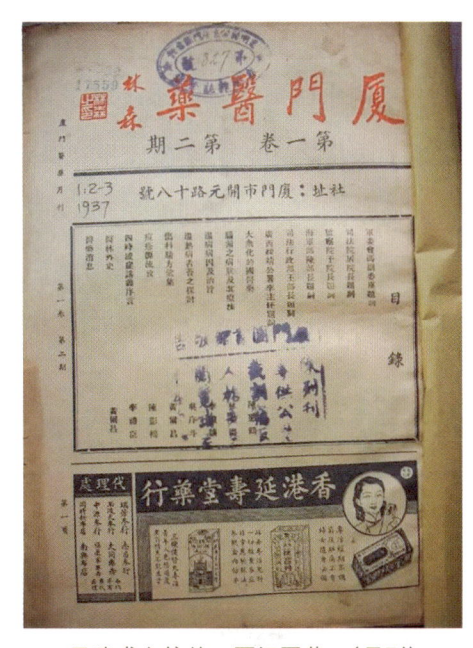

吴瑞甫主编的《厦门医药》（月刊）

### 延伸阅读：林孝德

林孝德（1890—1981），字秀锦，福建安溪人，福建省第一批名老中医，厦门市中医院原顾问，厦门市第四、五届政协常委。林孝德出生于医学世家，少时即随父学习中医辨证论治，精于中医内科、外科，尤其对疔疮治疗极富经验。

厦门名医林孝德、林庆祥父子

医在这段时间能够薪火相传，延续血脉。

厦门中医最宝贵的传统就是"医者仁心"。清末民初鼓浪屿"四大名中医"之一的李家麒先生在其遗著上亲笔题词"祖传医学"，"为救人而学则可，为谋利而学则不可"。

鼓浪屿另一位"四大名中医"谢宝三先生则开设"济时医局"，贴出通告，凡贫苦者就诊，可持药方到指定药店免费领药。

**人物介绍：谢宝三**

谢宝三（1868—1943），字树斋，闽侯人。清末废科举后弃儒学医，学习祖传中医技术。1894年来厦门行医，开设回春药店，坐堂诊病。谢宝三擅长治疗伤寒和温热病及疑难杂症，自制祖传膏丸散，与中药处方配合治疗。曾用自制的回春丹治溺水休克的患者，患者服药后即刻复苏。

谢宝三像

当时中药店常见的对联："但愿世间人少病，宁教架上药生尘"。值得今天的我们细细思量。

厦门瑞来春堂对联

厦门西医是中国西医一个重要的起点,厦门中医也是中国中医一个重要的支点。

100多年前,叶豆仔和郁约翰可以交流互鉴;当时的鼓浪屿,中医兴盛,西医也蓬勃发展,中西医可以和谐共处。厦门这座城市,胸怀宽广,百川归海,中医与西医应该能相互包容,如当年的叶豆仔与郁约翰一样,各美其美,美人之美。

100多年前,厦门的医学前辈以朴素的文化自觉向西方学习、向自己的民间传统学习,为厦门人民的医疗健康及中国的中医药做出杰出的贡献,推动了厦门文化的现代化。今天后,我们应如何传承他们的理念,如何学习他们的智慧,如何承接他们开创的厦门卫生健康事业,以实现健康厦门的新时代?关于以上几点,我们必须认真思考。

## 第二节 时代对传统教育的冲击

鸦片战争以后,西方的文化挟持着军事政治的优势,全面侵入中国。厦门是西方教会最早登陆的城市之一,为了打开传教局面,西方教会纷纷办起教会学校,把西方教育文化带进了厦门。厦门就这样成为中国最早接触现代教育、现代科学的城市之一。

早期的教会学校为吸引生源,主要从慈善入手,从"义学"起步,使得当时的贫民和女子能够有机会受到启蒙教育。早期的教会学校规模很小,设在传教士住宅里或教堂内,或租用民宅,课程一般只有初小扫盲程度,即简单的听、说、写,为听懂读懂《圣经》服务。《圣经》是必修课,教师在课上经常讲《圣经》里的故事或《伊索寓言》,也教点简单的算术和科学常识。不过这已经给向往海洋的厦门学生打开了通往外面世界的全新窗口。厦门民众对西方文化从观望抵触到新奇渴望,教会学校、新式教育迅速发展,数量不断扩大,质量不断提升。

英国伦敦工会、英国长老会、美国归正教会、美国安息日会、西班牙天主教、日本等纷纷在鼓浪屿开办学校。这里有中国历史上第一所幼儿园——怀德幼稚园、福建省第一家幼儿师范教育学校——鼓浪屿怀德幼稚师范学校,有厦门著名的女子学堂——田尾女学,有教会在福建的第一所学校——英华男塾,有为培养中国人担任牧师、传道、专修基督教义的圣道学校、福音学校等等。

一位女教师在怀德幼师门口拍照留念

### 延伸阅读：怀德幼稚园

厦门市鼓浪屿日光幼儿园位于厦门鼓浪屿日光岩下永春路83号。其前身是由英国长老会女教徒韦爱莉于清光绪二十四年（1898）创办的。清宣统二年（1910），由英国长老会接办。清宣统三年（1911）命名为怀德幼稚园。民国二十二年（1933）立案。民国三十年（1941）厦门沦陷时，该幼稚园被日方接管，易名为鼓浪屿幼稚园。民国三十五年（1946），英长老会复办该园，恢复厦门私立怀德幼稚园原名。

怀德幼稚园上课情景

### 延伸阅读：田尾女学

19世纪80年代，美国归正教会在厦门开设的女学堂迁到了鼓浪屿田尾路，定名为田尾女学堂，也称花旗女学，现田尾路14号的毓德女学校旧址便是其昔日校舍。学堂采用主理制，首任主理是美国传教士约翰·打马字的二女儿马利亚·打马字。1889年，田尾女学堂更名为毓德女子小学。新中国成立后，这里是厦门师范学校，培养了许多出色的人才。

1879年建造的田尾女学

### 延伸阅读：英华书院

菲律宾英华中学校友胡国藩1987年所撰的《英华校史》写道：1898年2月，英国伦敦公会牧师山雅谷创办英华书院。嗣后，与英国长老会合办一年，伦敦公会无意继续办学。1900年，英国长老会委派金禧甫来鼓浪屿接办英华。金先生就任第一位院长。

英华书院校徽

私立厦门英华书院校舍

鼓浪屿是万国租界，西方教会的学校最后也都集中在鼓浪屿。教会学校的教育和行政大权都操在外国人和教会手中，教科书由教会自己编印，客观上，在努力传教布道的同时，教会学校也将西方的科学知识带进学校。

### 延伸阅读：鼓浪屿公共租界

1895年中日甲午战争后，日本占领台湾，为避免日本进一步觊觎厦门，清朝政府决定寻求"国际保护"，请列强"兼护厦门"。1902年1月10日，英国、美国、德国、法国、西班牙、丹麦、荷兰、瑞挪联盟、日本等九国驻厦门领事与清朝福建省兴泉永道台延年在鼓浪屿日本领事馆签订《厦门鼓浪屿公共地界章程》，鼓浪屿沦为公共租界，次年1月，鼓浪屿公共租界工部局成立。在此前后，陆续有英、美、法、德、日等13个国家先后在岛上设立领事馆。

1800年代鼓浪屿全景图

许多牧师为鼓浪屿的教育做出杰出的贡献。例如打马字牧师，他和两任夫人及两个女儿都将一生中的大部分时间奉献给鼓浪屿的教育事业。他们创造出简单易学的闽南白话字，编撰白话字教科书和《厦门音字典》，使众多目不识丁的当地人因此获得阅读和书写的能力，闽南白话字促进了汉语拼音的发明。他们还开办女学，这对男尊女卑的封建礼教无疑是一次革命性的冲击。厦门的三个公会

人物介绍：打马字

打马字，美归正会牧师。1847年，年方27岁的打马字受美归正会差派携夫人阿比抵达厦门传教，直至1890年离开，他在厦门鼓浪屿度过了40多年。打马字是个语言天才，到了厦门后很快学会了闽南话。1850年，打马字与罗啻等传教士一起创造出了厦门白话字（厦门话罗马字）。1852年，打马字等人编撰了白话字教科书《唐话番字初学》。1894年，打马字生前编纂的《厦门音字典》出版。

1890年打马字夫妇在厦门吃茶（tê）

（厦门长老会、伦敦会、归正教会）于1874年联合发起了抵制妇女缠足陋习的运动，成立反缠足协会，后来得到全国各地的响应。从女学到妇学，影响深远。

清末缠足女子

西方的教育深刻地影响，也极大地冲击厦门传统的教育。它不但使厦门人深入地接触到西方文化，更使厦门人明白，走向文明发达的道路必须加强教育。正是这种觉悟，推动了海内外厦门人齐心协力教育救国。

## 第三节　教育救国

华侨在厦门的兴学育才始于清末的维新运动,继而在民国初期形成高潮。他们的办学形式多种多样,从普通中小学到各种职业学校,直至办大学。这不仅对厦门,而且对福建省教育事业的发展,都具有特殊的地位和作用。其中最为突出、贡献最大的是陈嘉庚先生创办的集美学校和厦门大学。

陈嘉庚

辛亥革命胜利,国家百废待兴,陈嘉庚先生认为"教育为立国之本,兴学乃国民天职"。

1912年,陈嘉庚怀抱"教育救国"理念,回故乡创办集美两等小学,拉开陈嘉庚在国内办学的序幕。偏僻的渔村集美社有了有史以来的第一所新式学校,由此也奠定了集美学校的第一块基石。紧接着,集美女子小学、集美师范、集美中学、集美幼稚园、集美水产科和商科、集美女子师范学校、集美农林部和航海科、集美国学专门部、集美幼稚师范等一系列学校相继开办,汇集成集美学校;1924年,被政府批准为永久性和平学村(集美学村)。集美学村不论从办学规模、学校类别,或是先进设备、社会影响等方面,在国内都是首屈一指的。

陈嘉庚先生和集美中学的学生在一起

陈嘉庚的故乡集美被誉为厦门的美丽明珠,但这颗明珠最灿烂夺目的当数它那独特的学村文化。"学在村中,村在学中",小小的半岛,却拥有从幼儿园到高等学府的完备教育体系,以及别具一格的校舍建筑和一流的教育设施。自陈嘉庚创建集美小学至今,百年杏坛,勃勃生机,十秩春秋,积淀深厚,100多年前于民族内忧外患之际创办起来的集美学校,已经成为一个誉满全球的学村。

曾经的集美学校

第五章 百年树人

集美全景之一角

集美学村老照片

集美学村新照片

对这些学校，陈嘉庚先生和其胞弟陈敬贤先生除了投入巨资，在选址、收购土地、建设校园、考察物色校长和老师、定校训、寄开学训词等方面，无不亲力亲为呕心沥血，注入殷殷期盼。如集美师范、中学开办时，他们亲定"诚毅"二字为校训，又亲自审定了集美学校的校歌，曲子优美且富有教育意义，传诵至今。为免除

1918年3月集美师范、中学开学时公布的集美学校校歌

学生的后顾之忧，陈嘉庚在经济上大力补助学生，此举吸引了很多省内外的贫寒子弟远道来集美读书，也吸引了广大侨生回国求学。

1918年校主陈嘉庚、陈敬贤亲题"诚毅"（此为集美学校校训）

为培养出思想独立、人格健全的学生，陈嘉庚重视"德、智、体、美、勤"五育并进的教育方针，完善图书馆、科学馆、体育馆、美术馆、音乐馆等硬件设施，还聘请不少全国有名望的教师来任教，为学生打开一扇扇从不同角度看世界的窗户。在教学方面，陈嘉庚重视理论、联系实际，有创造性地广泛开展各种实习、见习活动。

开明办学，使科学、民主和爱国主义思想在集美学校得到传播，不同思潮相互碰撞，引导学生树立正确的人生观。如集美学校最早接受马克思主义的学生罗明、李觉民、罗杨才等人，于1924年8月发起组织福建青年协进社，出版《星火周报》，1925年6月在校内成立了闽西南第一个共青团支部，次年转共产党支部，其进步的革命思想在这里得到传播。集美学校为全省输送了许多革命志士，堪称闽南"革命的摇篮"。

1913年集美小学木质校舍

集美中学的学生合影

福建私立集美小学校
校名牌匾

到新中国成立时，集美学校业绩辉煌，小学毕业生有1348人，中等以上各类毕业生有6746人，学子遍五洲，声名播四海，造就许多卓越人才，被誉为"水产航海家的摇篮""企业家的摇篮"等。

1920年8月陈嘉庚（3排右11）与师范、中学、水产科、商科师生的合影

五四运动时，中国的高等教育还很落后，全国的大学仅有十来所，陈嘉庚高瞻远瞩，决定创办厦门大学，并以他一贯雷厉风行的作风开始进行选址、购地、盖教舍、选校长、聘老师、设置专业等筹备工作。

厦门大学建南大礼堂

1921年4月6日，中国第一所由华侨独资创办的厦门大学诞生了。厦门大学最初设师范、商学两部，接着不断投资扩建。厦大创校开始，首先发展教育学科，培养了一大批教育专才，对普及福建教育、推进华侨教育，特别是对改变福建愚昧状态起到了积极作用。厦大重金聘良师来校，一时厦大著名教授、知名学者云集，教学和科研风

气十分浓厚，不少科研成果达到世界先进水平，被誉为"南方之强"。

### 延伸阅读：南方之强

厦门大学被誉为"南方之强"。"南方之强"这四个字通俗易懂，即是地处南方的强校。但"南方之强"还有另外一重含义，即"宽柔以教"之意。考中进士后从同安任官起家的宋代高等教育家朱熹在《四书章句集注》中对此"南方之强"注释说："南方风气柔弱，故以含忍之力胜人为强，君子之道也。"

长汀人民向厦大赠送"南方之强"匾额

20世纪30年代初，资本主义世界爆发了空前惨烈的经济危机，陈嘉庚在南洋的企业受到惨重打击，万不得已，陈嘉庚"出卖大厦，维持厦大"。但这仍维持不了太久，1937年，陈嘉庚公司已经收盘，陈嘉庚具函请求政府接办，自愿无条件地将厦门大学改为国立。

陈嘉庚为了办学几乎倾尽了全部家产，他缔造了一个家族型、系列式、规模化全面办学的先河，一气呵成创办了自幼稚园至大学，从普通教育到职业学校"一条龙"的学校教育体系。这在中国教育史上可谓创举，也引领了华侨办学甚

萨本栋（二排左四）在国立厦门大学校门前与部分教师合影

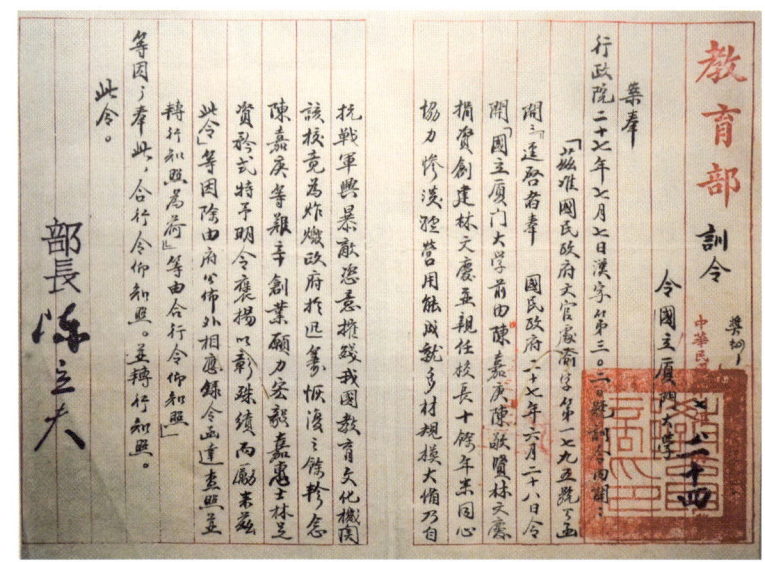

国民政府教育部对陈嘉庚先生的表彰训令

陈嘉庚先生故居

陈嘉庚纪念馆

至是当时民间的办学，为后人留下了一座高尚的丰碑。

陈嘉庚不仅在厦门办学，在马来亚也捐建过多家学校。他通过兴学让更多的人来共享他的财富。他的义举不仅惠及家人和乡里，更通过兴学从教育培基上，提高国民素质造福后人。他不仅办学，更在抗日战争中率领南洋华侨捐献巨款、组织南侨机工团、慰问延安等，为抗日战争的胜利和中国人民的解放做出不朽的贡献。毛泽东主席称赞他"华侨旗帜，民族光辉"。

集美鳌园解放碑

不止嘉庚先生一人，回乡兴学办校的闽南华侨不可胜数。

19世纪末，厦门就开始出现华侨办学，如光绪年间缅甸华侨曾广庇在曾营创设龙山女子两等小学，这是厦门最早的一所侨办小学。之后，厦门兴起了爱国华侨办学和民间办学的热潮。

延伸阅读：毓德女子学校

毓德女子学校是美国归正教会创办的女子学校，也是厦门二中前身。它是厦门各校中历史最为悠久的一所学校，最早可以追溯到1870年打马字牧师第二任妻子玛丽与戴维斯牧师娘埃玛、汲沣澜牧师娘汲海伦在竹树堂创办，由万多伦姑娘担任第一任主理校长的培德小学。

现存最早的毓德女中合影（1911）

清末鼓浪屿毓德女子学校学生

1900年厦门毓德女子小学学生

1906年4月，民国教育部承认的全国首批女子师范学校——厦门女子师范学校选址鼓浪屿升旗山下的白色洋楼开办。入学者皆鼓浪屿的名媛闺秀，现代妇产科泰斗林巧稚、女声乐家周淑安等杰出人物皆出自此校。1927年，厦门女子师范学校经费困难，黄奕住接手承办，承担该校每年15000多元经费。他将学校改名为慈勤女子中学，还聘请林尔嘉的四子林崇智先生为学校校长。

**延伸阅读：厦门女子师范学校**

随着教会学校的陆续问世并扎根发展，中国的新型知识分子也开始把发展教育的眼光投放到妇女教育上，此时国人自办的女学也于20世纪初亮相鼓浪屿。其中最早问世、办学时间最长的当数光绪三十二年（1906）由陈宝琛发起创办的厦门女子师范学校（即慈勤女子中学前身）。

据厦门海关年度报告记载，从1907—1911年间，华侨在整个厦门新开设了小学堂八所，商业学堂一所。黄奕住等华侨还集资创办了鼓浪屿中山图书馆等文化场所。可以说，在近现代厦门教育的发展过程中，华侨是教育事业发展的主要动力。

据1934年的统计，厦门市内共有39所小学，其中有17所由华侨捐款创办或资助，约占小学总数的44%。市内正式立案的11所中等学校，其中有5所直接得到华侨的资助。

华侨创办或捐助的学校主要有：叶添寿、叶永黎等创办的厦门奎璧小学；新加坡周谦祥等创办的杏苑小学；东南亚募捐兴建的鼓浪屿普育小学；菲律宾华侨创设的同文书院；越南华侨王霭堂为厦门中学堂捐赠并创建基金；菲律宾华侨林珠光、马来西亚华侨刘育才、联合本市绅士马侨儒等人创办了私立双十商业小学，得到著名华侨胡文虎、李清泉等支持，成为厦门名校；新加坡华侨庄希泉、余佩皋夫妇创办厦南女中；地方人士杨景文和华侨曹允泽等人发起创办的私立大同中学，后得到华侨许文升、胡文虎的支持，成绩斐然，卢嘉锡、童大林均为校友；华侨黄瑞坤创办的禾山甲种商业学校；叶谷虚向华侨募捐创办的闽南职业中学；菲律宾华侨林珠光创设的中等职业学校云梯学校；菲律宾华侨吴记霍、吴福奇、薛煜忝、林珠光和李清泉等人发起创办的厦门五通民用航空学校，1930年并入广州航空学校。此外，教会办的毓德女中、英华中学也得到海外华侨捐资助办。

延伸阅读：同文书院

同文书院是厦门乃至福建省第一所现代化意义的学校。1898年3月12日，旅菲华侨叶清池等六人捐资聘请美国人办学，于凤凰山之巅创办了同文书院。该书院使用英文教材，教学中英语、现代科学和传统国学并重，有音乐课、美术课、打字课，还有化学实验课、生物课等科学课程，充分体现了当时的厦门兼容中西的文化潮流。

同文书院

人物介绍：吴记藿

吴记藿（1866—1932），南安码头镇人。1887年到菲律宾经商。1904年起，吴记藿在菲律宾兴办多种企业，创立中兴银行，在国内多处投资兴业，获利颇丰。他还是菲律宾中华总商会董事及其他华侨社团领导人。1911年，吴记藿参加同盟会，积极捐输，并支持武昌起义，后被中华民国临时政府聘为海外顾问，并授予一级嘉禾勋章。

五通民用航空学校教练机及学校创办人菲律宾华侨吴记藿

如果说西方教会办学使鼓浪屿成为厦门一颗耀眼的新星，华侨办学则是使厦门教育呈现出群星璀璨的局面。

1927年12月，国民政府颁布《私立中等学校及小学立案条例》，条例规定限制外国人在我国开办学校和掌握校政大权。鼓浪屿的教会学校迫不得已先后向中国政府申请注册，立案成立校董事会，聘请华人任校长，并废除在必修课内教授《圣经》。相应的，教会投入经费减少，仅保留外国教师工资这一项，学校的生存依赖学生学费和校董会筹捐。因此，学校经费拮据，并经常处于捉襟见肘的状态。好在厦门已形成了重视教育的好风气，社会贤达和海外乡亲总是竭尽所能地回报母校和故乡，帮助学校渡过一个个难关。

教会学校的控制权逐渐转入中国人手中，一些受过高等教育、具备教育专业素养的中国校长们走上领导岗位。这批华人校长原来都有较厚实的中华文化功底，又基本是在西方教会大学接受的高等教育，他们本身就是中西融合的产物。他们在教学实践中逐渐成熟起来，才华得到发挥，每个校长都有自己的办学个性，学校教育也因此彰显多元多彩，传统的人文情怀与西方的自由个性兼容并蓄，教育硕果开始凸显。

不仅学校教育，社会教育此时在厦门也引进了许多西方的因素，如公共图书馆、群众教育组织等等。

图书馆被誉为没有围墙的大学，厦门首个图书馆于1918年建立，是陈嘉庚在集美学校设立的。后来，许多学校都建立起自己的图书馆。

1919年厦门道尹陈培锟和地方绅士周殿薰等倡议设立图书馆，在玉屏、紫阳两书院的经费和藏书的基础上，以玉屏别墅为馆址进行筹办，1920年9月对大众开放。而后馆长周殿薰从上海募捐巨款，扩建图书馆，使书库、阅览室、目录室、办公室设备齐全。1930年改为公立，更名思明县立厦门图书馆，后又改为厦门市立图书馆。

**延伸阅读：厦门图书馆**

厦门图书馆原设于文渊井。1937年9月17日夜间，图书馆惨遭祝融之灾。旧日堂皇楼馆，"只剩下一片颓垣断瓦、荒草杂乱的废墟。抢救出来的一些残缺破碎的书籍，曾有一个时候，寄存在中国银行里"。恢复后的图书馆，于1946年1月5日开放，名为"市立第一图书馆"，1947年8月21日，第一图书馆，遂再迁往厦禾路186号南洋公会楼下。

原厦门图书馆

1922年民间发起成立的厦门市通俗教育社，集资建设馆舍，也设立图书室和露天阅报栏。他们还创办了五所义务夜校，供贫寒子弟免费学习文化；办文艺副刊，发表新文学作品；创办一所贫民医院；组织新剧（文明戏、话剧）演出；联合各界开展爱国反帝运动。

由于厦门教育的兴盛，闽南、闽西各地，甚至台湾和海外的年轻人争相到厦门来读书；厦门大学更吸引了全国青年才俊和林语堂等优秀学者，极大地推动了厦门人民眼界的开阔、观念的更新、思想的进步，成为厦门文化走向现代化的根本基础。

人物介绍：林语堂

林语堂（1895—1976），福建龙溪（今漳州）人，原名和乐，后改玉堂，又改语堂。中国现代著名作家、学者、翻译家、语言学家。早年留学美国、德国，获哈佛大学文学硕士、莱比锡大学语言学博士。回国后在清华大学、北京大学、厦门大学任教。

林语堂

清末，美、英等国教会在厦门开设学校，相继引进了田径、篮球、足球、乒乓球、网球等西方近现代的体育项目，使厦门成为全国开展近代竞技体育最早、最发达的地区之一。

英华书院兵操

清宣统二年（1910），南京举行全国学校运动会，厦门运动员马约翰获得田径赛880码第一名。民国时期，厦门运动员参加六届全国运动会，共获得13个第一名，5个第二名，13个第三名，并有3人7次打破4项全国纪录。

**延伸阅读：第一次全国运动会**

1910年10月18日，全国首届运动会在南京南洋劝业会主场（今南京市鼓楼区丁家桥和三牌楼之间）隆重举行。当时参加的运动员仅140人。这140名运动员身着青、红、紫、蓝、黄五色标带服饰，分别代表华北、上海、华南、吴宁（苏州、南京）、武汉五区。参加的学校有：圣约翰大学、南洋大学、天津青年会日校、武昌文华大学、天津工业学校和协和文书院六所学校。

陈嘉庚举办集美学校和厦门大学，大力发展学校的体育运动。在他的倡导下，民间成立体育会和运动会，厦门体育运动从学校扩展到社会。

1917年首届闽南运动会和1920年福建省第一届运动会都在厦门举行。厦门英华书院的足球获第一名，同文书院获排球和篮球第一名。厦门代表队还获得田径17个单项第一名。

1920年5月校主陈嘉庚先生（二排右八）参加集美学校第二届运动会开幕式并讲话

1923年集美学校第五届运动会

### 延伸阅读：福建省第一届运动会

福建省于1920年开始举行全省运动会，以学校为单位，首次有55个单位参加，竞赛的项目有田径、篮球、排球和网球。

1920年集美学校海陆童子军全体师生远足拉练

辛亥革命以后，在厦门，无论是厦门大学、集美学校或其他的中小学都专门设有体育课，1932年，体育课被定为必修课。嘉庚先生还专门重金聘请南京、上海、北京等地的体育人士来校担任体育老师。各个学校，甚至有些班级都有自己的篮球队、足球队，且经常开展体育比赛。

民国冬季游泳纪念

1926年，厦门在新建设的中山公园体育场举行第三届运动会，参加的运动员有600多位。

20世纪30年代，厦门的女子篮球队为全国三强之一，1948年在全国运动会上，厦门女子篮球队夺得第二名。

20世纪30年代中期厦门女子篮球队的合影

体育运动的广泛开展，不仅造就了马约翰等许多体育名人，为厦门夺得许多运动会的奖牌、荣誉；更重要的是，培养了厦门人民的体育运动习惯，极大地增强了厦门人民的体质，促进了厦门人民的健康生活。体育运动的发展也是厦门文化走向现代化的重要特征之一。

艺术教育也是厦门教育精彩出色的篇章。

1939年鼓浪屿英华书院国乐研究社第四次公演全体社员摄影纪念

鸦片战争后，基督教音乐涌入厦门，1898年创办的英华书院和1906年创办的鼓浪屿女子师范学校开设音乐课，其后，厦门的学校纷纷开设音乐课；1916年，教会办的毓德女中组织管弦乐队和合唱团，演出《明亮的星》大合唱；1921年圣诞节，由鼓浪屿毓德女中和寻源书院青年演出男女声合唱曲；1925年，鼓浪屿寻源书院组织一支20人的小乐队。厦门的学校和民间都出现合唱团、铜管乐队等。

在鼓浪屿，钢琴的流行成为一种文化时尚。除了教会和学校购置钢琴，富裕人家也以拥有钢琴、懂得钢琴艺术为傲。在中国，西方音乐得到越来越多人的青睐，深刻地改变了厦门这座城市的艺术结构。1932年，周淑安从美国学成归来，用闽南方言童谣《噢噢睏》谱写了第一首闽南语花腔歌曲。

### 延伸阅读：周淑安

周淑安（1894—1974），原籍福建惠安，曾用名胡周淑安。1894年5月4日生于福建省厦门市鼓浪屿一个基督教传教士家庭，我国首批赴美留学的十位女生之一。1914年，周淑安作为清华学校官费女留学生赴美，先后在哈佛大学、新英格兰音乐学校、纽约音乐学院攻读音乐理论、钢琴与声乐等科目，取得哈佛大学艺术学士学位。她是我国现代音乐事业的先驱者，是中国现代第一位专业声乐教育家、第一位合唱女指挥家、第一位女作曲家。她是鼓浪屿的音乐天才，是培养两任中国音协主席的鼓浪屿女子。1974年1月5日，周淑安病逝。

周淑安

厦门的歌仔开始吸收西方音乐和北方传来的北管音乐和小调，将之融合创新，创作出新歌仔。最著名的当数《雪梅思君》的"国庆调"，台湾也称"厦门调"，实际上是由从北方传来的"苏武牧羊"古调演进而来。20世纪20年代，著名学者赵元任制谱，著名语言学家、厦门大学教授罗常培记录的厦门方言民谣《龙眼干歌》在厦门流行。《雪梅思君》等歌仔又在厦门被灌制唱片流行并传播至台湾和海外。这些都为闽南歌仔的新突破奠定了基础。

1932年，上海联华影业制片印刷公司出品的影片《桃花泣血记》传入台湾时，为了招徕观众，电影公司专门找人设计制作广告歌曲并进行宣传，敦聘詹天马依剧情梗概写了闽南方言歌词，由王云峰谱曲。第一首闽南语创作歌曲《桃花泣血记》就这样诞生了。这首歌随着影片流传至台湾，不但到处传唱，而且推动了台湾闽南语创作歌曲的创作与流行。第二年由李临秋作词、邓雨贤作曲的《望春风》问世，这首歌是台湾闽南语歌曲的经典之作，不仅在海峡两岸，而且在全世界闽南人中广为流传。这些都是闽南歌仔吸收西方传统音乐的营养并进行第二次创新创造的重要标志。

20世纪六七十年代，当西方现代音乐、流行唱法、现代电声乐器传入台湾，闽南语歌仔又吸收这些外来的养分，创作出现代的闽南语流行歌曲，实现第三次创新创造。

《桃花泣血记》海报

延伸阅读：台湾闽南语歌曲《望春风》

《望春风》是由邓雨贤作曲，李临秋作词的一首经典老歌，1933年在台湾首度传唱，是深受欢迎的闽南语流行歌曲之一。歌曲旋律悠扬婉转，歌声如泣如诉，将"一种相思，两处闲愁"的深切思念和期盼，唱到听众的心坎里。

古伦美亚唱片公司发行的《望春风》

总之，闽南歌仔充满了青春的活力，紧紧地跟着时代不断前进发展。它充分表现出闽南艺术坚守自己又不断吸纳外来文化，包容万方、与时俱进的性格特征。在西方音乐的影响下，厦门成为音乐名家的摇篮，孕育了如李焕之、周淑安、林俊卿、江文也、李嘉禄、殷承宗等享誉世界的音乐家。

1935年，就读于厦门双十中学高一年级的李焕之为郭沫若的诗《牧羊哀歌》谱曲，此曲成为他的著名处女作。1937年，李焕之在厦门创作《厦门自唱》《慰劳前方弟兄歌》。他的交响乐《春节序曲》享誉中外。新中国成立后，他成为新中国音乐的领导者之一。

### 人物介绍：李焕之

李焕之（1919—2000），出生于中国香港，作曲家、指挥家、音乐理论家。1938年8月到延安，11月加入中国共产党，在鲁迅艺术学院师从冼星海学习作曲指挥。毕业后留校任教员。抗战胜利后，任华北联合大学文艺学院音乐系主任。新中国成立后，历任中央音乐学院音乐团团长、中央歌舞团艺术指导、中央民族乐团团长。1959年，创作音乐《风从东方来》。

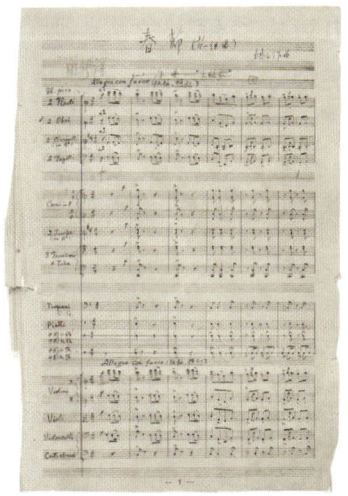

李焕之《春节序曲》手稿

李焕之在劳动人民文化宫教唱《社会主义好》

周淑安于1914年作为清华学校首批公派女留学生赴美留学,先后在哈佛大学和纽约音乐学院学习。1925—1927年间,周淑安在厦门大学任音乐研究员兼合唱指挥,她是中国现代第一个女指挥家。1932年,周淑安出版《儿童歌曲集》,这是中国首部五线谱印行的儿童歌曲集。她创作的摇篮曲《安眠歌》是我国第一首花腔艺术歌曲,也是最早采用闽南语创作的现代艺术歌曲。1959年起,周淑安长期担任沈阳音乐学院教授。

时任沈阳音乐学院声乐教授的周淑安坐在钢琴旁为学生上课(1962年)

蔡继琨毕业于集美高级师范学校,后赴日本东京帝国音乐学校(现东京艺术大学)深造。1936年,蔡继琨的第一首管弦乐曲《浔江渔火》获得"日本现代交响乐作品"比赛首奖。1936年,他推动成立厦门新华西乐队和厦门音乐研究社。他后来执教于福建省立音专,桃李满天下。以后,他又推动成立台湾交响乐团,成为首席指挥,并在改革开放后推动了海峡两岸的音乐交流。

**人物介绍：蔡继琨**

蔡继琨（1912—2004），作曲家、指挥家和教育家。他于1932年毕业于集美高级师范专科学校，毕业后曾留校任管乐队教练。1933年，他赴日本东京帝国音乐学院留学，其致力于发展音乐教育，创办了福建省立音乐专科学校、福建音乐学院（现为闽江学院），曾荣获第三届中国音乐金钟奖组委会授予的"终身荣誉勋章"，被誉为"台湾交响乐之父"。

1965年3月《新闻天地》的封面报道
（左一为蔡继琨）

年轻时期的蔡继琨

林俊卿则创造了咽音唱法，李双江等许多著名的歌唱家都是他的学生。

总之厦门的艺术教育，特别是音乐教育，不但影响了厦门人的素质，也影响了中国的音乐艺术教育。

# 第六章
# 红色厦门

正当厦门意气风发走向现代化的时候，日本帝国主义发动了侵略中国的战争。厦门人民，义无反顾地投入中国共产党领导的抗日救亡和推翻旧社会的斗争中。红色成为厦门青年、厦门文化亮丽的底色。集美学校、厦门大学点燃了红色厦门的星星之火。

## 第一节 福建革命的摇篮

在中国共产党领导的抗日救亡和人民解放革命中，厦门的红色英雄如繁星闪烁。其中有后来成为新中国党和国家领导人的南安人叶飞、漳州人彭冲、厦门人方毅、同安人彭德清等等。

方毅在思明西路边梧桐埕15号的故居
（李蔚摄）

叶飞将军及夫人在厦门纪念碑的墓园
（李蔚摄）

当然，更有长眠的无数先烈，如福建省第一位共产党员、第一个共产党支部的书记、厦门工人领袖罗扬才，1928年赴莫斯科参加中共六大的中共福建省委常委许土淼，1931年福建省委书记王海萍、省委组织部部长杨适、宣传部部长李国珍，1935年中国河南省委书记许包野、工农红军闽南独立第三团团长冯翼飞、政委王占春，在厦门解放前夜英勇牺牲的刘惜芬。当然，更有不少无名的英烈。

罗扬才，1903年出生于广东大埔，孩提时父亲去世，他被过继给当时在漳州做小贩的叔父。1921年，罗扬才从漳州第二师范学校转学到集美学校师范部，第二年毕业，考入厦门大学预科，1923年升入厦门大学教育系。此时的集美学校和厦门大学正是福建革命青年、革命思潮汇聚之地，校内进步刊物如《新青年》《湘江评论》等公开陈列、传阅，《社会学》

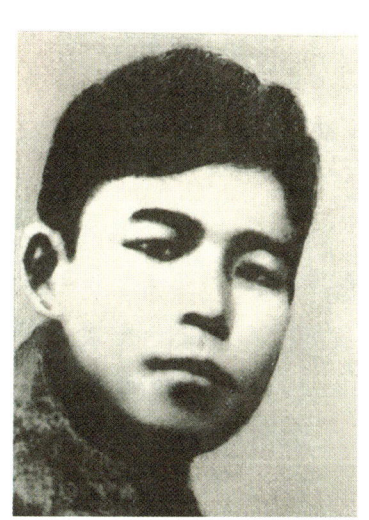

罗扬才烈士

罗扬才于1927年元旦在厦门各界庆祝北伐军入闽大会的演说

课程里有专章介绍马克思主义学说。厦门是福建省最早传播马列主义的城市，而集美和厦大正是福建革命的摇篮。

1925年6月，厦门成立了第一个共青团支部，罗扬才加入共青团。同年11月，他代表厦门学生联合会出席在广州召开的两广地区学联代表会，由杨善德、罗明介绍，被大会共产党临时支部吸收入党，罗扬才成为厦门第一位共产党员。

1926年2月，根据后来在中央苏区担任福建省委书记的罗明同志的建议，三位厦门大学的学生罗扬才、李觉民、罗秋天在厦门大学囊莹（萤）楼一楼成立了中共厦门大学支部，罗扬才任支部书记。这是中国共产党在厦门和福建建立的第一个党支部，是厦门第一颗红色的种子。

厦门大学囊莹楼（李蔚摄）

1927年1月，中共闽南特委在漳州成立，接着中共厦门市委成立，罗秋天任书记，罗扬才任组织部部长。1月24日在大同路土堆巷红砖大楼，厦门总工会正式挂牌，200多名代表选出他们的委员长罗扬才、副委员长杨世宁。

厦门总工会旧址老照片

厦门总工会旧址（李蔚摄）

在总工会的领导下，厦门的工人日益团结，也因此成为反动派的眼中钉。比"四一二"反革命政变更早，1927年4月8日福州宣布全省戒严，并急电命令厦门，将共产分子看管起来。9日掌握厦门大权的漳厦海军警备司令林国赓下令，包围土堆巷总工会，逮捕罗扬才和杨世宁。

对共产党人的残酷镇压开始了。市区街道布满了军警，专门搜捕共产党人和革命团体负责人。海员工会秘书洪平民在街上宣传演说，即被枪决。1927年4月20日，国民党右派在同安召开拥蒋护党大会，杀害共产党人洪天锡，抓捕另一名党员朱为满，同安也笼罩在"白色恐怖"之中。

5月9日深夜，罗扬才、杨世宁等人被秘密押往福州的监狱。罗扬才趁着父亲来探监，让他捎信给中共闽南特委。他在信中写道，"不要为我悲伤，为革命而死，我觉得很快乐"，"踏着我们的足迹前进！"杨世宁托同学带信给父亲，他写道，"儿为国为民而死，死亦甘心。"

6月2日凌晨，他们两人英勇就义。

发生在厦门的破狱斗争，更是厦门革命历史耀眼的一笔！

1930年，思明县监狱关押着共青团福建省委书记陈柏生、中共厦门市委书记刘端生、国民党厦门市党部的中共地下党员谢仰堂以及平和、永定、上杭、龙岩等地在武装斗争中被俘来的红军和游击队员，共有40多人。时任中共福建省委书记罗明和共青团省委书记王德、省委执委兼军委书记王海萍、省委常委兼组织部部长谢景德、省军委秘书陶铸五人组成破狱委员会，由互济会主任黄剑津任秘书长，并组织了特务队和接应队，开始了破狱的准备。

遵照省委指示，狱中成立了临时党支部，刘端生担任支部书记，领导狱中斗争。破狱委员会的五个领导成员分别深入调查，掌握了第一手材料，还弄来了一张敌人兵力资料和看守所布防图。

厦门破狱斗争旧址（李蔚摄）

厦门破狱斗争历史陈列室（李蔚摄）

思明县监狱旧址内部（李蔚摄）

破狱队伍由漳州工农游击队领导人王占春、两位来自闽西的红军战士等11人组成特务队,任过北伐军连连长的黄埔军校五期毕业的陶铸任队长。

5月25日上午,按潮汛此时正退潮,接应的船可以较快地驶出厦门港;这一天又是星期天,军警和看守人员更为松懈。在罗明和陶铸的指挥下,前后仅十分钟,特务队就完成了营救任务,自身无一伤亡。从狱中冲出来的40多位难友顺利搭上接应的帆船。破狱的消息震惊了全国,轰动了南洋。

1931年3月25日,作为中共福建省委机关的鼓浪屿虎巷8号被国民党军警包围。事起突然,除了代理省委书记王海萍恰好因公外出躲过一劫,他的妻子梁惠珍、省委组织部部长兼秘书长杨适、宣传部部长李国珍、厦门市委领导郑裕德等多位领导被捕。

鼓浪屿虎巷8号中共福建省委机关旧址(李蔚摄)

鼓浪屿福州路127号中共福建省委军委机关旧址（李蔚摄）

鼓浪屿内厝澳路449号中共福建省第二次代表大会会址（李蔚摄）

敌人的严刑拷打撬不开共产党人的嘴。5月1日凌晨，李国珍、梁惠珍和另外两位共产党员被押往刑场。国民党海军办事处主任林某是李国珍留日的同学，他对李国珍说："我此刻不能救你了。"李国珍坦然答道："流血是共产党人分内的事，用不着你救。"枪手连击李国珍两枪，未中要害。李国珍鄙视地说："别发抖，瞄准点。"

27岁的梁惠珍怀着快要出生的孩子，和战友们在刑场高唱国际歌。临刑时，她从容地脱下腕上的手表，将手表递给枪手，并说道："这表就送给你，腹中的胎儿，你别伤害，对准我的脑袋开枪吧。"

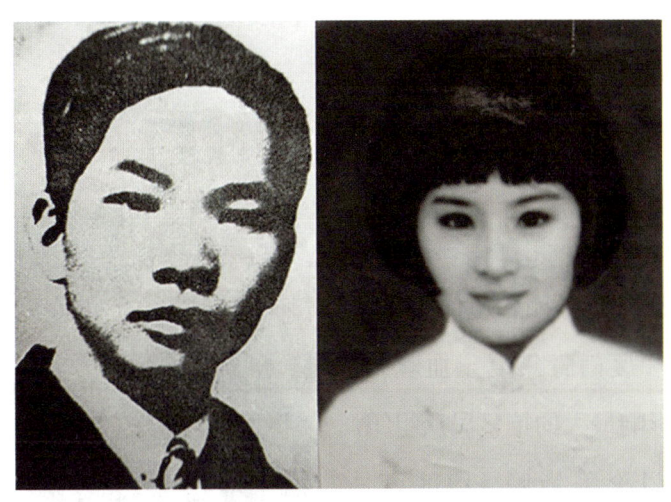

王海萍和梁惠珍烈士

杨适则被秘密带到南京，5月23日在雨花台英勇就义。

侥幸躲过这一劫的王海萍，在第二年7月由于叛徒的出卖，于厦门中山公园被特务围捕，随后被秘密杀害，连尸体也无处找寻，时年28岁。

接替王海萍的是许包野，他出生于暹罗（泰国），7岁回到故乡广东澄海。1920年，许包野赴法国勤工俭学，次年转学德国；1923年，经朱德介绍加入中国共产党。他在厦门工作了近两年，1934年调往上海，任江苏省委书记，10月又到开封任河南省委书记。1935年2月，他被叛徒出卖，牺牲于南京，时年35岁。

破狱救出的中共厦门市委书记刘端生后来到了闽西革命根据地，任中共汀连（长汀、连城）县委书记，仅9个月就被打成所谓的反革命"社会民主党"分子，后牺牲。中国革命的成功是由先烈的鲜血和生命铺就的。

## 第二节　抗日救亡的英烈

1937年七七事变，厦门人民在党的领导下成立了厦门市各界抗敌后援会，在厦门掀起了巨大的抗日救亡高潮。

由中共地下党直接领导的厦门青年战时服务团、厦门儿童救亡剧团和厦门青年复土血魂团，是厦门影响最大的抗日民众组织。

厦门沦陷当晚（1938年5月9日），中共地下党组织抗敌后援会下的宣传工作团、慰劳工作团、

厦门市各界抗敌后援会旧址（李蔚摄）

1938年中共中央南方局妇委书记邓颖超接见厦门儿童救亡剧团

厦门儿童救亡剧团、鼓浪屿青年抗敌服务团、厦门文化界救亡协会、厦门诗歌会等团体的骨干和部分成员，在鼓浪屿英华中学大礼堂开会成立厦门青年战时服务团，由中共党员施青龙、谢怀丹担任正副团长。全团108人，平均年龄20岁，最小的只有16岁，分成9个工作队，开赴漳州，在围绕厦门周边的城镇、乡村宣传发动群众抗日救亡，武装保卫闽南。

1938年11月厦儿团在越南西贡合影

1939年2月厦门青年战时服务团部分团员在沙县的合影

1937年9月3日凌晨，日本军舰和飞机猛烈轰炸厦门。厦门白石炮台、胡里山炮台两门巨炮一起怒吼。敌畏巨炮，偏航屿仔尾，日舰"若竹"号正好被屿仔尾南炮台发炮击中，该舰受重创，丧失战斗力。另两艘军舰急忙夹持"若竹"号仓促撤退，但"若竹"号最后还是沉没海中。这是抗战期间东南海域中国军队击沉的第一艘日舰。厦门保卫战胜利喜讯传开，国人无不振奋，东南亚华侨祝捷和慰问的电报、赠款纷至。

1937年9月3日日本海军航空队空袭厦门海岸、炸毁民房

当年击退日舰的报道

"若竹"号驱逐舰在太平洋被美军轰炸机攻击

1938年5月9日夜晚,日本海军舰队趁夜色偷偷潜入禾山五通海岸2500米外的海面抛锚。10日凌晨3时许,日军以密集火力掩护部队强行登陆。日军在五通登陆后直扑白石炮台和胡里山炮台,守军腹背受敌,绝大多数壮烈牺牲。

日军轰炸厦门

厦门守军奋起抵抗

日军占领厦门后,烧杀淫掠,形如野兽。五通的万人坑记载了日寇当年的疯狂罪行。日军的残暴激起闽南人民更加强烈的反抗,厦门青年复土血魂团就是其中杰出的代表。

厦门五通万人坑纪念碑(李蔚摄)

厦门青年复土血魂团多为船工、建筑工人、印刷工人、小贩等,他们派人分发传单、鼓舞人民。一汉奸到难民所没收传单,血魂团知悉,即于当日电话警告,促其反省,警告他好好款待难民,否则"以严厉手段对付"。汉奸及媚敌亲日分子惴惴不安,不敢出门。

1938年10月8日是中秋节,日本侵略者和汉奸在厦门中山公园举行庆祝会,以文艺节目引诱市民参加,血魂团成员化装成小贩,混入公园。当汉奸在台上演说"中日亲善共荣"时,血魂团成员猛掷了两颗手榴弹,并当场散发抗日传单。

血魂团成员神出鬼没。他们在公园里公然作激昂的抗日演说,围攻大悲阁警察教练处,暗杀日本指挥官。血魂团还放火焚烧占据双十中学校址的日军警察本部;向日军后江埭兵营投掷手榴弹;埋伏于南田巷口枪击日军所乘汽车;多次在禾山及厦门沙坡尾袭击日军哨兵,夺走枪支弹药。

1939年5月11日,血魂团在鼓浪屿龙头电灯巷伏击并击毙伪市商会会长洪立勋,日海军司令则被击伤,血魂团无一伤亡。

血魂团被厦门市民暗地称为孤岛游击队,日本侵略者则称之为"吓魂团"。

1940年7月1日香港《星岛日报》关于厦门血魂团的报道

厦门光复后编写的《厦门敌伪就歼录》（李蔚翻摄）

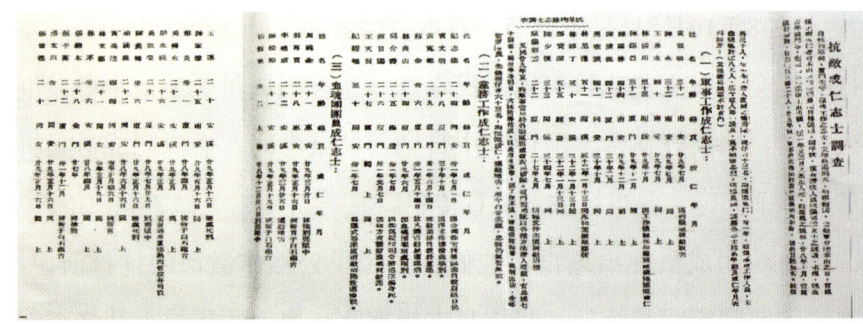

厦门光复后编写的《抗敌成仁志士调查》(李蔚翻摄)

被周恩来赞誉为"民族的骄傲、华侨的骄傲、妇女的骄傲"的抗日女英雄李林,更是厦门抗日英雄的杰出代表。李林幼年侨居印度尼西亚爪哇,回国后在集美学校学习期间,报名参加抗日义勇队。1936年底,加入中国共产党的李林正在北平私立民国大学政治经济系就读,毅然投笔从戎,来到山西太原抗日斗争前线。李林在贺龙领导的八路军一二〇师雁北抗日游击队第八支队担任支队长兼政治部主任,后来担任改编的一二〇师雁北第六支队骑兵营教导员。这位巾帼豪杰,常常骑着高头烈马,手握双枪,率领骑兵战士,冲锋在前,断路在后,驰骋长城内外,屡建奇功,威震雁北。贺龙曾接见李林,向同志们介绍说,这是我们的抗日女英雄,一个华侨大学生能在敌后领兵打仗,值得大家赞扬!

1940年4月,日军开始春季大扫荡,为掩护部队和领导机关突围,李林带领骑兵连奋勇冲突,把敌人的火力引开,大部队顺利突围。李林多处负伤,只剩最后一颗子弹,对准自己的咽喉叩响扳机,壮烈殉国,年仅24岁。

山西平鲁李林烈士纪念园

集美中学李林园

厦门的老年人亦不乏宁死不屈的爱国者。厦门沦陷，厦门商会会长洪晓春已74高龄。日本侵略者为稳定其统治，企图利用洪晓春在厦门的威信和社会地位，让他出任"厦门维持会"会长，却被他严正拒绝。为避敌纠缠，他迁居鼓浪屿租界，日本领事泽重信竟然潜往鼓浪屿租界劝说。洪晓春去了香港，次日，泽重信就追到香港洪晓春落脚的旅馆，威逼老人返厦门当伪市长。洪晓春并不将对方的无耻威胁放在眼里，他说道："我乃中国人，岂有为虎作伥之理！"

老人又赴越南，继而转赴马六甲。流亡期间，得知妻子在厦门逝世的噩耗，老人为不让日本侵略者利用，强忍悲痛，未返乡治丧。老人侨居新加坡，太平洋战争爆发，新加坡沦陷，日本侵略者仍不停止对老人的迫害。老人借故住进医院并连夜乘火车

洪晓春

转移,但还是被日军追捕,送进马六甲观音亭集中营。在集中营长达数年的囚禁中,日本侵略者又胁迫他出任厦门市伪市长,洪晓春死不屈服。不久,老人病危,新加坡各界名人联名担保,请求释放。日军以老人必须填写悔过书为条件相要挟,老人怒斥敌人:"八十老翁,无过可悔!"

抗战胜利,洪晓春回到厦门,受到厦门市各界的热烈欢迎,政府授他"忠贞爱国"匾额一方,并将洪本部街改名为"晓春街",以表彰他的爱国情操。

民国政府所授洪晓春"忠贞爱国"匾额

洪晓春位于翔安凤翔窗东的故居

抗战胜利以后的解放战争，闽西南革命根据地、闽中革命根据地以及福建省城工部同样有许多从厦门走出去的优秀儿女。当时闽南地下党的出色领导人许集美、施能鹤、王毅林、郑秀宝，在厦门解放后都成为闽南厦漳泉地区的领导。

厦门妙法林寺（中共闽中工委旧址）（李蔚摄）

鼓浪屿内厝澳197号［中共厦门市委（城工部）机关旧址］（李蔚摄）

吴学诚、刘惜芬以及无数无名的烈士永远被闽南人民怀念。长眠在闽南这块土地上的还有解放厦漳泉及金门岛的解放军烈士，有"9·3""8·23"炮战中英勇牺牲的解放军、民兵，他们中杰出的代表就长眠在厦门万石岩下的人民英雄纪念碑，上面有陈毅元帅题写的：先烈雄风，永镇海疆。

吴学诚烈士　　　　刘惜芬烈士

革命先烈以他们的榜样"教示"后代。榜样的力量是无穷的。红色文化代表的为人民、有理想、守纪律、不畏强暴、英勇牺牲的精神，承继了闽南前辈的传统，永远滋养着厦门的一代又一代。

刘惜芬纪念馆（李蔚摄）

第六章 红色厦门

厦门人民英雄纪念碑(李蔚摄)

安业民烈士墓地(李蔚摄)

# 结　语

　　厦门文化从鸦片战争开始，经历了被侵略、被欺压和反抗，失败，再反抗，再失败，屡败屡战的不屈。在20世纪的二三十年代，随着港口经济、城市改造建设、人民健康和教育的逐步现代化，厦门开始重拾自信，继承并形成了善于学习、海纳百川、敢于拼搏、勇于创新的文化特质，踏上了现代化的第一级台阶，实现了向工业文明的初步转型。

　　与此同时，厦门在初步转型的当口上，又和全中国人民一样有了切身的感悟：中华民族复兴，只有先站起来，才可能富起来。厦门人真诚地接受了社会主义的宣传，接受了中国共产党的领导，积极地投身于中国人民推翻三座大山的伟大斗争中，为中华民族复兴的第一步——站起来，做出了应有的贡献。

　　回顾这段历史，有多少先人的智慧、意志和精神在闪闪发光，并在历史的年轮里叠加积淀，形成熔铸了老闽南、新海洋港口城市因素的厦门文化。

　　文化是一个国家、一个民族的灵魂。文化当然也是一个城市的灵魂。

　　如果说"通洋富国裕民"是刺桐港赋予闽南人的不懈追求，不畏强暴、勇于拼搏是月港留给闽南人的崖岸性格，那么厦门港、厦门在引领闽南文化一步步迈向工业时代的历程中，呈现在当代闽南人和当今世人面前的精神财富，就是其亮眼出彩的文化自觉。

　　诚然，在厦门走向现代化中产生出纷至沓来的出色的创造，无论是沙茶面，还是闽南语创作歌曲，抑或是嘉庚建筑、中山公园，都是自觉或不自觉地循行和升华"各美其美,美人之美,美美与共,和而不同"的文化自觉与和谐的理念。

固然,那时候还没有"文化自觉"理论,但能通过先贤朴素的行为来展示出"文化自觉",那是他们走向海洋、走向世界,用自己艰苦卓绝的实践传递给我们的理念。这种爱国爱乡,坚守民族文化自信,又善于美人之美,还能够融会贯通地美美与共的文化精神是先人留给我们最宝贵的财富。这是厦门,也是闽南海洋历史文化的精髓。它必将成为21世纪实现中国梦的思想基石,成为全体厦门人民、闽南人民共同的享用不尽的思想力量。

"文化知识"是人们非常熟悉也常用的一个词。但"文化"和"知识"这两个概念是有区别的。知识以物为本,物以类同,这决定了知识无国界,正如海洋的知识具有世界的通用性。文化以人为本,人以群分,这决定了文化有异同,具有民族性,正如世界的海洋文化那样,万紫千红。

文化表现为历史经验的沉淀,知识则表现为永不停息的挖掘,知识的创造对于文化的发展具有重要推动作用。

闽南文化、厦门文化的历史不正是这样吗?闽南人勇于拼搏的向海之心始终没变,海纳百川的大海气度贯穿千年,但在近代却被人任意宰割凌辱。一旦幡然梦醒,他们开始向海那边学习、求索,吸纳新的知识。厦门之于海的文化、厦门之于当代的文化、厦门之于世界的文化,有蜕变、得羽化,焕然一新,粲然于世,"苏世独立,横而不流"。

有人说闽南文化是既保守又开放。保守的是文化性格,开放的是知识更新。推动人类文明发展是知识与文化的共同使命,也是厦门文化与时俱进的根本保证。

海与厦门,一首永无休止厦门海的交响曲。

厦门与海,一场永不停步厦门人的接力赛。

# 主要参考文献

1. 《厦门学导论》课题组：《厦门学导论》，鹭江出版社，2022年。
2. [清] 薛起凤主纂：《鹭江志（整理本）》，鹭江出版社，1998年。
3. 厦门市地方志编纂委员会办公室整理：《厦门志》，鹭江出版社，1996年。
4. [明] 宋应星：《天工开物》，江苏古籍出版社，2002年。
5. 厦门港史志编纂委员会编：《厦门港史》，人民交通出版社，1993年。
6. 福建博物院编：《丝路帆远——海上丝绸之路文物精萃》，福建教育出版社，2013年。
7. 厦门市郑成功纪念馆编：《郑成功文物史迹》，文物出版社，2004年。
8. 厦门市志编纂委员会、《厦门海关志》编委会：《近代厦门社会经济概况》，鹭江出版社，1990年。
9. 《厦门市卫生志》编纂委员会编：《厦门市卫生志（专业志）》，厦门大学出版社，1997年。
10. 中共厦门市委党史和地方志研究室编：《图说厦门党史（新民主主义革命时期）》，厦门大学出版社，2021年。
11. 厦门市档案馆编：《近代厦门华侨档案选编》，鹭江出版社，2020年。
12. 陈嘉庚：《南侨回忆录》，上海三联书店，2014年。
13. [明] 黄仲昭纂：《八闽通志》，海峡出版发行集团、福建人民出版社，2017年。

14. 洪卜仁主编，陈亚元、洪明章副主编：《厦门老照片》，厦门大学出版社，2014年。

15. 厦门市档案局（馆）编：《近代厦门社会掠影》，厦门大学出版社，2000年。

16. 彭一万：《厦门跨海情缘》，厦门大学出版社，2011年。

17. 陈在正：《台湾海疆史研究》，厦门大学出版社，2001年。

18. 陈孔立：《清代台湾移民社会研究》，厦门大学出版社，1990年。

19. 陈在正、孔立、邓孔昭等：《清代台湾史研究》，厦门大学出版社，1986年。

20. 林仁川：《大陆与台湾的历史渊源》，文汇出版社，1991年。

21. 林仁川：《血拼的海路：明末清初私人海上贸易》，天津出版传媒集团、天津人民出版社，2024年。

22. 邓孔昭：《郑成功与明郑在台湾》，厦门大学出版社，2013年。

23. 陈耕：《纵横闽南》，海峡文艺出版社，2017年。

24. 陈耕，厦门市思明区文化馆、厦门市闽南文化研究会编：《思明与海》，鹭江出版社，2020年。

25. 李向群，厦门市档案局（馆）编：《厦门教育史话》，厦门大学出版社，2013年。

26. [新加坡] 吴振强，詹朝霞、胡舒扬译：《厦门的兴起》，厦门大学出版社，2018年。

27. 厦门市文化局主编，厦门文化遗产保护中心编，靳维柏、郑东：《厦门城》，中央文献出版社，2006年。

28. 方碧勇，中共厦门市委宣传部、厦门市社会科学界联合会编：《通洋裕国——厦门古代对外交往史钩沉》，海峡出版发行集团、海峡文艺出版社，2019年。

29. 施伟青主编，叶昌澄副主编：《施琅研究》，厦门大学出版社，2000年。

30. 施伟青:《施琅评传》,厦门大学出版社,1987年。

31. 唐次妹:《厦门与台湾》,鹭江出版社,1999年。

32. 孔永松主编,卢绍荀、朱家麟编:《厦门与台湾丛书——百年交往》,海风出版社,2004年。

33. 孔永松主编,杨天松:《厦门与台湾丛书——血脉乡土》,海风出版社,2004年。

34. 孔永松主编,张侃:《厦门与台湾丛书——互补联动》,海风出版社,2004年。

35. 秦宝琦:《帮会与革命》,中国社会科学出版社,2013年。

36. 陈翰笙主编,卢文迪、陈泽宪、彭家礼编:《华工出国史料汇编》,中华书局,1981年。

37. 何书彬:《创城记:追寻老厦门印迹》,海峡出版发行集团、海峡书局,2017年。

38. 林志杰:《台湾的祖庙》,鹭江出版社,2010年。

39. 何书彬、新历史合作社:《引领时代:鼓浪屿上的人文之光》,福建人民出版社,2016年。

40. 林志杰、林燕婷、李向群:《原乡故土不了情》,鹭江出版社,2016年。

41. 陈奇禄等:《中国的台湾》,台北文物供应社,1980年。

42. 林亦秋:《黑石号与海上丝绸之路》,大洋海文化艺术协会有限公司,2023年。

# 跋

  2024年6月19日，《厦门与海》课题组在厦门市台湾艺术研究院组建开题，至2025年元月19日召开最后一次工作会，历时七个月，终于结题。《厦门与海》共分三册，即《因海而生》《依港而兴》《向海飞扬》。书以图为主，是《厦门学导论》面向大众的精选图说版。蔡心瑀、蔡秀草、胡捷编撰《因海而生》，梁宏彦、陈花现、李晖编撰《依港而兴》，李向群、扈美丽、许子贤编撰《向海飞扬》；陈亚元以其宝贵丰富的收藏和对历史图片的鉴赏力参与各册的图片编选；王玲玲负责资料和档案工作，为我统筹全书提供了极大的帮助。此外，胡明宜、李向宏二位也先后参与了一、三册部分的编撰工作。

  除了我，课题组几乎每一位都有本职工作，平时格外繁忙，都只能用挤出来的时间参与编撰。时间紧，工作量大，酬劳少，但无一不是心甘情愿、积极主动、呕心沥血。许子贤除在繁忙的青草药传习中心的本职工作外，还义务承担起课题组琐碎的财务工作，多次开着自己的车几次送课题组的同志到泉州、漳州参观、采访、拍摄。蔡心瑀、梁宏彦不但出色地完成了自己负责的部分，还花很大精力协助我统筹协调一、二两册的图文编选和撰写。另外，课题组有许多人还单独或结伴踏寻拍摄历史遗址。亚元兄关于宝贵的知识财富分享的快乐之感言，更激起我心弦的共鸣。所有人对课题、对厦门、对闽南文化那种发自内心的热爱和精益求精的自觉，让我在这200多天里充满感动、感恩和愉悦！

我已78岁，在这龙蛇之交的七个月里再一次领略到探索文化的美妙——苦心孤诣，朝思暮想，相互诘难，相互补充，一路辛劳一路歌，过程胜于结果。我怀念，《厦门与海》的日日夜夜。

感谢厦门市闽南文化研究会和叶细致会长的信任和委托，感谢鹭江出版社认真周到的协同配合，感谢厦门市博物馆等文博单位的大力支持。另外，还要感谢摄影家孙二伟、黄昱臻，以及台湾同胞周芷茹提供的照片。

当然，更要感谢这个伟大的时代，让我们敬畏历史，敬畏文化！是时代催促我们关注脚下土地的文化，关注辽远的海洋，关注先辈走向海洋的光荣与苦难，关注他们留给我们的信念与智慧。

陈耕<br/>2025.2.1

图书在版编目（CIP）数据

厦门与海. 向海飞扬 / 李向群等编著. -- 厦门：鹭江出版社，2025.6. -- ISBN 978-7-5459-2568-5

Ⅰ.K295.73

中国国家版本馆CIP数据核字第2025BQ5999号

| 出 版 人 | 雷　戎 |
| --- | --- |
| 责任编辑 | 黄孟林 |
| 美术编辑 | 林烨婧 |
| 装帧设计 | 赖日成 |

XIAMEN YU HAI·XIANG HAI FEIYANG

### 厦门与海·向海飞扬

李向群　许子贤　扈美丽　陈亚元　编著

| 出版发行 | ：鹭江出版社 | | |
| --- | --- | --- | --- |
| 地　　址 | ：厦门市湖明路22号 | 邮政编码 | ：361004 |
| 印　　刷 | ：厦门市竞成印刷有限公司 | | |
| 地　　址 | ：厦门市同安工业集中区同安园135号 | 电话号码 | ：0592-2200556 |
| 开　　本 | ：700mm×1000mm　1/16 | | |
| 插　　页 | ：6 | | |
| 印　　张 | ：35.5 | | |
| 字　　数 | ：452千字 | | |
| 版　　次 | ：2025年6月第1版　2025年6月第1次印刷 | | |
| 书　　号 | ：ISBN 978-7-5459-2568-5 | | |
| 定　　价 | ：135.00元（全3册） | | |

**如发现印装质量问题，请寄承印厂调换。**